Anleitung zur Singkunst.

Aus dem Italiänischen
des Herrn
Peter Franz Tosi,
Mitglieds der philarmonischen Akademie;
mit
Erläuterungen und Zusätzen
von
Johann Friedrich Agricola,
Königl. Preuß. Hofcomponisten.

Peter Franz Tosi

Anleitung zur Singkunst.
Aus dem Italiänischen des Herrn, Mitglieds der philarmonischen Akademie mit Erläuterungen und Zusätzen von Johann Friedrich Agricola.

Facsimile of the Berlin 1757 edition.

Republished Travis & Emery 2010.

Published by
Travis & Emery Music Bookshop
17 Cecil Court, London, WC2N 4EZ, United Kingdom.
(+44) 20 7240 2129
neworders@travis-and-emery.com

Hardback: 978-1-906857-01-1
Paperback: 978-1-906857-02-8

Anleitung zur Singkunst.

Aus dem Italiänischen
des Herrn
Peter Franz Tosi,
Mitglieds der philarmonischen Akademie;
mit
Erläuterungen und Zusätzen
von
Johann Friedrich Agricola,
Königl. Preuß. Hofcomponisten.

Berlin,
gedruckt bey George Ludewig Winter.
1757.

Vorbericht des Uebersetzers.

Ich zweifele, ob irgend ein Buch zu finden sey, welches das meiste von dem, was einem angehenden Sänger zu wissen und auszuüben nöthig ist, deutlicher und vollständiger an den Tag legete; welches einem schon zu mehrern Kenntnissen gelangeten Sänger, der wohl oft in öffentlichen Versammlungen eine Menge von **Bravo** eingesamlet haben mag, doch noch verschiedene ihm unbekannte besondere Vortheile aufrichtig entdeckete; welches endlich die Fehler mancher sich ganz vollkommen dünkenden Virtuosen in der Singkunst scharfsinniger bestrafete; kurz welches eine vollständigere Anweisung zur Singkunst abgeben könnte, als die Opinioni de' Cantori antichi e moderni, o sieno Osservazioni sopra il canto figurato, di Pierfrancesco Tosi Academico Filarmonico. In dieser angenehmen Ueberredung mache ich mir ein besonderes Vergnügen daraus, dieses auch itzo in Wälschland selbst rar gewordene Buch hier-

hiermit, in einer deutschen Uebersetzung, meinen werthesten Landsleuten vor Augen zu legen.

Ich hätte hier eine schöne Gelegenheit, den Deutschen einen allgemeinen Verweis zu geben, daß ihr Vaterland den meisten unter ihnen noch nicht so vortheilhafte Gelegenheiten angeboten hat, die Singkunst auf einen solchen Grad der Vollkommenheit zu bringen, als dieselbe, insonderheit zu den Zeiten des Verfassers, welchen ich übersetze, unter den Wälschen stand. Ich könnte auch, im Gegentheile, die Verdienste unserer italiänischen Nachbarn um die Singkunst, mit einer spröden Mine kleiner zu machen, oder wenigstens unter sie und ihre Nachbarn zu theilen suchen. Da aber beydes dem Endzwecke, den, im Reiche der Wahrheit und des Schönen, jeder Mitbürger beständig vor Augen haben sollte, dem Endzwecke nämlich, das Gute aufzusuchen und anzunehmen, wo, und bey welcher Nation man es findet, gar sehr entgegen stehen würde: so werden meine geneigten Leser mir es, wie ich hoffe, leicht verzeihen, wenn ich sie hier mit keinen Streitigkeiten über irgend einen Nationalgeschmack oder Nationalvorzug unterhalte. Wir wollen vielmehr uns die Einsichten, Erfahrungen und Beyspiele aller geschickten Leute, von was für einer Nation sie auch immer seyn mögen, zu Nutzen zu machen suchen.

Der Verfasser des Buches, welches ich durch diese Uebersetzung gemeinnütziger zu machen suche, war von Geburth ein Italiäner, von Profession ein Sänger;

ger; und zwar einer von denen, welche durch Kunst oder Grausamkeit zugerichtet werden, Zeit Lebens eine hohe Stimme zu behalten. Er hat die meisten europäischen Höfe besuchet: daß er aber an keinem einen langen und in der musikalischen Geschichtskunde sonderlich bekannt gewordenen Aufenthalt gefunden, möchten einige vielleicht in der Ursach gegründet zu seyn glauben, daß seine Stimme von Natur eben nicht die schönste gewesen. Einer meiner Freunde versichert mich, daß er ihn im Jahre 1719 zu Dresden, und im Jahre 1727 in London gekennet habe. Weil ihm die Vortheile einer reizenden alle Zuhörer einnehmenden Stimme abgiengen; so suchte er solches durch desto gründlichere Einsichten in die Musik selbst zu ersetzen. Daß er so gar in der Composition nicht unerfahren gewesen, beweisen einige Cantaten, welche man von seiner Arbeit hat, und wovon ich selbst eine besitze. Wie tief er aber sein eigentliches Hauptwerk, die Singkunst, ergründet habe; davon wird seine eigene Schrift der beste Beweis seyn.

Ich habe mich bemühet, seinen Gedanken, so viel als mir möglich gewesen, zu folgen: ich habe mir aber dabey die Freyheit genommen, denselben hie und da meine eigene Anmerkungen und Erläuterungen beyzufügen; vornehmlich in denen Hauptstücken, welche von der Art die Stimme zum Singen geschickt zu machen, und von den wesentlichen Auszierungen des Gesanges handeln, weil sie der Verfasser, wie mich deucht, nicht vollständig genug ausgeführet hat.

Ueber die Entstehungsart und den Unterschied der menschlichen Stimmen habe ich eine etwas weitläuftige Untersuchung angestellet. Wer singen und im Singen unterrichten will, müssen beyde die Stimme kennen; doch, beym Anfange, der letztere mehr als der erstere. Daß ich kein Naturkündiger von Profession sey, wird man mir leicht auf mein Wort glauben können; wenn man zumal finden wird, daß ich mich bey den allgemeinen Grundsätzen der Naturlehre, und der Kenntniß des menschlichen Körpers, und der zum Reden und Singen bestimmeten Gliedmaßen desselben insbesondere, um desto weniger zu irren, so gar zuweilen der eigenen Worte der Herren **Krüger, Dodart** und **Ferrein** bedienet habe. Einem Sänger kann man so wenig zumuthen ein vollkommener Kenner der Zergliederungskunst zu seyn, als man von einem Naturkündiger verlangen kann, die Geheimnisse der Singkunst aus dem Grunde zu kennen. Ich habe die Grundsätze der Naturlehrer mit den Erfahrungen der Musikverständigen und Sänger zu vereinigen gesuchet. Habe ich darinn etwan irgendwo noch geirret; so bitte ich alle große Naturkündiger und Zergliederungskünstler inständig, mich hierinn zu rechte zu weisen. Vielleicht verschaffet die Singkunst auch einigen unter Ihnen, meine Herren, ein rührendes Vergnügen. Belieben Sie also auch Ihrerseits etwas beyzutragen, um unser beyderseitiges Ergätzen noch vollkommener zu machen. Ich gebe Ihnen durch meine Abhandlung Gelegen-

legenheit dazu. Lassen Sie uns hierüber zum gemei=
nen Vergnügen arbeiten. Thun Sie es durch Un=
tersuchen und Vergleichen: ich will es durch Beant=
worten und Fragen thun. Endlich werden wir uns
doch zu einem gemeinen Endzwecke vereinigen.

Den Herren **Quanz** und **C. P. E. Bach**,
statte ich insbesondere hiermit öffentlich Dank ab,
für die Gelegenheit, welche mir Ihre beyderseitigen
vortrefflichen Schriften gegeben haben, meine Grund=
sätze, in vielen Stücken, nach den Ihrigen einzu=
richten.

Ueber die Schreibart meines Urbildes, welche,
ob der Verfasser gleich, wie er selbst bekennet, kein
Gelehrter war, doch vielleicht nicht unter die schlech=
testen seiner Nation in den vorigen Zeiten gehöret, Ent=
schuldigungen vorzubringen, würde ich hoffentlich nicht
nöthig haben; wenn ich nicht befürchtete, daß einige
gezwungene Stellen darinn, mich zu noch größerer
Affectation verleitet haben möchten. Doch, ich ma=
che ja auch nicht Profession vom Schriftstellen.

Der Unterschied der Druckerschrift wird anzei=
gen, was von dem Verfasser, und was von dem
Uebersetzer herrühret.

Ich werde mich freuen, wenn meine Bemühungen
nicht ganz ohne Nutzen gewesen sind; wenn die Deut=
schen, meine Landsleute, dadurch aufs neue angefeuert
werden, in der That zu zeigen, daß unser Vater=
land an guten Stimmen und Sängern eben so reich
wer=

werden könne, als irgend eine andere Himmelsgegend.

Doch, wer zweifelt wohl an dieser Wahrheit? da wir, die ältern Zeiten nicht einmal mitgerechnet, einen **Bümmler, Grünewald, Niemschneider, Hurlebusch, Raaf;** eine **Kayserinn, Reuterinn, Hessinn, Simonettinn, Pürkerinn** ꝛc. (ich erzähle hier noch lange nicht alle brave Sänger und Sängerinnen) aus unserer Nation aufzuweisen haben, welche, zum Theil, auch die Bewunderung unserer mittäglichen Nachbarn, ja noch weiter entfernter Nationen, und zwar mit Recht, zu erhalten die Gelegenheit gehabt haben.

Hätte ich aber, diesem kleinen Verzeichnisse vortrefflicher deutscher Sänger, nicht vor allen Dingen zween der berühmtesten Capellmeister deutscher Nation einverleiben sollen? = = = = Nein. Denn diesen, ihnen zwar schuldigen Ruhm verdunkeln fast ihre noch weit wichtigern Verdienste, welche sie, bey ihrer Nation sowohl, als bey allen Ausländern, ohne einmal an ihr Singen zu gedenken, in unvergänglichem Andenken erhalten werden.

Ich empfehle mich hiemit der Gewogenheit meiner geneigten Leser.

Berlin,
geschrieben am 2 May
1757.

Agricola.

Vorrede des Verfassers.

Geneigter Leser,

Die Liebe ist eine Leidenschaft, bey welcher die Ueberlegungskraft sich nicht allemal in ihrer Stärke zeiget. Bist du ein Sänger; so bist du mein Nebenbuhler: und wenn dir das neueste am besten gefällt; so erkläre ich mich dagegen für die alte Weise. Wenn aber ja die ungemeine Neigung, welche wir beyde für die liebste, für die schönste Musik hegen, unsere Urtheilskraft zuweilen umnebelt: so wollen wir doch, wenigstens bey heitern Stunden, beyde gleich großmüthig seyn: du, indem du mir die Irthümer verzeihest, welche ich schreibe; ich, indem ich dir die Fehler übersehe, welche du ausübest. Bist du, zu deiner Ehre, ein Gelehrter; so wisse, daß ich, zu meiner Beschämung, ein Ungelehrter bin. Willst du dies nicht glauben; so lies weiter.

Einleitung des Verfassers.

Die Meynungen der alten Geschichtschreiber, über den Ursprung der Musik, sind sehr verschieden. Plinius glaubt, daß Amphion der Erfinder davon sey. Die Griechen behaupten, Dionysius sey es gewesen. Polybius hält die Arcadier dafür. Suidas und Boethius aber eignen dem Pythagoras alle Ehre dieser Erfindung zu; indem sie versichern, daß er, nach Anleitung des Schalles dreyer Schmiedehämmer von verschiedener Schwere, das diatonische Klanggeschlecht erfunden habe: welchem nachgehends Timotheus von Milet das chromatische, und Olympicus oder Olimpus das enharmonische beygefüget hätten. Doch ließt man in der heiligen Schrift, daß Jubal, aus dem Geschlechte Cains, ein Vater gewesen sey, derer die auf Seiten= und Pfeifen=Instrumenten spielen: welche beyde Arten der Klangwerkzeuge, wahrscheinlicher Weise, verschiedene harmonische Töne haben angeben können. Man sieht hieraus zum wenigsten, daß die Musik kurz nach Erschaffung der Welt ihren Ursprung genommen habe.

Um in ihren Grundsätzen desto sicherer zu gehen, hat sie viele Gesetze der Mathematik angenommen; weswegen sie auch, nach unterschiedenen von derselben erhaltenen Lehren, von Linien, Zahlen, und Verhältnißen, den angenehmen Namen einer Tochter der Mathematik erhalten hat; damit sie den Titul einer Wissenschaft verdienen möchte.

Es ist sehr glaublich, daß einige tausend Jahre hindurch die Musik immer das zärtliche Vergnügen des menschlichen Geschlechts gewesen sey: weil es, wegen der ungemeinen Wollust, welche die Lacedämonier darinn fanden, nöthig schien,

Einleitung des Verfassers. XI

schien, den oben gedachten Milesier aus dieser Republic zu verbannen: aus Furcht ihre Unterthanen möchten etwan gar ihre Haus- Staats- und Kriegs-Angelegenheiten darüber liegen lassen.

Doch scheint mir fast unmöglich zu seyn, daß die Musik jemals ihre Schönheiten in einer größern Pracht gezeiget habe, als in den letztern Jahrhunderten; da sie mit der edelsten und rührendsten Majestät dem großen Geiste des Palestina (a) erschien; und ihm ein göttliches Urbild von sich zurück ließ, welches den Nachkommen zu einem unvergänglichen Beyspiele dienen sollte. In Wahrheit, die Musik ist, (Dank sey es den erhabenen Geistern ihrer großen Meister,) auch noch zu unsern Zeiten, durch die Sußigkeit ihrer Harmonie so weit gekommen, daß ihr unter den andern schönen Wissenschaften, ihren Schwestern, wohl der Vorzug mit Recht nicht streitig gemacht werden kann.

(a) sonst auch Pränestinus (Joh. Peter Aloysius,) welcher um, oder kurz nach der Zeit der tridentinischen Kirchenversamlung, in der Musik, die damals in Gefahr stand, ganz der Kirche verbannet zu werden, eine deutlichere, verständlichere, und der Beförderung der Andacht mehr gemäße harmonische Schreibart einführete.

Einen starken Beweisgrund davon giebt mir der überaus gewaltige und zugleich süße Eindruck, welchen die Musik, vorzüglich vor allen andern, auf unser Herz machet: so gar, daß wir beynahe zu glauben geneigt sind, sie werde einen Theil der Seligkeit des ewigen Lebens ausmachen (b).

(b) Eine genauere Prüfung der bisherigen Gedanken des Verfassers, würde uns von unserm Hauptzwecke, eine Anleitung zur Singkunst zu geben, allzuweit abführen; sie wird also hier billig unterlassen.

Wenn man diese Vortheile der Musik voraussetzet; so sollten auch die Verdienste guter Sänger besonders geachtet werden:

werden: denn die Schwierigkeiten, welche sie begleiten, sind groß. Ein Sänger mag eine gründliche Einsicht und Fertigkeit besitzen, vermöge welcher er die schweresten Compositionen sicher und frey so gleich wegsingen kann; er mag über dieses noch die schöneste Stimme haben, und sich ihrer auch auf die geschickteste Weise bedienen können: er wird deswegen doch noch nicht den Namen eines besonders großen Virtuosen verdienen, wenn es ihm an einer immer gegenwärtigen Leichtigkeit, die ihm vorgeschriebenen Sätze sogleich auf eine veränderte und zwar verschönerte Art darzustellen, fehlet. Dies ist eine Schwierigkeit, welche in den andern schönen Künsten nicht angetroffen wird.

Ich sage endlich, daß die Dichter, die Maler, die Bildhauer, die Baumeister, ja die Componisten selbst, ehe sie ihre Werke öffentlich ans Licht geben, vorher alle die Zeit haben, welche erfodert wird, immer daran zu bessern und sie auszufeilen. Für den Sänger hingegen, welcher das was ihm vorgeschrieben ist nicht recht ausgeführet hat, ist kein Mittel mehr übrig; sein Fehler kann nicht mehr verbessert werden.

Was für großen Fleiß und Aufmerksamkeit aber vollends einer anwenden müsse, welcher verbunden ist auch in denen aus dem Stegreife vorgetragenen Erfindungen seines Witzes nicht zu irren; und was für Mühe es einem koste, der die Stimme zu fast immer verschiedenen Bewegungen geschickt machen, und einer so schweren Kunst unterwerfen soll; das läßt sich leichter in Gedanken vorstellen, als beschreiben. Ich gestehe es aufrichtig, daß so oft ich bey mir betrachte, wie die Unzulänglichkeit vieler Meister, und die unendlichen Misbräuche, welche von ihnen nicht verhindert werden, so viele ihrer Schüler Fleiß und Mühe umsonst anwenden lassen; ich mich nicht genug wundern kann, daß unter so vielen Tonkünstlern vom ersten Range, welche theils über die wahren Regeln der

Har=

Harmonie, und die dazu führenden Gesetze des Contrapuncts, theils um den Organisten leichtere Wege anzuzeigen über die Art den Generalbaß zu spielen, geschrieben haben, sich doch, so viel ich weis, noch niemals einer gefunden hat, welcher unternommen hätte, etwas mehr als die ersten, jedermann bekannten, Anfangsgründe der Kunst gut zu singen in öffentlichen Schriften vorzutragen. Die allernothwendigsten dazu führenden Regeln sind immer übergangen worden. Die Entschuldigung, daß die Componisten sich einzig und allein mit Ausarbeitung, und die Instrumentisten, mit Begleitung der Singstücke beschäftigen, und sich nicht in das mengen sollten, was eigentlich den Sängern zukömmt, dient auch nichts zur Sache: denn ich kenne deren einige, welche vollkommen geschickt wären, jemanden, der sich dieses einbildete, das Gegentheil zu beweisen. Der unvergleichliche Zarlino hat im 46 Hauptstücke des dritten Theils seiner Istituzioni armoniche kaum angefangen wider diejenigen zu eifern, welche zu seinen Zeiten im Singen Fehler begiengen, als er gleich wieder aufhöret: und ich will glauben, daß wenn er auch weiter gegangen wäre, diese Lehrsätze, seit bey nahe zweyhundert Jahren, doch veraltert seyn, und zu dem ins Feinere gebrachten Geschmacke unserer itzigen Zeiten nicht mehr dienen würden. Mit mehrerm Recht aber verdienet die Nachläßigkeit vieler berühmten Sänger getadelt zu werden, welche, iemehr sie an Einsichten weit über andere erhaben gewesen, und noch sind, ihr Stillschweigen desto weniger rechtfertigen können; und zwar auch nicht einmal mit dem Vorwande der Bescheidenheit: denn diese höret auf eine Tugend zu seyn, sobald sie dem allgemeinen Besten nachtheilig wird. Ich habe mich also, nicht durch eine eitele Ruhmbegierde, sondern durch den Schaden, welcher vielen Sängern daher entspringt, nicht ohne Widerwillen bewegen lassen, der erste zu seyn, welcher diese seine wenigen Anmerkungen der Welt, in der einzigen Absicht, vor Augen leget, wofern ich anders hierinn glücklich bin, den Sangmeistern, den Musikstudierenden, und den wirklichen Sängern, einiges Licht zu geben.

Ich werde erstlich zu erklären suchen, was die Schuldigkeit eines Meisters sey, welcher einen Anfänger in der Singkunst recht unterrichten will. Hernach werde ich von demjenigen reden, was dem Scholaren zukömmt. Endlich werde ich durch wichtigere Betrachtungen, einem mittelmäßigen Sänger den Weg zu erleichtern suchen, auf welchem er zu größern Vorzügen gelangen kann. Mein Unternehmen ist schwer, und vielleicht gar verwegen. Aber wenn auch gleich die Wirkungen meinen guten Absichten nicht ganz gemäß seyn sollten: so werde ich doch zum wenigsten die Gelehrten in dieser schönen Wissenschaft dadurch aufmuntern, dieselbe weitläuftiger und richtiger abzuhandeln.

Wollte jemand einwenden, daß ich gar wohl hätte unterlassen können Sachen in die Welt hinein zu schreiben, welche ohnedem ja schon jedem Sänger bekannt wären; so könnte er sich dessen ungeachtet doch irren. Denn unter diesen meinen Beobachtungen giebt es viele, welche ich, weil ich sie niemals von andern gehöret habe, für meine eigenen halte: und als solche, ist es wahrscheinlich, daß sie nicht überall bekannt sind. Sie mögen also versuchen, ob sie von Leuten, welche Einsicht und Geschmack besitzen, werden gebilliget werden.

Es würde überflüssig seyn, wenn ich sagen wollte, daß der Unterricht durch bloße Worte, den Sängern aufs höchste zu nichts weiter helfen könnte, als nur um sie für Fehlern zu bewahren. Ein jeder weis ohne dem wohl, daß kein Druck vermögend ist, den Unterricht in der wirklichen Ausführung darzustellen. Doch wenn ich den Ausgang dieses meines Unternehmens werde abgewartet haben: so werde ich

Einleitung des Verfassers.

entweder noch mehr Muth bekommen, immer neuere Entdeckungen zum Vortheile der Musik zu machen: oder ich werde beschämt, (doch aber nicht niedergeschlagen) mit Gelassenheit ansehen, daß die Meister meine Unwissenheit öffentlich beweisen; und zwar mit ihrem Namen auf dem Titel: damit ich Gelegenheit haben könne mich zu bessern, und ihnen dafür zu danken.

Endlich, ob ich gleich die Absicht habe, eine Menge neumodischer Misbräuche und Fehler anzuzeigen, welche sich in der singenden Republic ausgebreitet haben; damit, wenn sie anders das sind wofür ich sie halte, sie auch abgeschaffet und verbessert werden können: so wollte ich doch nicht gern, daß diejenigen Sänger, welche entweder aus Schwachheit ihrer Kräfte, oder aus Verabsäumung des nöthigen Fleißes, sich nicht haben bessern können oder wollen, sich etwan einbildeten, ich hätte sie, aus heimtückischen Bosheitstrieben, mit ihren Unvollkommenheiten nach dem Leben schildern wollen. Denn ich versichere feyerlich, das wenn ich gleich hie und da, vielleicht aus allzu großem Eifer, die Fehler nicht gar zu sanft angreife; ich doch für die Personen derer so sie begehen Achtung habe. Ein Sittenspruch der Spanier lehret mich, daß die Stachelschriften öfters auf ihren Urheber selbst wider zurück fallen.

Azia te accusas quando murmuras.

Das Christenthum aber gebietet einem, der Gottesfurcht im Herzen hat, noch etwas mehrers. Ich rede überhaupt von allgemeinen Fehlern: und wenn ich mich ja bisweilen auf einige besondere einschränke, so wisse man, daß ich dazu kein anderes Urbild, als mein eigenes genommen habe, in welchem ich leider! immer Materie genug zum Tadel gefunden habe, und noch finde; ohne daß ich sie erst an andern zu suchen nöthig hätte.

✤ ✤ ✤

Inhalt.

Inhalt.

Das I. Hauptstück.
Anmerkungen zum Gebrauche des Sangmeisters;
welchem eine Abhandlung des Uebersetzers über die Natur und den Gebrauch der menschlichen Stimme eingeschaltet ist.

Das II. Hauptstück.
Von den Vorschlägen;
wobey die Nachschläge, Anschläge und Schleifer mit abgehandelt werden.

Das III. Hauptstück.
Von den Trillern;
worinn, nebst den verschiedenen Arten derselben, auch die übrigen kleinen wesentlichen Manieren, nämlich die Mordenten, Doppelschläge u. s. w. beschrieben werden.

Das IV. Hauptstück.
Von den Passagien.
Dabey wird zugleich von dem Vortrage einiger besonderer musikalischen Figuren, der Aussprache, und dem Ausdrucke gehandelt.

Das V. Hauptstück.
Vom Recitativ;
auch etwas vom Vortrage der Kirchenmusik.

Das VI. Hauptstück.
Anmerkungen für den Musikstudierenden ins besondere.

Das VII. Hauptstück.
Von den Arien.

Das VIII. Hauptstück.
Von den Cadenzen.

Das IX. Hauptstück.
Anmerkungen zum Gebrauche des wirklichen Sängers.

Das X. Hauptstück.
Von den willkührlichen Veränderungen des Gesanges.

Das I. Hauptstück.
Anmerkungen zum Gebrauche des Sangmeisters.

Die musikalischen Fehler schleichen sich, mit solcher Leichtigkeit, in jugendliche Gemüther ein; und es ist öfters so schwer jemanden zu finden, der sie, indem sie entstehen, gleich wieder verbesserte: daß billig die allerbesten Sänger diese Mühe über sich nehmen sollten; weil sie doch, besser als andere, die dazu dienlichen Mittel kennen, und mit mehrerer Einsicht die Fähigkeit des Lehrlings, von den ersten Anfangsgründen an, zur Vollkommenheit zu führen vermögend sind. Allein da heut zu Tage, (wo ich mich nicht irre,) sich keiner unter ihnen findet, welcher auch nur einmal davon reden hören wollte; so muß man sie freylich nur dazu versparen, die Kunst zu derjenigen Feine zu bringen, in welcher wirklich die süße Bezauberung besteht, die den kürzesten Weg zur Rührung des Herzens sucht.

Die Unterweisung in den Anfangsgründen, so lange bis der Lehrling ohne Anstoß etwas vom Blatte treffen kann, muß also, so gestalten Sachen nach, einem mittelmäßigen Sänger anvertrauet werden.

werden. Nur muß dieser von untadelhafter Lebensart, fleißig, wohl geübt, und ohne Nasen- und Kehlenfehler (difetti di naso e di gola) im Singen seyn. Er muß eine Leichtigkeit in der Stimme, einige Einsicht in den guten Geschmack, eine Fertigkeit andern seine Gedanken leicht begreiflich zu machen, eine vollkommen reine Intonation, und endlich eine Geduld besitzen, welche der größten Beschwerlichkeit einer der verdrüßlichsten Beschäftigungen widerstehen kann. (a)

(a) Er muß also selbst singen können, wenn er andere singen lehren will. Ein großer Vortheil wird es, sowohl für ihn, als für seine Untergebene seyn, wenn er auf dem Claviere accompagniren kann: indem die Scholaren sich der reinen Intonation noch einmal so leicht bemächtigen, wenn sie, nebst dem Basse, auch zugleich die dazu gehörige reine Harmonie anschlagen hören. Der erste dieser zween Hauptpuncte fehlt, itziger Zeit, vielen deutschen, und der zweyte vielen wälschen vermeynten Sangmeistern. Was die obgemeldeten Nasen- und Kehlenfehler, welche in der Folge deutlicher erkläret werden sollen, und etwan den Mangel der Leichtigkeit der Stimme betrift: so könnte man zwar einwenden, daß ein Lehrmeister doch das an andern hören und verbessern könne, worinn er selbst die Fehler nicht vermeiden kann. Es ist wahr. Allein, werden nicht die Scholaren unvermerkt durch sein böses Beyspiel verführet werden? und wird er sich auch vielleicht nicht schämen, etwas, indem er es an seinen Schülern bestraft, folglich dadurch an sich selbst für einen Fehler zu erklären?

Ehe ein Lehrmeister, der mit den oben erzählten so nothwendigen Eigenschaften ausgerüstet ist, anfängt Unterricht zu geben; so rathe ich ihm, daß er vorher die vier Verse des Virgils: Sic vos non vobis (ihr arbeitet also nicht für euch ꝛc.) lese: denn, wenn sie es auch nicht sind, so scheinen sie doch ausdrücklich für ihn gemacht zu seyn. Nachdem er sie wohl überleget haben wird; so ziehe er seine eigene Beständigkeit zu Rathe. Denn, wie das gemeine wälsche Sprüchwort saget: es ist einem Durstigen verdrüßlich, wenn er andern Wein bringen soll, und selbst nicht trinken darf. Ist die itzige Zeit demjenigen günstig welcher singt, so sollte sie, von rechtswegen, demjenigen auch nicht abgeneigt seyn, welcher singen lehret.

Vor allen Dingen höre der Lehrer mit uneigennützigen Ohren, ob der, welcher lernen will, Stimme und Fähigkeit zum Singen habe, damit er nicht Gott strenge Rechenschaft dafür geben müsse, wenn er die Aeltern ihr Geld übel anlegen lassen, und das Kind, durch den unersetzlichen Verlust der Zeit, die ihm zu irgend einer andern Profession würde nützlich gewesen seyn, betrogen hat. Ich spreche dieses nicht von ohngefähr. Die Sangmeister der vorigen Zeiten (b) unterschieden den Reichen, welcher die Singkunst zu seiner edeln Zierde erlernen wollte, von dem Armen, welcher sich um seines Unterhalts willen darauf zu legen suchte. Jenen unterrichteten sie um Geld zu verdienen; diesen aber aus Menschenliebe, wenn sie, anstatt der Dukaten, Fähigkeiten, um ein Mann zu werden, an ihm bemerketen. Die wenigsten Neuern weisen die Scholaren ab: und wenn diese nur bezahlen, so liegt jenen wenig dran, ob ihr Heißhunger auch gleich die Professionsverwandten verderbt, und die Profession zu Grunde richtet. (c)

(b) Wenn der Verfasser von alten und neuen Sangmeistern, oder Sängern, oder Componisten spricht; so beliebe man ein für allemal dabey zu bemerken, daß er dieses im Jahre 1723. geschrieben hat. Diese Anmerkung wird in der Folge von mehrerer Wichtigkeit seyn.

(c) Und wenn sie den Reichen auch nur unterrichteten um Geld zu verdienen; so lag ihnen doch, ohne alle Ausnahme, die unwidersprechliche Pflicht ob, ihn mit eben dem Fleiße, eben der Sorgfalt und Treue zu unterweisen, als den, der sein Hauptwerk von der Musik machen wollte. Wie strafbar ist nicht das Vorurtheil vieler Musikmeister: ein Liebhaber, zumal wenn er von vornehmem Stande ist, habe eben nicht nöthig alle Geheimnisse der Kunst zu ergründen; es liege nichts dran, ob eine Dame nach dem Tacte singe oder nicht. Wenn die Herren, die so sprechen, nicht gar ihre Unwissenheit oder Faulheit damit bemänteln wollen; so verrathen sie doch dadurch ihren hämischen Neid. Wie lächerlich aber werden sie hierdurch! Die Liebhaber, welche die Musik nur zu ihrem Vergnügen lernen, sind just diejenigen nicht, welche diese Herren um ihr Brod zu bringen suchen. Würden wir

wir aber, wenn dieses Vorurtheil, wovon die Rede ist, niemals regieret hätte, nicht vielleicht mehr wirkliche Kenner, wo nicht gar großmüthige Belohner musikalischer Verdienste haben?

Meine Herren Meister, Wälschland höret nicht mehr die besten Stimmen der vergangenen Zeiten, absonderlich bey dem Frauenzimmer: und zur Beschämung derer die Schuld daran sind, will ich sagen, warum: Die Unwissenheit läßt die Aeltern nicht mehr die Häßlichkeit der Stimmen ihrer Töchter bemerken: so wie dagegen die Armuth sie glauben machet, daß Singen und Reich werden einerley sey; und daß man, um Singen zu lernen, weiter nichts nöthig habe als ein hübsch Gesichtchen.... Könnt Ihr sie unterrichten?...

Ja, ihr könnt vielleicht diejenigen unterrichten, welchen das Singen... Die Bescheidenheit erlaubet mir nicht weiter zu reden.

Wenn der Lehrer Menschenliebe besitzet; so wird er den Scholaren niemals anrathen, sich eines Theils der Menschlichkeit, vielleicht zum Schaden der Seele, berauben zu lassen.

Von der ersten Unterweisungsstunde an, bis zur letzten, erinnere sich der Meister, daß er alles dessen, was er nicht gelehret hat, und aller der Fehler die er nicht verbessert hat, schuldig ist.

Er sey mäßig streng; er mache sich fürchten, ohne Haß wider sich zu erregen. Ich weis zwar wohl, daß es nicht leicht ist, die Mittelstraße zwischen Strenge und Gelindigkeit zu treffen: ich weis aber auch, daß das Uebertriebene auf beyden Seiten schädlich ist. Denn aus der ausschweifenden Härte entspringet öfters Halsstarrigkeit, und aus der allzugroßen Nachsicht, Verachtung.

Von der Kenntniß der Noten, ihrer Geltung, dem Tacte, der Eintheilung und Bewegung desselben, den Pausen, den zufälligen Zeichen, und andern ganz gemeinen Anfangsgründen, werde ich nichts gedenken; denn hierüber kann man sich allenfalls, mit leichter Mühe, anderwärts Raths erholen.

Außer dem C=Schlüssel lehre der Meister seinen Schüler auch die übrigen, nämlich den F= und G=Schlüssel kennen; damit dem Schüler

Anmerkungen zum Gebrauche des Sangmeisters.   5

ler nicht dasjenige begegne, was öfters gewissen Sängern wiederfährt, welche, im Capellstyle, ohne Orgel, das mi von dem fa nicht zu unterscheiden wissen, weil sie den G=Schlüssel nicht kennen: so daß man bisweilen Mißklänge höret, welche dem Gottesdienste, im heiligen Hause des Herrn, so unanständig, als denenjenigen schimpflich sind, die, ohne einmal zu wissen wo die Noten zu Hause gehören, grau geworden sind. Ich würde meiner Aufrichtigkeit zuwider handeln, wenn ich nicht sagete, daß wer so wesentliche Regeln, wie diese, nicht lehret, entweder aus Nachläßigkeit oder aus Unwissenheit sündiget.

Hierauf lehre er ihn auch diejenigen Tonleitern solmisiren, in welchen Bee vorkommen, vornehmlich in denen Stücken, wo vier Bee vorgezeichnet sind, und welche auf ihren Sexten, vom Baße aus gerechnet, meistentheils auch noch das fünfte Be zufälliger Weise verlangen (d): damit der Schüler in denselben das mi finden könne; welches für diejenigen nicht so gar leicht ist, die aus Mangel des gehörigen Fleißes glauben, daß alle mit einem Be bezeichnete Noten fa heißen. Wäre dieses wahr, so würde unstreitig überflüssig seyn, daß man sechs Namen der Noten hätte, wenn fünfen davon einerley Benennung zukäme. Die Franzosen haben sieben Sylben die Töne damit zu benennen: und damit ersparen sie ihren Schülern die Mühe, die Veränderungen der Namen im Auffsteigen und Herabsteigen der Tonleitern zu erlernen. Wir andern Wälschen haben nicht mehr als diese: ut, (e) re, mi, fa, sol, la, und hieran hat einer, der sie lesen kann, in allen Schlüsseln genug. (f)

(d) Der Verfasser versteht hier die in die Sexte über sich transponirete dorische Tonart, oder deutlicher zu reden, das heutige B moll wenn kein Ges vorgezeichnet ist. Weil zu seiner Zeit viele Componisten noch die Gewohnheit hatten, wenn sie auch gleich aus dem eigentlichen B moll, oder, nach alter Art zu reden, aus der eine kleine Secunde höher transponireten Aeolischen Tonart componireten, dennoch die Sexte des Tones nicht mit einem Erniedrigungszeichen zu versehen; so wie sie dieses Zeichen auch bey andern ähnlichen Tonarten, z. E. F moll, ja wohl gar bey dem D moll selbst wegließen: so sagt er hier, wiewohl, was das neuere B moll betrifft mit Unrecht, daß das fünfte

Bee meistentheils zufälliger Weise käme; da ja in dieser vielmehr das ♮ zufällig ist.

(e) Die Wälschen haben, der bequemen Aussprache im Singen zu Gefallen, das ut in do verwandelt.

(f) Es ist wahr, sie konnten dem Herrn Tosi, und seinen andern Wälschen, auch denen in das Alterthum ungebührlich verliebten Deutschen, genug seyn. Ob aber die Mühe, welche ihre Schüler anwenden mußten, um diese Sylben an die rechten Stellen setzen zu lernen, und die Unkosten welche drauf giengen, ehe die Lehrlinge zu einer Fertigkeit darinnen gelangten, und welche dem Meister gewiß sichere Renten für ein ganz Jahr versprachen, ohne daß die Schüler noch was anders gelernet hätten als sieben Töne mit sechs Namen zu benennen, für die Geldbeutel der Lehrlinge nicht mehr als allzuüberflüßig waren; das ist eine andere Frage; an deren Entscheidung, zum Nachtheile der Utremifasollaristen, niemand mehr zweifeln wird, der Matthesons neueröfnetes und vertheidigtes Orchester, und dessen Orchestercanzelley, im zweyten Bande der musikalischen Kritik, gelesen hat. Um der musikalischen Geschichtskunde willen aber, und damit man die beyden vorhergehenden Absätze des Tosi desto besser verstehen möge, will ich hier die ganze Solmisation etwas umständlicher beschreiben.

Im eilften Jahrhunderte lebte ein Benedictinermönch, Namens Guido Aretinus, welcher sich die Verbesserung der Musik seiner Zeit eifrigst angelegen seyn ließ. Dieser führete nicht nur das heut zu Tage noch übliche System von fünf Linien, die Noten drauf zu schreiben, ein; sondern er theilete auch die damals gebräuchlichen 22 diatonischen Töne, unter welchen aber das b schon das Bürgerrecht erlanget hatte, in sieben Hexachorde oder Intervalle von sechs auf einander folgenden ganzen und halben Tönen, ab. Es waren aber dieses eigentlich nur drey unterschiedene Hexachorde, welche, so weit die gebräuchlichen Töne reichten, wiederholet wurden, so daß ihrer sieben draus entstunden. Das erste dieser Hexachorde fieng vom G, das zweyte vom c, und das dritte vom f an, u. s. w. Sie waren also folgende: das erste enthielt, (nach unserer heutigen Art zu schreiben) G A ♮ c d e, das zweyte, c d e f g a, das dritte, f g a ♭ c̄ d̄, das vierte, g a ♮ c̄ d̄ ē, das fünfte, c̄ d̄ ē f̄ ḡ ā, das sechste, f̄ ḡ ā ♭ c̿ d̿, und das siebente, ḡ ā ♮ c̿ d̿ ē. Jeden Ton dieser Hexachor-

Anmerkungen zum Gebrauche des Sangmeisters.

de versah er mit einem eigenen Namen. Hierzu entlehnete er sechs Sylben, aus jedem Einschnitte der ersten Strophe eines damals gebräuchlichen Liedes, womit man den heiligen Johannes den Täufer, welcher in der Bibel eine Stimme eines Rufers in der Wüsten genennet worden war, als einen Fürsprecher der Sänger, wider die Heiserkeit anrief, und welches sich also anfieng:

UT queant laxis REsonare fibris
MIra gestorum FAmuli tuorum,
SOLve polluti LAbii reatum, Sancte Iohannes.

Folglich wurden die drey vornehmsten Hexachorde also benennet:

ut	re	mi	fa	sol	la,
G	A	h	c	d	e
ut	re	mi	fa	sol	la,
c	d	e	f	g	a
ut	re	mi	fa	sol	la,
f	g	a	b	c	d.

Hier fehlete nun, um eine Octave auszufüllen, immer zu einem Tone der Name. Ob aber die neuerfundenen Hexachorde die Ursach gewesen sind, daß man, zu Ersetzung dieses Mangels, immer die in diesem Intervallensystem befindlichen drey halben Töne, e f, h c und a b, mi fa genennet hat; oder ob die nothwendige Unterscheidung dieser drey halben Töne, von den übrigen ganzen diatonischen Tönen, den Aretinus bewogen habe, Hexachorde und nicht Heptachorde, (Intervalle von sieben Tönen,) zur Eintheilung seines Tonsystems anzuwenden: dieses können wir nicht entscheiden. Genug, die halben Töne hießen, in den aufsteigenden Tonleitern so wohl, als insgemein wenn man von halben Tönen redete, mi fa. Das Hexachord, welches mit dem G anfieng, hieß das harte, das, welches im c seinen Anfang nahm, das natürliche, und das, worinn f der unterste Ton war, und worinn das b anstatt des h vorkam, das weiche Hexachord, oder, welches einerley war, der harte, natürliche und weiche Gesang. Die beyden schönen lateinischen Verschen:

C naturam dat: F, b molle tibi signat.
G per ♮ durum dicas cantare modernum.

waren bestimmt, diese Lehre dem Gedächtniße fester einzuprägen.

Ich will, um alles noch deutlicher vorzustellen, hier eine Tabelle mit beybringen, welche, nach Anleitung des **Otto Gibelius**, im dritten Theile

der

Das I. Hauptstück.

der Mizlerischen musikalischen Bibliothek zu befinden ist. Die in dem ersten perpendicularen (oder von oben bis unten zugehenden) Fache befindlichen Buchstaben, deuten die alte, die in dem zweyten, die neue Art die Töne durch Buchstaben auszudrücken, an. Von den übrigen sieben perpendicularen Fächern ist jedes den Benennungen durch Sylben, der Töne eines Hexachords, gewidmet. Die oben drüber befindlichen römischen Ziffern zählen die Hexachorde.

		I	II	III	IV	V	VI	VII
e e	e̿							la
d d	d̿						la	sol
c c	c̿						sol	fa
h h	h̄							mi
b b	b̄						fa	
a a	ā					la	mi	re
g	ḡ					sol	re	ut
f	f̄					fa	ut	
e	ē				la	mi		
d	d̄			la	sol	re		
c	c̄			sol	fa	ut		
h	h			mi				
b	b			fa				
a	a		la	mi	re			
G	g		sol	re	ut			
F	f		fa	ut				
E	e	la	mi					
D	d	sol	re					
C	c	fa	ut					
♮	H	mi						
A	A	re						
Γ	G	ut						

Wollte

Anmerkungen zum Gebrauche des Sangmeisters.

Wollte man nun mehr als sechs Töne in der Folge stufenweise nach einander singen, und doch die in der Tonleiter befindlichen halben Töne mit ihrem rechten Namen benennen; so mußte man immer von einem der Hexachorde ins andere springen, und nach Anleitung desselben, die Töne benennen. Z. E. Man wollte vom c bis ins e̅ nach einander hinauf singen; so fieng man, mit den, in der vorherstehenden Tabelle, beym zweyten Hexachord verzeichneten Sylben, an, und sang bis ins G, so wie es dort steht. Darauf sprang man, auf dem Tone der vor dem ersten des halben Tones hergieng, das ist hier auf dem a, ins vierte Hexachord, und sang die Sylben vollends bis zum Ende. Sollte es noch weiter hinauf gehen; so sprang man wieder, auf der vor der untersten Stufe des halben Tones befindlichen Saite, nämlich auf dem d, ins fünfte Hexachord, darauf weiter ins siebente, und endigte also im e̅ mit dem la. Wollte man vom e̅ bis ins c nach einander herunter singen; so fieng man im siebenten Hexachord beym la an, und sang, nach den daselbst verzeichneten Sylben, bis in h̄; darauf sprang man auf dem a̅ ins fünfte Hexachord, und sang bis zu Ende. Wollte man noch tiefer herab steigen; so sprang man auf dem e ins vierte Hexachord, darauf auf dem a ins zweyte, u. s. w. Bey der weichen Tonleiter verfuhr man eben so, daß man, im Aufsteigen, beym untersten Tone des dritten Hexachords anfieng, darauf ins fünfte, und weiter ins sechste sprang. Im Absteigen, wenn man nämlich etwan vom d̄ bis ins c singen wollte; so fieng man beym obersten Tone des sechsten Hexachords an, sang die drey ersten Sylben nach einander weg; denn sprang man auf dem a̅ ins fünfte Hexachord, und sang so bis zum Ende. Gieng der Gesang noch weiter herab, so sprang man auf dem d wieder ins dritte Hexachord, u. s. f.

Weil man also, auf manchen Tönen, eine Sylbe für die andere aussprechen mußte: so entstand hieraus die so genannte Mutation, auf gut Deutsch Aenderung der Namen der Töne; welche, im Aufsteigen durch die Sylbe re, und im Absteigen durch die Sylbe la vorgenommen wurde.

In der natürlichen und in der harten Tonleiter, welche genau mit einander überein kamen, geschah also die Mutation, im Aufsteigen,

steigen, auf jedem D, wo sol in re, und auf jedem A, wo la in re verwandelt wurde. Im Herabsteigen änderte man, auf jedem E, mi in la, und auf jedem A, re in la.

In der weichen Tonleiter fiel die Mutation im Aufsteigen immer auf dem D und G vor. D änderte la in re, und G verwandelte sol in re. Im Herabsteigen erschien sie auf dem A, und auf dem D. Jenes hieß la anstatt mi, und dieses la anstatt re. Eine Vorstellung durch Noten wird vielleicht die Sache begreiflicher machen:

Harte und natürliche Tonleiter im Aufsteigen.

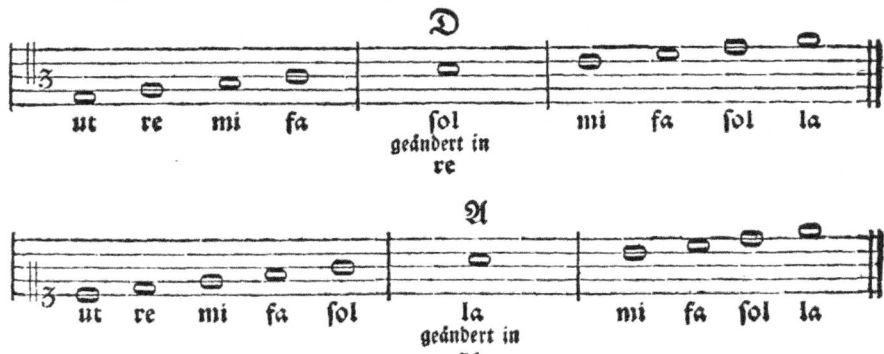

Natürliche und harte Tonleiter im Absteigen.

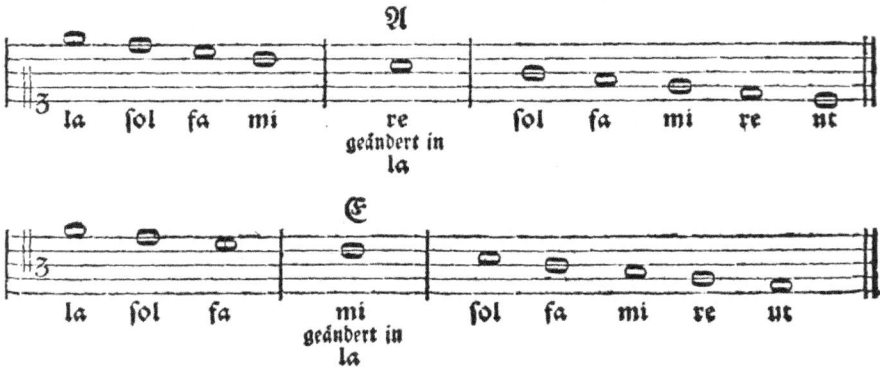

Weiche

Anmerkungen zum Gebrauche des Sangmeisters.
Weiche Tonleiter im Aufsteigen.

Weiche Tonleiter im Absteigen.

Ich will sie noch einmal, mit verschiedenen Schlüsseln, und so wie man syllabisiret, wenn man höher und tiefer geht, vorstellen. Das + über der Note bemerket den Ton, auf welchem die Mutation geschieht.

I. Natürliche und weiche Tonleiter mit dem Sopran- und Altschlüssel.

12 Das I. Hauptstück.

II. Natürliche und weiche Tonleiter mit dem Tenor- und Baßschlüssel.

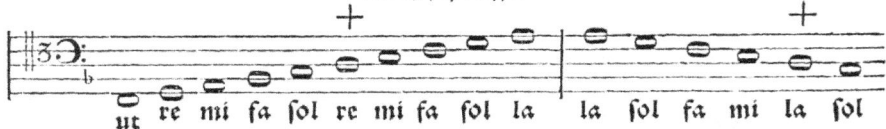

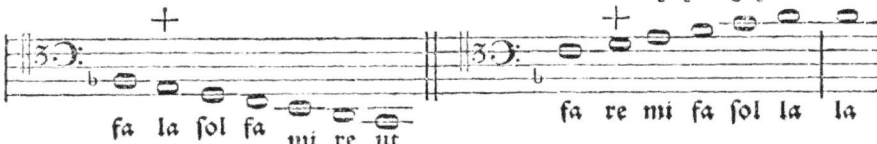

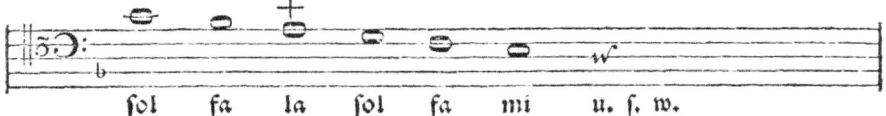

III. Weiche und harte Tonleiter im Sopran- und Baßschlüssel.

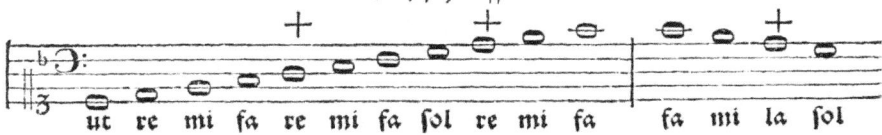

fa

Anmerkungen zum Gebrauche des Sangmeisters. 13

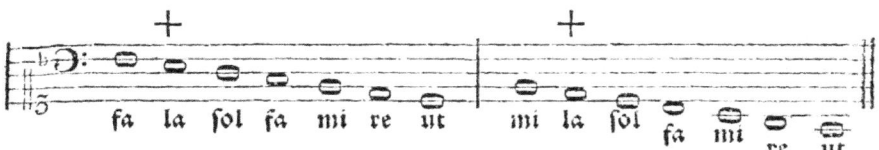

Auf diese Art kann man diese Tonleitern leicht auch in alle übrige Schlüssel versetzen.

Man sieht hieraus, daß nicht einmal der halbe Ton allemal mi fa heißen konnte: denn in der absteigenden natürlichen und harten Tonleiter heißt f e, als einer der halben Töne: fa la. In der absteigenden weichen Tonleiter heißt gleichfalls b a: fa la.

Als in der Folge der Zeit das chromatische und enharmonische Klanggeschlecht mit in das diatonische eingeflochten wurden; das ist, als man die Töne, welche auf unsern heutigen Clavieren erhöhet liegen, einführete, und sie mit Kreuzen oder Been vor den Noten andeutete: so wurden dadurch die, ohnedem schon in Menge vorhandenen, Schwierigkeiten noch um ein Großes vermehret. Man behielt zwar die oben beschriebenen Mutationen bey: es geschah aber dadurch, daß, wenn eine der alten diatonischen Tonarten um einen oder mehrere Töne tiefer oder höher gesetzt wurde, die Töne mit eben denselben Sylben benennet werden mußten, die sie in der ursprünglichen Tonart führeten; und daß folglich eine Sylbe, nach Beschaffenheit der Versetzungen, allen Tönen zukommen konnte. Z. E. Man wollte die so genannte sechste oder Jonische Tonart (unser heutiges C dur), transponiren, so hieß der versetzte Hauptton, eben sowohl als der ursprüngliche, allemal ut.

ins

ins A dur: ins B dur:

ut re mi fa sol re mi fa   ut re mi fa sol re mi fa
und so die übrigen.

Eben so giengs mit den kleinern Tonarten. Z. E. Transponirete man die so genannte fünfte oder Aeolische Tonart (unser heutiges A moll), so hieß der Hauptton immer re.

Aeolische Tonart.

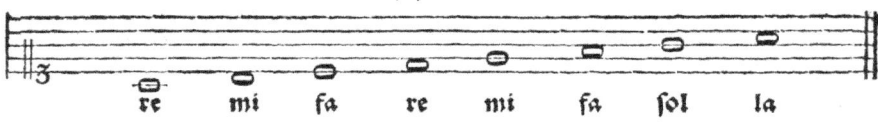

re mi fa re mi fa sol la

Einige ihrer Versetzungen:

ins H moll: ins C moll:

re mi fa re mi fa sol la   re mi fa re mi fa sol la

ins F moll: ins Fis moll:

re mi fa re mi fa sol la   re mi fa re mi fa sol la

Auf diese Art wurden alle übrige Tonarten behandelt. Weil nun in den alten diatonischen Tonarten die halben Töne immer auf andern Stellen stunden: so kann man sich leicht die Angst vorstellen, welche die Schüler zu überstehen hatten, ehe sie die Töne alle mit einander recht benennen konnten.

Die zufälligen Erhölungs= oder Erniedrigungszeichen würden die Schwierigkeit der Mutation noch mehr vergrößert haben, wenn man auch die zufälligen halben Töne mi fa oder fa la hätte nennen wollen.

Allein,

Anmerkungen zum Gebrauche des Sangmeisters. 15

Allein, bey diesen Gelegenheiten fieng man schon an nachzugeben, und erlaubte, daß bey so vielen sich ereignenden Semitonen, in dem Falle wo die Semitone nur zufälligerweise kommen, keine Mutation gemacht, sondern mit der Stimme allein, durch Erhöhung oder Erniedrigung derselben, geholfen werden durfte. (Siehe den 2ten Band der musikalischen Kritik, Seite 186.) Wird aber nun dieses erlaubt, daß bey gewissen Gelegenheiten der halbe Ton nicht allemal mi fa, oder fa la heißen darf: wozu dienet denn die ganze, demselben vornehmlich zu Gefallen eingeführte, Weitläufigkeit?

Einige wenige der neuern Wälschen behalten noch die alte und richtigste Solmisation, sowohl in denen mit Kreuzen als in denen mit Been bezeichneten Tonarten, so wie ich sie oben beschrieben habe, bey. Andere aber, die sich nicht so viele Mühe geben wollen, geben den Tönen, in den mit Kreuzen bezeichneten Tonarten, eben die Namen, welche die, im so genannten natürlichen Gesange, auf denselben Linien und Räumen stehenden Töne haben; und beobachten nur die so genannten weichen Tonleitern. Diese lehren sie also:

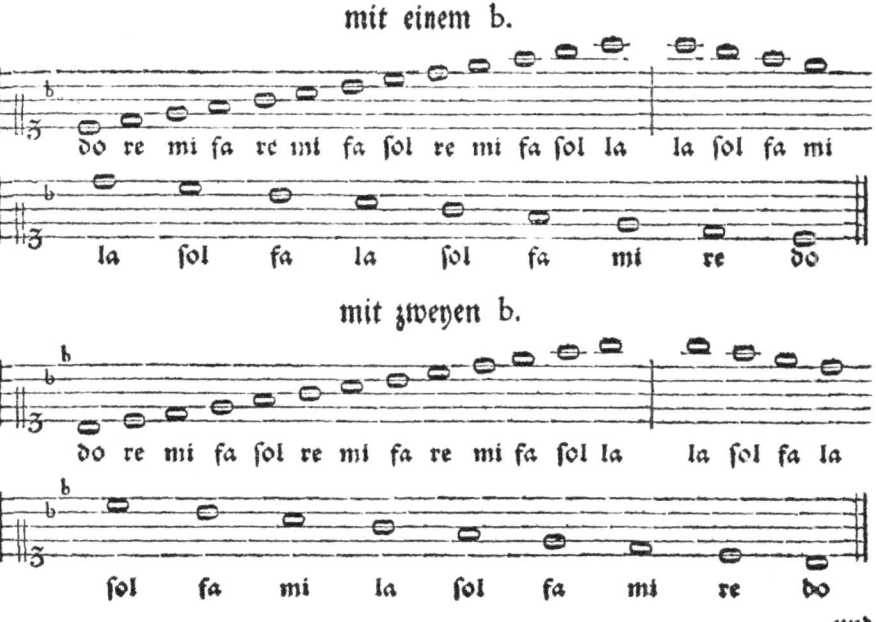

und

und so verfahren sie weiter, wie oben bey den Versetzungen der Jonischen Tonart gezeiget worden. Aber, wenn sie sich nur der Hälfte der Mühe des Solmisirens überheben wollen: warum ersparen sie sich und ihren Schülern nicht lieber die ganze Mühe?

Was man sonst noch zur Vertheidigung, nicht der Solmisation, sondern nur der so oft hererzählten Sylben vorbringt, daß sie nämlich, zur guten Aussprache im Singen, bequemer den Weg bahneten, als die deutschen Namen der Töne, dieses, sage ich, scheint nicht ganz ohne allen Grund zu seyn. Es ist wahr, Singschulen sind keine Leseschulen. Aber Reden und Singen sind dagegen ja auch zwey sehr unterschiedene Dinge. Was man ohne Mühe im Reden aussprechen kann, das kann man, wenn die Stimme immer gleich gut klingen soll, nicht allemal eben so bequem singen. Bey jedem Selbstlaute muß der Mund eine andere Stellung annehmen. In den aretinischen Sylben nun sind alle Selbstlaute enthalten: da hingegen die deutsche Benennung deren nur zween, und zwar den bequemsten am wenigsten aufzuweisen hat. Und also kann eine gute Vorübung zur singenden Aussprache wenigstens nicht schädlich seyn. Indessen bleibt die Mühe, welche man auf die sechssylbige Mutation wendet, doch allezeit verwerflich; weil sie gar die Wirkung nicht thut, die sie thun sollte; und bey denen, die von Natur kein zartes Gehör haben, zu einer reinern Intonation nicht das geringste beyträgt: wie allenfalls durch unwidersprechliche Beyspiele dargethan werden könnte. Sollte man folglich, wenn man nun ja, im Singen, die Töne mit den in Deutschland gewöhnlichen Namen zu benennen, nicht für gut befände, der Erfindung des *Erycius Puteanus*, eines gelehrten Niederländers, welcher, im 16ten Jahrhunderte, den sechs aretinischen Sylben noch die siebente si zur Benennung des h hinzuzusetzen sich nicht geschämet hat, (welcher Benennungen sich die Franzosen noch heutiges Tages bedienen,) nicht billig vor den andern den Vorzug einräumen?

Die Holländer haben folgende sieben Sylben, bo ce di go lo ma ni zu Benennung der Töne genommen. Hitzler erfand wieder eine andere Benennung. Otto Gibelius nennete das h, ni; das ut, do; so wie die Wälschen; vom sol ließ er das l weg, und die chromatischen Töne nennete er: { di ri ma fi si lo na,
{ cis, dis, eis, fis, gis, as, b.
Mersennus nennete das h, bi; und *Mairus* erfand sieben neue Sylben, va oder ta, ra, ma, fa, sa, la, za. *Calvisius* schon ist

einer

Anmerkungen zum Gebrauche des Sangmeisters. 17

einer der ersten gewesen, welche der unnöthigen Weitläuftigkeit der aretinischen Solmisation widersprochen haben.

Beyläufig kann man anmerken, daß in der, S. 8. befindlichen Tabelle, wenn man, bey jedem Buchstaben der die Töne benennet, die in den horizontalen Fächern dieses Buchstabens, (von der Linken zur Rechten,) befindlichen Sylben durchläuft, man die, außer dem Singen, gewöhnlichen wälschen Benennungen der Töne, und zugleich die Ursach dieser Benennung findet. Denn das C heißt in Wälschland c sol fa ut; das D, d la sol re; das E, e la mi; das F, f fa ut; das G, g sol re ut; das A, a la mi re; das B, b fa; und das H, b mi. Sie nennen alle Sylben zugleich mit, welche jeder Ton in den verschiedenen Hexachorden zum Namen führet. Die chromatischen Töne benennen die Wälschen, genauer als die Deutschen thun, dadurch, daß sie bey jeder Note der ein Kreuz vorgezeichnet ist, das Wort Diesis, und bey jeder Note der ein Be vorgezeichnet ist, die Wörter be molle hinzu setzen. Also heißt cis, C sol fa ut diesis; und des, D la sol re be molle. Freylich sind diese Benennungen sehr langweilig. Die Franzosen machen es kürzer; denn sie sagen z. E. ut dièze, re b-mol, u. s. w.

Sollte man sich aber nicht wundern, daß es in unsern Tagen noch so heftige Verfechter der aretinischen Solmisation giebt; daß wohl eher, in manchem Gezänke über den Nutzen derselben, sind,

feindlich wider sich, geflogen Pontacgläser
auf Angesichte los!

Unserm Sangmeister will ich, zum Beschluß, zu seiner Erbauung, den Kern dieser ganzen Abhandlung über die Solmisation, in folgende Regel einschließen: Man nenne die Töne wie man will; nur gebe man jedem Tone seinen eigenen, und zwar einen zur singenden Aussprache bequemen, Namen. Man zeige aber seinen Untergebenen die halben Töne in jeder Tonleiter richtig an; und gebe genau Achtung, daß diese halben Töne weder zu weit noch zu enge, weder zu tief noch zu hoch angestimmet werden: welche Reinigkeit vielen bey der wälschen Solmisation erzogenen Sängern noch immer fehlet. Doch einen großen Theil dieser Regel wird unser Tosi bald selbst auch sagen.

Der Lehrer sey besorget, daß die Töne von dem Schüler, indem er ihre Namen singt, vollkommen rein angegeben werden. Wer kein feines Gehör hat, der sollte nicht unternehmen, weder zu lehren, noch zu singen: indem der Fehler einer Stimme, welche steigt und fällt, wie die Ebbe und Fluth, schlechterdings unerträglich ist. Der Lehrmeister gebe ja darauf mit großer Aufmerksamkeit Achtung. Denn ein jeder Sänger, welcher nicht rein singt, verliert gewiß alle die schönsten Vorzüge welche er besitzen könnte. Ich kann sagen, ohne daß mich jemand einer Unwahrheit beschuldigen darf, daß, (wenige Sänger ausgenommen,) die neumodische Intonation sehr schlecht ist.

Bey diesem Solfeggiren, (g) suche er den Schüler nach und nach die hohen Töne gewinnen zu lassen: damit derselbe, vermittelst der Uebung, einen so weiten Umfang der Töne erlange als nur möglich ist. Doch beobachte er hierbey, daß, je höher die Töne sind, je sanfter sie angegeben werden müssen: um das Kreischen zu vermeiden.

(g) Solfeggiren heißt eigentlich, bey den Wälschen, die Namen der Töne mit den aretinischen Sylben singen, oder wie wir sagen, solmisiren. Hernach bedeutet es auch, alle Noten eines Stücks, ohne Sylben und Wörter, bloß über einem Selbstlaute singen. Die Stücke welche zu solcher Uebung bestimmet sind heißen deswegen Solfeggj.

Er muß die halben Töne nach den wahren Regeln anstimmen lassen. Daß es größere und kleinere halbe Töne giebt, wissen nicht alle Leute: weil man diesen Unterschied auf der Orgel und dem Clavicimbal, wenn sie nicht gebrochene Tasten (h) haben, nicht bemerken kann. Ein ganzer Ton, dessen beyde Enden um eine Klangstufe von einander entfernet sind, kann in neun gleichsam unmerkliche Abtheilungen getheilet werden, welche im Griechischen, (wenn ich mich nicht irre) Kommata, das ist, allerkleinste Theile, und im Wälschen Come genennet werden. Fünf davon machen den größern, und ihrer vier den kleinern halben Ton aus. Einige meynen zwar, daß nicht mehr als sieben Kommata wären, deren größere Hälfte den ersten und die kleinere den andern ausmacheten. Meine schwache Einsicht findet diese Meynung nicht gegründet: weil das Gehör in diesem Falle keine

Schwie=

Schwierigkeit haben würde, den siebenten Theil eines ganzen Tones zu unterscheiden; da es doch eine gar große Schwierigkeit findet, ein Neunteil davon zu bemerken. Wenn man immer unter Begleitung der obgedachten beyden Instrumenten sänge: so würde diese Erkenntniß überflüßig seyn. Aber seit dem von den Componisten der Gebrauch eingeführet worden, in jeder Oper eine Menge Arien hören zu lassen, die nur mit Bogeninstrumenten begleitet werden (i); so wird eine Einsicht hierinn sehr nothwendig. Wenn z. E. ein Sopranist das zweygestrichene Dis eben so intoniret, wie das zweygestrichene Es; so höret ein jeder der Ohren hat, daß er unrein singt: denn das letztere sollte etwas höher seyn. Wem dieses, was ich gesaget habe, nicht genug ist, der lese unterschiedene Schriftsteller welche davon handeln (k), oder er ziehe die berühmtesten Violinisten (l) zu Rathe. In den mittlern Stimmen ist es nicht so leicht diesen Unterschied zu bemerken: ob ich gleich glaube, daß alles, was sich eintheilen läßt, auch bemerket werden könne. Von diesen beyden halben Tönen will ich, im Hauptstücke von den Vorschlägen, weitläuftiger handeln, und zeigen daß die einen nicht mit den andern verwechselt werden dürfen.

(h) In einigen alten Orgeln und Clavicimbaln, waren etliche der in der obern Reihe des Griffbrets liegenden Tasten von einander geschnitten, davon der eine Theil etwas tiefere, der andere etwas höhere Pfeifen oder Saiten klingen machte; und diese nennete man **gebrochene Tasten**. Gemeiniglich waren es deren in jeder Octave zween: der Tast zwischen G und A; und der zwischen D und E. Jener soll Gis und As, und dieser Dis und Es von einander unterscheiden. Zu unsern Zeiten hat man diese gebrochenen Tasten, wegen der Schwierigkeit in der Ausübung des Claviers, gänzlich abgeschaffet, und sich davor bemühet, die **Temperatur** oder **schwebende Stimmung**, in eine bessere Uebereinstimmung zu setzen.

(i) Diese Mode ist heutiges Tages nicht so sehr mehr im Flor, als vor dreyßig und mehr Jahren, zu Tosis Lebzeiten. Doch ist sie auch noch nicht ganz abgekommen.

(k) Hierher gehören alle Schriftsteller von der **Temperatur**, und den **Intervallensystemen**, z. E. Telemann, im 3ten Bande der

Mizlerischen musikalischen Bibliothek, Seite 713. u. f. Sorge, in der Rationalrechnung, und andere berühmte Männer mehr. Da nun zu unsern Zeiten noch mehrere Intervalle in Gebrauch kommen: so haben sich deswegen die Sänger desto ernstlicher zu bemühen, auch die kleinesten Unterschiede der Intervalle, so viel ihnen möglich ist, rein und sicher angeben zu können. Wie würden sie sonst, z. E. mit vielen Telemannischen Singstücken zurechte kommen?

(1) Auch Flötenisten. Z. E. Quanz im Versuche einer Anweisung die Flöte traversiere zu spielen, Seite 35, 37, 243. und 244.

Der Sangmeister lehre seinen Scholaren alle Sprünge der Stimme in den Tonleitern, mit vollkommen reiner Intonation, Sicherheit, und Fertigkeit treffen (m). Er übe ihn in dieser höchstnothwendigen Lection, sogar bis zum Ueberflusse, wenn er will, daß er in kurzer Zeit Noten zu treffen wissen soll.

(m) Ich muß hier einen garstigen Fehler bemerken, welcher zu unsern Zeiten, auch bey einer großen Menge wälscher Sänger eingerissen ist; und den sogar einige, vielleicht weil mancher berühmter Sänger ihn zuweilen, wegen übles Befindens des Halses, aus Noth nicht hat vermeiden können, für eine, ich weiß nicht was für welche, Schönheit halten mögen. Sie geben nämlich bey vielen, auch sogar nicht sehr weit entfernten Sprüngen, ehe die höhere Note kömmt, noch immer einen, wo nicht gar zween oder drey tiefer liegende Töne undeutlich, manchmal noch darzu mit einem harten Hauche, an. Sie treiben also das cercar la nota, (Suchen der Note,) wovon doch unsere Alten, bey Sprüngen, welche weiter als eine Terze von einander liegen, wenig wissen wollten, bis zum Ekel. Es läßt sich dieser Fehler leichter vormachen, als mit Worten oder Noten beschreiben. Doch wird man ihn, wenn man auf manche Sänger Achtung geben will, bald bemerken, und sich von der Unannehmlichkeit, die er mit sich führet, überzeugen können. Man wird sehen daß Tosi vollkommen Recht hat, wenn er die Uebung in den Sprüngen, bis zum Ueberflusse, mehr als es nöthig zu seyn scheinen möchte, eingeschärfet.

Wenn der Meister nicht selbst componiren kann; so schaffe er sich gute Uebungsexempel von verschiedener Schreibart an, welche nach Maaßgebung der zunehmenden Kräfte des Schülers, unvermerkt vom Leichten zum Schwerern fortgehen. Doch müssen die schweren immer dabey natürlich und schmackhaft seyn, damit sie den Schüler reizen, sie mit Lust zu studiren, und ohne Ueberdruß zu lernen.

Eine der vornehmsten Sorgen des Meisters muß auf des Schülers Stimme gerichtet seyn. Es mag eine Bruststimme (voce di petto) oder eine Kopfstimme (voce di testa) seyn; so muß sie immer rein und hell heraus kommen; ohne daß sie (wie man sagt) durch die Nase gehe, oder in der Kehle stecken bleibe. Dieses sind die beyden gräßlichsten Fehler eines Sängers; und wenn sie einmal eingewurzelt sind, ist ihnen nicht mehr abzuhelfen.

Die wenige Erfahrung manches Unterrichters im Solfeggiren machet, daß er den Schüler zwingt, lange ganze Tactnoten, mit gezwungener Bruststimme, auf den höchsten Tönen auszuhalten. Endlich folgt hieraus, daß der Hals sich täglich mehr und mehr erhitzet, und wenn der Schüler nicht gar die Gesundheit verliert, so verliert er doch zum wenigsten die Sopranstimme.

Viele Meister lassen ihre Schüler den Alt singen, weil sie bey ihnen das Falsett nicht zu finden wissen, oder die Mühe scheuen es zu suchen.

Ein fleißiger Unterweiser, weil er weis, daß ein Sopran, ohne Falsett, genöthiget ist in dem engen Umfange nur weniger Töne zu singen; so suchet er nicht allein ihm das Falsett zu verschaffen; sondern er läßt auch nichts unversucht, damit dasselbe mit der natürlichen Stimme auf eine solche Art vereiniget werde, daß man eins vom andern nicht unterscheiden könne. Denn wenn diese Vereinigung nicht vollkommen ist: so hat die Stimme einen verschiedenen Laut, oder (wie die Wälschen sagen) verschiedene Register (n), und verliert folglich ihre Schönheit. Das Gebiet der natürlichen, oder der Bruststimme, endigt sich ordentlicherweise auf dem vierten Zwischenraume, oder der fünften Linie, jedes Notensystems: und da fängt die Herrschaft des Falsetts an, sowohl im Aufsteigen in höhere Noten, als im Herabsteigen in die natürliche Stimme; wobey es eben die meiste Schwierigkeit setzet, die Töne einander gleichlautend zu machen. Der Meister bedenke also wohl, wie viel auf die Verbesserung dieses Fehlers ankomme, welcher, wenn er nicht Acht drauf hat, das Verderben des Schülers nach sich zieht. Bey Frauenzimmern, welche den Sopran singen, höret man manchmal eine durchgängige Bruststimme: bey Mannspersonen aber würde es eine Seltenheit seyn, wenn sie dieselbe, nach zurück gelegtem Knabenalter, noch erhielten. Wer neugierig ist, das Falsett bey einem der es zu verbergen weis, zu entdecken, der bemerke, daß derjenige, welcher sich dessen bedienet, auf den hohen Tönen, den Selbstlaut i mit mehr Kraft und weniger Mühe ausspricht, als das a.

Die Kopfstimme ist leicht beweglich, und zum Geschwindsingen aufgeleget; sie hat die hohen Töne besser in ihrer Gewalt, als die tiefen; der Triller spricht ihr leicht an; sie steht aber mehr in Gefahr verloren zu werden: weil ihr die Stärke mangelt, die sie unterstützen soll (o).

(n) Diese Benennung ist von den sogenannten Registern oder Stimmen in der Orgel entlehnet. Sie will so viel sagen: es klinge, als wenn man einige Töne auf einem, und einige Töne auf einem andern, von vorigem unterschiedenen, Orgelregister spielete.

(o) Bey den vorhergehenden Absätzen fällt unterschiedenes zu erinnern vor. Ich habe aber dem Verfasser mit Fleiß nicht eher ins Wort fallen wollen; damit ich nunmehr alles in einer desto bessern Folge zusammen vortragen könne. Die erste Frage, welche vielleicht ein jeder unserer Leser schon lange zu thun möchte Lust gehabt haben, ist diese: Was ist aber die Bruststimme, die Kopfstimme und das Falsett? Daß die von den Wälschen erfundene Benennung der Kopfstimme sehr uneigentlich sey, wird ein jeder von sich selbst leicht einsehen können. Wenn ich diese Fragen beantworten will; so muß ich erstlich gewisse Grundsätze der Naturlehre, von der Entstehung des Klanges überhaupt, und von denen Gliedern des menschlichen Halses, welche bey Hervorbringung der Stimme wirksam sind, voraussetzen:

1) Ein

Anmerkungen zum Gebrauche des Sangmeisters.

1) Ein Schall entsteht, wenn die Luft, von einem Körper, in einen engern Raum zusammen gebracht, und folglich zusammen gedrückt wird; in dem Augenblicke aber, nach dem auf einmal gehobenen Widerstande, den der Körper verursachete, die Freyheit bekömt, sich wieder auszudehnen. Indem sich die mit Gewalt zusammengedrückete Luft auf einmal wieder ausdehnet, nimmt sie einen größern Raum ein, als derjenige ist, welchen sie erfüllete, ehe sie zusammengedrücket wurde. Hierdurch drücket sie die umstehende Luft, welche ihr so geschwind nicht weichen kann, gleichfalls zusammen: und indem diese sich wieder ausdehnet; so wird aufs neue die folgende zusammengedrücket. Und auf diese Art entsteht in der Luft eine zirkelförmige Bewegung, durch welche der Schall von einem Orte zum andern gebracht wird.

2) Wenn der Schall nicht augenblicklich wieder verschwinden, sondern fortdauern soll; so muß diese Bewegung in der Luft beständig erneuert werden, und folglich müssen die Lufttheilchen alle Augenblicke zusammengedrückt werden, und sich sogleich wieder ausdehnen. Der Körper der einen fortdauernden Schall in der Luft erregen soll, muß vermögend seyn die Luft in einer zitternden Bewegung zu erhalten, und also sich selbst in einer zitternden Bewegung befinden. Kein Körper kann zittern, wenn sich nicht seine Theile bald von einander entfernen, bald aber wieder einander nähern. Wenn sich die Theile eines Körpers von einander entfernen: so verändert er seine Figur; nähern sie sich aber wieder einander: so wird er in seine vorige Gestalt versetzet. Ein Körper der seine Figur ändern, und sich von sich selbst wieder in die vorige versetzen kann, ist ein *elastischer Körper*. Solchergestalt kann kein Körper einen fortdauernden Schall in der Luft hervorbringen, wenn er nicht elastisch ist. Je weniger elastisch oder je weicher ein Körper ist; je weniger geschickt ist er einen fortdauernden Schall hervor zu bringen. Da nun die härtesten Körper zugleich auch die größte Elasticität besitzen; so sind sie auch desto geschickter einen Schall hervor zu bringen, je größer der Grad der Härte ist welchen sie besitzen.

3) Ein Schall ist stark, wenn sich viele, und schwach, wenn sich wenige Lufttheilchen in einer zitternden Bewegung befinden.

4) Ein Schall ist hoch wenn die zitternde Bewegung geschwind geschieht; und tief, wenn sie langsam verrichtet wird.

5) Nicht die zitternde Bewegung eines ganzen elastischen Körpers, sondern vielmehr die Erschütterung seiner kleinen Theilchen verursachet

einen

einen Schall. Doch sind beyde Bewegungen fast immer in einer Uebereinstimmung unter einander; dergestalt, daß wenn die zitternde Bewegung des Körpers geschwinder geschieht, auch seine kleinen Theilchen ihr Zittern mit größerer Geschwindigkeit verrichten. Je länger also eine Saite eines Instruments ist; je langsamer zittert sie: je kürzer sie ist; je geschwinder geschieht ihre zitternde Bewegung; wenn nämlich eine so stark gespannet ist, als die andere. Eine dicke Saite welche mit einer andern gleiche Länge hat, und eben so stark gespannet ist, bewegt sich langsamer als eine dünne. Ist ihr Durchmesser noch einmal so stark als der andern ihrer; so wird sie eine Octave tiefer klingen. Folglich giebt überhaupt eine längere und dickere Saite einen tiefern Schall, als eine kürzere und dünnere. Je mehr aber eine jede Saite gespannet wird; je geschwinder muß ihre zitternde Bewegung geschehen: je höher wird folglich ihr Schall: und umgekehrt. Bey Saiten von gleicher Länge, Spannung, und Durchmesser, ist die Tiefe des Tones wie die Biegsamkeit der Materie. Wenn man zwo gleiche Saiten, eine von Gold, die andere von Eisen hat; so klingt die von Gold eine Quinte tiefer als die eiserne.

6) Wenn sich die Luft durch eine enge Eröfnung geschwind hindurch beweget; so muß sie zusammengedrücket werden, und sich hernachmals wieder ausdehnen. Da sie nun solchergestalt in eine zitternde Bewegung geräth: so muß ein Schall entstehen, indem die Luft durch eine enge Eröfnung geschwind hindurch geht. Auf diesem Grunde beruhet der Schall aller der Instrumente welche geblasen werden, als Orgeln, Trompeten, Flöten, u. s. w.

7) Je mehr die Materie des Körpers, dessen zitternde Bewegung einen Schall hervorbringen soll, elastisch ist: je stärker wird die zitternde Bewegung der Luft, und folglich der Schall. In je geringerm Grade sie hingegen elastisch ist: je schwächer wird der Schall (3).

8) Je enger die Eröfnung ist; desto geschwinder wird die zitternde Bewegung der Lufttheilchen: und desto höher wird der Schall welchen man hervorbringt. Je weiter die Eröfnung ist; desto langsamer werden die Lufttheilchen in eine zitternde Bewegung gesetzet: und desto tiefer wird der Schall (4).

9) Wenn man einen Schall in Absicht auf die Geschwindigkeit der zitternden Bewegung, welche die kleinen Lufttheilchen haben, mit einem andern Schalle vergleichet: so nennt man ihn einen Ton.

10) Die

Anmerkungen zum Gebrauche des Sangmeisters. 25

10) Die menschliche Luftröhre hat, nicht nur der Meynung der mehresten ältern und neuern Naturkündiger, sondern auch dem ersten Augenscheine nach, alle Eigenschaften eines hohlen Körpers, in welchem, vermittelst der durch die kleine Eröfnung desselben, welche Glottis genennet wird, geschwinde hindurch gehenden Luft, so wie bey einem Blasinstrumente (6), ein Schall kann hervorgebracht werden. Sie besteht, damit sie beweglich sey, aus lauter Knorpeln; welche vermittelst einer elastischen Haut unter einander verbunden sind. Folglich ist sie ganz elastisch. Die Knorpel des untern Theils derselben sind beynahe zirkelrund. Die Knorpel ihres obern Theils oder Kopfs (Larynx) aber, sind, der Form nach, von jenen unterschieden. Von zweenen dieser obern Knorpel, und zween davon vorwärts hin abgehenden festen Bändern, wird die kleine Eröfnung der Luftröhre, welche rima glottidis heißt, umgeben, und von einem andern, welcher oben drüber lieget, und vorn an dem schildförmigen Knorpel befestiget, hinten aber frey ist, und folglich auf= und zugehen kann, bedecket. Dieser letztere wird Epiglottis oder der Kehldeckel genennet. Alle diese Knorpel des Kopfes der Luftröhre sind durch elastische Ligamente mit einander verbunden. Damit aber auch die zu der Bewegung dieser Knorpel und Ligamente nöthige Luft immer da sey: so ist die Lunge vermögend, dieselbe, durch den Canal der Luftröhre, und die unten von ihm ab, und in die ganze Substanz der Lunge hinein gehenden vielen kleinen Aestchen, nicht nur von aussen einzuziehen, sondern auch mit vielen Graden der Stärke wieder heraus zu treiben.

11) Weil die ietzt beschriebene Eröfnung der Luftröhre, vermittelst der dazu bestimmten Muskeln, erweitert und zusammen gezogen werden kann; so kann sie folglich hohe und tiefe Töne angeben (8).

12) Die beyden Seiten der Eröfnung der Luftröhre, stehen aufs höchste um eine Linie, oder um den zehnten Theil eines Zolles von einander. Dieser sehr kleinen Entfernung ungeachtet, kann doch ein Mensch mit seiner Stimme ganz bequem zwölf ganze Töne angeben. Folglich wird, wenn ein solcher einen ganzen Ton angiebt, oder eine große Secunde höher oder tiefer singt, die Eröfnung der Luftröhre um $\frac{1}{120}$ Theil von einem Zolle enger oder weiter. Die Naturkundiger haben aber auch noch über dieses erwiesen, daß die Stimme einen ganzen Ton wieder zum wenigsten in hundert andere ganz kleine Töne eintheilen, und folglich ein Mensch, der zwölf ganze Töne singen kann, 2400 verschiedene Töne herausbringen

gen könne; welche alle noch durch ein, im höchsten Grade, feines Gehör, (als welches wahrnehmen kann, wenn eine Saite nur um den hunderten Theil kürzer gemacht wird,) müßten unterschieden werden können. Sie haben noch weiter erwiesen, daß wenn man auf diesen Unterscheid nicht mehr Acht haben will, die Anzahl der Töne, welche ein Mensch hervorbringen kann, unendlich groß seyn würde: weil sich die Eröfnung der Luftröhre, wie eine jede Linie, in unendlich viele unendlich kleine Theile eintheilen läßt; welches auch wirklich geschieht, wenn die Stimme von einem Tone nach und nach zum andern kömmt, ohne daß der Schall aufhöret. Denn indem sich die Eröfnung der Luftröhre zusammen zieht; so geschieht ihre Bewegung durch alle Puncte ihres Diameters.

13) Wenn man einen allzutiefen Ton hervorbringen will, so wird die Eröfnung der Luftröhre dergestalt groß gemacht, daß die Luft durch dieselbe einen ganz freyen Durchgang findet. Folglich geräth sie dadurch nicht mehr in eine zitternde Bewegung, und folglich auch entsteht kein Schall mehr. (1) Wenn man aber einen allzuhohen Ton angeben will, so wird die Eröfnung der Luftröhre ganz verschlossen, die Luft findet keinen Ausgang mehr, und kann also keinen Schall verursachen.

14) Wenn der Schall in der Luftröhre hervorgebracht worden ist; so geht er zum Theil zum Munde heraus, zum Theil aber durch die Nase, nachdem er darinn reflectiret worden ist. Die größte Annehmlichkeit der Stimme entsteht von dieser Reflexion der den Schall verursachenden Luft. Denn wenn man die Nase zuhält: so wird der Schall alsdenn nicht so reflectiret, daß er wieder zurückkommen, und durch den Mund herausgehen kann; sondern er verliert sich in den weichen Theilen der Nase. Man pflegt von dergleichen Personen zu sagen, daß sie durch die Nase reden. Es geschieht aber gerade das Gegentheil. Denn wenn sich der Schall durch die Nase beweget; so ist er vernehmlich; nicht aber wenn die Nase fehlet, verstopft ist, oder zugehalten wird. Mit einem Worte, die Nase ist ein Sprachgewölbe. Zu eben der Zeit richten die Höhlen des Mundes und der Nase, die sich zu den tiefen Tönen verlängern, zu den hohen aber verkürzen, ihren Klang zu allen verschiedenen Tönen ein, wenigstens nach einigem entfernten musikalischen Verhältnisse. Diese Veränderung des Maaßes dieser Höhlen geschieht also: Indem die Oefnung der Luftröhre sich erweitert, so erweitert sich die Luftröhre auch bey Gelegenheit alles Falles des Tones der eine größere Menge Luft erfodert. Wenn hingegen

gegen die Oefnung der Luftröhre sich zusammenzieht; so verlängert sich die Luftröhre und wird gespannet, folglich enge gemachet, wenn der Kopf der Luftröhre in dem Grunde der Kehle mehr und mehr steiget, nachdem die Töne steigen, und weniger Luft dabey verthan wird. Diese Verkürzung und Verlängerung wird durch das Steigen und Fallen des Knotens am Kopfe der Luftröhre, (des schildförmigen Knorpels,) sichtbar. Verkürzt sich nun also die Luftröhre; so wird die gedoppelte Höhle des Mundes und der Nase länger: verlängert sie sich, so wird die gedachte Höhle kürzer.

15) Nächst der Reflexion des Schalles in den Gewölben des Mundes und der Nase, ist auch die Glätte der Luftröhre, und besonders ihres Kopfes, eine Ursache der Annehmlichkeit der Stimme. Diese Glätte wird durch eine öhlichte Feuchtigkeit, welche durch gewisse Muskeln, aus einer am Halse liegenden Drüse, beym Reden und Singen herausgedrückt, und in die Luftröhre gebracht wird, sehr befördert und erhalten.

16) Alles was bis hieher gesaget worden, dienet nur zu zeigen, wie ein Mensch einen hohen und tiefen, starken und schwachen, vernehmlichen und unvernehmlichen Schall vermittelst der Luftröhre hervorbringen könne. Soll der Mensch aber reden, und deutliche Worte aussprechen; so müssen der Gaumen, der Zapfen, die Zunge, die Zähne, und Lippen das ihrige auch beytragen, um entweder durch ihre Lage, oder durch ihre Bewegung, die durch die Glottis herausgestoßene Luft, auf unzählige Art, in dem Munde zu reflectiren, und ihre Richtung, so wie es die Aussprache des Buchstabens erfodert, zu verändern: ohne daß deswegen der Schall höher, tiefer, stärker oder schwächer seyn darf. Diese Bewegungen nun müssen, wenn man singen will, mit jenen, welche nur zur Hervorbringung des Tones dienen, aufs geschickteste vereiniget werden, und in der freundschaftlichsten Verbindung stehen.

Aus diesem allen, was ich bisher als von den Naturkündigern erwiesen, vorausgesetzet habe, erhellet nun erstlich, nach (8), die Ursache der unterschiedenen Stimmen, in Ansehung ihrer Höhe und Tiefe. Die vornehmsten Arten der Stimmen sind: der Sopran, der Alt, der Tenor, und der Baß; mit ihren gewöhnlichsten Mittelgattungen, z. E. dem tiefen Sopran, und dem tiefen Tenor, (baritono). Die Eröfnung der Luftröhre eines Altisten ist also größer als diejenige eines Sopranisten, eines Tenoristen größer als eines Altisten; eines Bassisten größer als eines Tenoristen. Und weil alle Theile eines menschlichen Körpers

Körpers, natürlicher Weise, in genauen Verhältnissen mit einander stehen: so ist höchst wahrscheinlich, daß die Weite oder Enge der ganzen Luftröhre, mit der Weite oder Enge ihrer Eröfnung genau übereinstimme. Aber alle diese Hauptarten der Stimmen haben wieder, wie die Erfahrung lehret, eine sehr große Menge der Untereintheilungen. Denn mancher Sopranist hat einen oder mehrere Töne mehr in der Höhe, mancher einen oder mehrere Töne mehr in der Tiefe, als ein dritter. Und so geht es auch mit den übrigen Arten der Stimme. Auch ist die Anzahl der Töne, die ein Mensch in der Höhe und Tiefe ungezwungen hervorbringen kann, bey einem immer größer als bey dem andern. Hat folglich, z. E. mancher Sopranist einen größern Umfang der Töne in seiner Gewalt, als viele andere; so muß die Eröfnung seiner Luftröhre, einer weitern Ausdehnung und engern Zusammenziehung fähig seyn, als jener ihre. Farinello sang in seinen jüngern Jahren, ungezwungen vom ungestrichenen a bis ins dreygestrichene d. Ich kenne eine Sängerinn, welche ganz leicht, mit gleicher Stärke und Reinigkeit der Töne, vom ungestrichenen b bis ins dreygestrichene e geht. Von Caspar Forstern dem jüngern, einem ehemaligen berühmten Dänischen Capellmeister, berichtet uns Matthesons musikalische Ehrenpforte, Seite 21. daß er vom eingestrichen a bis ins Contra=A, drey Octaven tief, gesungen habe. Wir müssen es dahin gestellet seyn lassen, ob nicht zum wenigsten bey den höchsten und tiefsten Tönen dieses ausserordentlichen Sängers etwas gezwungenes mit untergelaufen sey: indessen hat mich, von dem, vor nicht gar zu langer Zeit, in England und Spanien berühmt gewordenen wälschen Bassisten Montagnana, sein ehemaliger Lehrmeister, der Herr Porpora, versichert, daß er ganz natürlich und egal vom E des Basses bis ins eingestrichene a habe singen können. Eines Saletti, der auch vom f bis ins h alle Töne in seiner Gewalt hat, und anderer mehr, zu geschweigen.

Wie es zugehe, daß bey unverschnittenen Mannspersonen, ohngefähr um das vierzehnte Lebensjahr, die hohe Stimme sich in eine tiefere verwandelt; kann man zweytens auch, aus den oben angeführten Sätzen leicht schlüßen. Um diese Zeit ist das Wachsthum am stärksten: folglich wird auch die Eröfnung der Luftröhre, welche bey Kindern kleiner

Anmerkungen zum Gebrauche des Sangmeisters.

ner ist als bey Erwachsenen, um ein merkliches erweitert. Weil alsdenn der Körper überhaupt stärker wird; so bekommen auch die hier befindlichen Muskeln eine größere Kraft, die Luftröhre, und zwar überhaupt, und auf immer, weiter zu machen. Allein da diese Veränderung meistentheils schnell geschieht; so wird das Gleichgewicht zwischen denen Muskeln welche die Luftröhre zusammenziehen, und denen welche sie wieder erweitern müssen, aufgehoben. Will man nun einen hohen Ton hervorbringen, so fällt solches, wegen der Gegenwirkung der Muskeln die die Luftröhre erweitern, beschwerlich. Man hat aber gleichwohl auch Mühe, einen tiefen Ton anzunehmen, so lange die Muskeln, welche hierzu erfodert werden, nicht Kraft genug besitzen. Solchergestalt ist klar, daß das Reden, und noch mehr das Singen beschwerlich fallen müsse: und dieses ist die Ursache, warum sich, um die Zeit da die Stimme verändert werden soll, meistentheils eine Heiserkeit einzustellen pflegt, welche öfters ein halbes Jahr und noch länger dauert. Die Natur beobachtet aber hierbey, die von ihr einmal festgestellten Gesetze der guten Verhältnisse, größtentheils so genau, daß sich der Sopran gemeiniglich in den Tenor, der Alt in den Baß, der tiefe Sopran in den tiefen Tenor (baritono) u. s. w. verändert. Dieses macht gewöhnlicher Weise eine Septime aus, welche die Stimme in der Tiefe gewinnt, und dagegen in der Höhe verliert. Bey den meisten Castraten äussert sich zwar, um eben die Jahre da das Mannbarwerden anfängt, auch auf einige Zeit eine ähnliche Art der Heiserkeit und der Beschwerlichkeit der Sprache; sie wachsen auch so stark als andere Mannspersonen, und die Stimme bleibt doch hernach immer noch hoch, wie vorher. Die Ursach davon, scheint mir, in dem, was kurz vorher gesaget worden, leicht zu finden zu seyn. Weil ihr Körper überhaupt nicht zu der völligen Stärke gelangt, die andere Mannspersonen erreichen: so bleibt auch aller Wahrscheinlichkeit nach, bey den Muskeln, die um diese Zeit die Luftröhre weiter machen sollten, die dazu gehörige Kraft aussen, und ihr Trieb dazu ist nur vergeblich. Die Gegenwirkung der zusammenziehenden Muskeln ist folglich auch zu schwach: und also bleibt die Stimme so wie sie war. Aber die Frauenzimmer wachsen ja auch in diesem Alter, und werden stärker: keine Gewaltthätigkeit hat ihren Muskeln eine Hinderniß in den Weg geleget, sich nach den Gesetzen der Natur zu verstärken; und gleichwohl behalten sie immer ihre hohe Stimme? Diese Frage wollen wir den Naturkündigern zu weiterer Untersuchung überlassen.

Das I. Hauptstück.

Wir bemerken zum dritten, daß alles, was dem freyen Ausgange der Luft, aus der Eröfnung der Luftröhre, der Reflexion derselben im Munde und in der Nase, und dem Durchgange der Luft durch beyde im Wege steht, einen schlechtern Klang der Stimme verursachen müsse. Diese Hindernisse können entweder aus natürlichen Fehlern, wenn etwan die innere Oefnung der Nase nicht groß genug ist, oder der innere Bau derselben anderweitig leidet; oder aus zufälligen, z. E. wenn die Nase bey dem Schnupfen, oder durch den allzuhäufigen Gebrauch des Schnupftabaks, sonderlich dessen der viel öhlichte Theilchen bey sich führet, verstopft, oder sonst durch irgend eine Krankheit in eine übele Beschaffenheit gesetzet ist, herrühren; oder sie können auch durch willkührlich angenommene Fehler, z. E. wenn man beym Singen die Zunge ohne Noth zurück zieht, und krumm macht, welche doch, so viel als möglich ist, platt und gerade im Munde liegen sollte, ingleichen wenn man den Mund nicht weit genug eröfnet, oder die Zähne zusammendrücket, entstehen. Aus dem ersten und zweyten Falle nimmt das sogenannte Singen durch die Nase, und aus dem dritten das Singen in der Kehle (il cantar di gola) seinen Ursprung: und dieser Mängel können noch viele andere mehr seyn. Sind es nun Naturfehler, so können sie freylich nicht verbessert werden: sind es aber zufällige oder angenommene Fehler; so darf man nur ihre Ursachen aus dem Wege räumen, oder den Theilen des Mundes ihre rechte Stellung zu geben suchen: und hierdurch sind sie gar wohl zu verbessern.

Wir sehen ferner hieraus zum vierten, daß nicht ein Wort so bequem zum Singen als das andere, ja nicht ein Buchstabe so bequem singend auszusprechen als der andere sey. Denn bey allen den Buchstaben und Wörtern, bey deren Aussprache die zum eigentlichen Reden bestimmten Gliedmaßen des Mundes eine solche Richtung bekommen, die dem freyen Ausgange der Luft auf einige Art im Wege steht, kann der Ton der Stimme nicht so gut herauskommen, als bey denen, wo die Luft nicht gehindert wird; folglich sind jene zum Singen unbequemer als diese. Und also ist diejenige Sprache zum Singen die beste, welche die wenigsten den freyen Ausgang des Tones hindernden Wörter hat; und bey welcher folglich auch der musikalische Dichter sich die wenigste Gewalt anthun darf, die bequemsten heraus zu suchen.

Endlich sind wir nun auch im Stande aus den Erscheinungen, die man an den sogenannten Brust- und Kopfstimmen wahrnimmt, auf ihre Ursachen zu schlüßen. Die Bruststimme ist ordentlicher Weise stärker

stärker als jene: folglich muß die Oefnung der Luftröhre härter und also elastischer seyn (2) und (1); und also muß auch mehr Luft dabey in Bewegung gesetzet werden (3). Es ist demnach wahrscheinlich, daß die Luftröhre sowohl als ihre Eröfnung, bey einem der eine Bruststimme hat, etwas weiter sey, als bey der Kopfstimme. Es würde zwar hieraus nach (8) folgen, daß die Bruststimmen niemals so hoch singen könnten als die Kopfstimmen. Allein, hierin widerspricht die Erfahrung. Die Naturkündiger haben erwiesen, daß überhaupt die Glottis sich weiter macht, um mehr, und enger, um weniger Luft durchzulassen; und daß sie sich just soviel erweitert als zu dem Grade der Stärke, und sich just soviel enger macht, als zu dem Grade der Schwäche, den man dem Tone geben will, und zu dem Uebergange von der Stärke zur Schwäche, und umgekehrt, nöthig ist, ohne im Tone selbst etwas zu ändern: und daß folglich die geschwindern Schläge, welche die Eröfnung der Luftröhre, wenn mehrere Luft geschwind durchdringet, machen müßte, dadurch verhindert werden, daß sie sich weiter ausdehnet, und deswegen nicht geschwinder schlagen kann: so daß also der Ton bey mehrerer Stärke der Luft doch nicht höher wird. Denn es ist der Luft, in Ansehung der Geschwindigkeit, gleichgültig, ob sich mehr Luft an die so viel erweiterte Glottis, als zum Durchgange dieser Menge Luft, mit eben der Geschwindigkeit, als zuvor, bey dem Uebergange vom Schwachen zum Starken, nöthig ist, stellet; oder ob sich die Glottis eben so viel enger machet, als zu Erhaltung eben desselben Grades der Geschwindigkeit, bey einer kleinen Menge Luft, und dem Uebergange vom Starken zum Schwachen, nöthig ist. Es ist also die Oefnung der Luftröhre, bey einem und eben demselben Tone überhaupt weiter, wenn er stark, als wenn es schwach angegeben wird. Warum sollte nicht insbesondere die ganze Luftröhre, und ihre Oefnung, bey einer Bruststimme etwas weiter seyn können als bey einer Kopfstimme, ohne daß deswegen die ganze Stimme tiefer würde; und warum sollte sie nicht auch eben sowohl als jene, den Verhalt der Erweiterung und Zusammenziehung bey größerer oder kleinerer Menge der durchgehenden Luft beobachten. Es wird also bey der Stärke und Schwäche des Tones, der nicht höher und nicht tiefer wird, das eine durch das andere auf eine wunderbare Weise ersetzet, die der menschliche Verstand lange nicht so genau zu bestimmen weis, als der natürliche Trieb sie ins Werk setzet. Solchergestalt folget nichts weiter hieraus als dieses, daß bey zweenen Sopranisten, von einerley Umfange der Töne, deren einer eine Brust=

stimme

stimme, der andere eine Kopfstimme hat, des erstern seine Luftröhre und Glottis etwas weniges, etwas dem menschlichen Auge unmerklich weniges weiter seyn müsse; als des andern seine: und so auch bey den Altisten, Tenoristen, u. s. w. Doch werden die tiefen Töne der Bruststimme immer kräftiger und nachdrücklicher seyn, als die tiefen der Kopfstimme: wie denn überhaupt nicht zu läugnen ist, daß bey einer Bruststimme, wenn sie auch gleich noch so hoch singen kann, dennoch die mittelsten Töne jeder Stimmweite (étendue), am öftersten gebrauchet werden müssen, wenn es ihr recht bequem seyn soll; da sich hingegen eine Kopfstimme lieber am meisten in den höhern Tönen aufhält. Eine Arie aus dem D die für eine Kopfstimme bequem ist, wird einer Bruststimme, von eben derselben Stimmweite, doch immer bequemer seyn aus dem C, und also einen Ton tiefer zu singen. Denn wenn eine Bruststimme in den hohen Tönen sich gar zu lange aufhalten muß; so kann die Lunge, welche mehrere Luft zu schöpfen gewohnt ist, wegen der immer zusammengezogenen Oefnung der Luftröhre nicht so viel Luft wieder ausstoßen, als sie eingenommen hatte; folglich dehnet diese in der Lunge zurückbleibende Luft, die Brust gewaltsam aus. Des lang anhaltenden Zusammenziehens der Fibern der Glottis, und der daher entspringenden Beschwerlichkeit, nicht zu gedenken. Soll aber eine Kopfstimme allzu oft, und allzu lange in den tiefern Tönen herum schweifen; so wird immer mehr Luft von der Lunge erfodert, als sie auf einmal einzuziehen vermögend ist.

Ist es wahr daß bey der Bruststimme mehr Luft in Bewegung gesetzet wird: so muß ihr, natürlicher Weise, die sehr geschwinde Folge der Töne auf einander schwerer auszuführen seyn, als der Kopfstimme. Zum wenigsten kostet es der Bruststimme mehr Mühe zu einer leichten Geschwindigkeit in Ausführung gewisser Passagien zu gelangen, als der andern. Denn die Meynung, daß eine Bruststimme überhaupt zu gar keiner Geschwindigkeit aufgeleget sey, kann durch die große Fertigkeit gewisser älterer und neuerer genug berühmter Bruststimmen augenscheinlich widerleget werden. Daß aber insbesondere einige Sänger mit Bruststimmen zu aller Ausführung geschwinder Noten ungeschickt sind, daran ist entweder ihre Faulheit, und die Unterlassung der nöthigen Uebung schuld: oder ihre Glottis muß gar zu hart seyn; so, daß die Luft, welche der Canal der Luftröhre fassen kann, doch nicht vermögend ist, dieselbe in der gehörigen Geschwindigkeit zu erschüttern. Was aber nun ja der Bruststimme an der gar großen Geschwindigkeit überhaupt

abgehen

Anmerkungen zum Gebrauche des Sangmeisters.

abgehen sollte, das ersetzet sie, wenn sie sonst gehörig geübet ist, wieder durch den Nachdruck, die Deutlichkeit und die Schärfe ihres Anschlags der Töne, in den geschwinden Läufen. Was man bey einer Bruststimme in einer ziemlichen Entfernung deutlich vernehmen kann, dazu muß man sich, wenn man es bey einer Kopfstimme hören will, um ein gut Theil mehr nähern. Bey manchen Kopfstimmen scheint, bey den geschwinden Läufen, wenn sie dieselben auch noch so geschwind ausführen, doch immer etwas am Feuer der Ausführung zu mangeln. Sie geben jeden geschwinden Ton gar zu weichlich und matt an. Sie scheinen zu schleifen, wo sie stoßen sollten. Ohne Zweifel deswegen, weil die Eröfnung ihrer Luftröhre nicht elastisch genug seyn mag, um jedem geschwinden Tone seinen gehörigen kleinen Nachdruck und Schärfe zu geben.

Der Triller und die übrigen kleinen Manieren, werden den Bruststimmen, aus eben dem Grunde einer größern Menge in Bewegung zu setzender Luft, und etwas härterer Glottis, auch gemeiniglich schwerer zu erlernen als den Kopfstimmen. Allein, wenn sie den gehörigen Fleiß und Uebung anwenden, so wird ihr Triller auch gemeiniglich reiner, egaler und deutlicher als der andern ihrer; als welche wegen allzu großer Leichtigkeit öfters, wenn sie sich nicht wohl in Acht nehmen, entweder ins Matte, oder ins Meckernde, oder gar in die Terzentriller verfallen können.

Sind die Fibern der Glottis bey einer sogenannten Bruststimme fester, ihre Luftröhre etwas weiter, und folglich, weil die Natur doch immer den rechten Verhalt zu beobachten weis, auch die Lunge geschickter mehrere Luft in sich zu fassen: so kann man daher auch auf mehrere Dauerhaftigkeit einer Bruststimme Rechnung machen. Die meisten Sänger, welche Bruststimmen haben, behalten dieselbe, wenn nicht anders gewaltsame Hindernisse am Gegentheile Schuld sind, in viel späterm Alter noch immer gut; wenn Kopfstimmen, in einem gleichen Alter, schon lange nichts mehr getauget haben. Die Erfahrung bestätiget dieses. Gaetano Orsini hatte in einem Alter von mehr als siebenzig Jahren noch immer eine schöne Stimme, ob sie wohl freylich der von fünf und zwanzig Jahren nicht mehr ganz beykam. Einige verlieren bey zunehmenden Jahren etliche hohe Töne, und gewinnen dagegen etliche tiefere: ohne daß dadurch der Stärke und Schönheit das geringste abgehen sollte. Carestini unter andern kann dieses letztere mit seinem Beyspiele bestätigen.

Das I. Hauptstück.

Die Eigenschaften der von den Wälschen sogenannten Kopfstimme, welche Tosi schon selbst beschrieben hat, und die Ursachen davon, nämlich daß die Eröfnung der Luftröhre geschmeidiger, und folglich weniger elastisch, die Luftröhre an sich selbst enger, und die Lunge nicht so ausdehnbar ist, wird man aus der Beschreibung der Bruststimme schon hinlänglich haben abnehmen können. Es ist also nicht nöthig weiter etwas davon zu gedenken.

Die Wälschen pflegen aber oft, wie auch Tosi hier selbst öfters thut, das was man eigentlich Falsett nennen sollte, mit dem Namen der Kopfstimme zu verwechseln. Jetzo ist nöthig das Falsett etwas umständlicher zu beschreiben. Wer den Namen Falsett, (nach dem deutschen niedrigen Ausdrucke Fistelstimme) nennen höret, der wird sich, wenn er anders etwas vom Singen weis, schon einen dunkeln Begriff davon machen. Die meisten Naturkündiger sowohl als Tonkünstler, beschreiben die Falsetttöne, welche bey jeder Stimme sowohl in der äussersten Höhe als in der äussersten Tiefe vorkommen können, durch gezwungene Töne, und eine Falsettstimme durch gezwungene Stimme. Aber wie werden denn diese gezwungenen Töne heraus gebracht? Wir wollen erstlich die Falsetttöne in der Höhe untersuchen. Man weis, daß man durch einen gewissen fühlbaren Zwang, den man dem Halse im Singen anthut, viel mehrere hohe Töne heraus bringen kann, als sonst ordentlich der Umfang einer jeden Stimme mit sich bringet. Wer mit seiner natürlichen Stimme, es sey was für eine es wolle, so weit in die Höhe singt, als er ohne Zwang kommen kann, der wird finden, daß ihm endlich keiner mehr anspricht; und denn könnte er glauben, daß die Luftröhre nunmehr gänzlich verschlossen sey, daß sie folglich keine Luft mehr heraus lassen, und also auch keinen Ton mehr angeben könne. Bemüht er sich aber ein wenig, noch mehrere Töne hinauf zu singen; so wird er bemerken können, daß ihm noch einige höhere ansprechen werden, welche aber, ohne Kunst anzuwenden, dem Laute nach etwas von den vorigen unterschieden sind; und er wird wahrnehmen, daß die aus der Glottis heraus gehende Luft weiter hinten in der Tiefe des Gaumens anschlägt. Es kann also keine andere Ursache der Hervorbringung dieser Töne seyn, als diese, daß der ganze Kopf der Luftröhre höher gespannet, und weiter in das Hinterste der Höhle des Gaumens, unter dem Zungenbeine, hinauf gezogen wird. Die noch mehr gespannete Glottis fängt in dieser Lage von neuem an, ihre noch übrige Oefnung bey immer höher steigenden Tönen,

Anmerkungen zum Gebrauche des Sangmeisters.

Tönen zusammen zu ziehen; bis sie sich endlich ganz und gar schließt, und weiter kein Ton mehr heraus kömmt. Durch dieses Hinaufspannen des Kopfes der Luftröhre, wird also auch die jedem Tone sich bequemende Länge der ganzen Höhle des Mundes noch mehr verkürzet. Geht man im Singen wieder mit diesen Falsetttönen nach der Tiefe zurück; so wird einer der dabey auf sich selbst Achtung giebt, finden, daß bey einem gewissen Tone, der Kopf der Luftröhre, seine hoch gespannte Stellung auf einmal verläßt, und sich wieder an seinen vorigen Ort setzet. Dieses wird aber den Fortgang vom letzten Tone in der Höhe, den die Glottis in ihrer natürlichen Lage angeben kann, zum ersten, der in der gespanneten Stellung derselben heraus kömmt, und umgekehrt, vom tiefsten Falsetttone, zum höchsten in der natürlichen Lage der Luftröhre, allezeit etwas schwer machen. Diese beyden Töne sind auch gemeiniglich schwächer als die andern. Wer also eine ganz durchgehends, an der Stärke und Schönheit des Lauts, gleiche Stimme haben will, der muß sich bemühen, durch Versuchen und Ueben diese beyden Töne einander gleich zu machen. Einigen Sängern, vornehmlich weiblichen Geschlechts, geht dieses glücklich von statten. Die Beschaffenheit aller ihrer Stimmwerkzeuge, die Muskeln, die Häute des Kopfes ihrer Luftröhre, u. s. w. sind so biegsam, daß man den Absatz zwischen der natürlichen und der Falsettstimme schwerlich bemerken kann. Hierauf zielet Tosi vielleicht, wenn er saget, daß man zuweilen bey einigen Sängerinnen pure Bruststimmentöne fände. Dieses würde, wenn sich anders dieser ihre Stimme nicht nur auf ganz wenige Töne erstreckte, von Natur unmöglich seyn: folglich mag wohl die, durch und durch, an Stärke und Schönheit des Lautes gleiche Stimme gewisser Sängerinnen, ihn zu dieser Meynung verleitet haben. Die meisten Sänger männlichen Geschlechts, vornehmlich die Tenoristen und Bassisten, können diesen Absatz der Stimme vor den Zuhörern nicht so leicht verbergen. Einige erwachsene Mannspersonen haben, wenn sie singen, nichts als lauter Falsetttöne; und diese nennet man eigentlich Falsettisten. Die tiefern Töne werden diesen gemeiniglich saurer, und sind schwächer. Bey dergleichen Sängern kann etwas zur Erreichung des ganzen Umfangs einer hohen Stimme, in lauter Falsetttönen, nämlich daß ein Tenorist einen völligen Sopran, und ein Bassist einen völligen Alt singen kann, etwas beytragen, daß sie sich von der Zeit an, da sich in der Jugend die hohe Stimme in die tiefere verwandeln wollte, bemühet haben, immer die hohen Töne noch, auf oben beschriebene

Art, heraus zu zwingen, und folglich, durch die Uebung, den Muskeln welche die Luftröhre zusammenziehen, ein größeres Vermögen zuwege gebracht haben, als denen welche die Luftröhre erweitern. Daß dieses möglich sey, ist aus der Physiologie klar. Alle und jede natürliche Stimmen, wenn sie auch nicht vom puren Falsettsingen Profession machen, können in der Höhe einige Falsetttöne angeben.

Die Bruststimmen sowohl als die Kopfstimmen haben also Falsetttöne. Nur mit dem Unterschiede, daß die Bruststimmen gemeiniglich mehr ungezwungene Töne haben, als jene. Bey den Bruststimmen fängt das Falsett meistentheils im Sopran im zweygestrichenen g, und im Tenor im eingestrichenen a an. Die Natur beobachtet also hier den Verhalt einer Stimmweite gegen die andere, nämlich daß der Tenor nur um eine Septime tiefer ist als der Sopran, ganz genau. In gleichem Verhalte stehen auch der Alt und der Baß mit einander. Bey den Kopfstimmen aber fangen die Falsetttöne gemeiniglich schon beym Sopran im zweygestrichenen d oder e, und beym Tenor im eingestrichenen e oder f an. Dieses letztere kann vielleicht die Ursach seyn, warum die Wälschen so oft die Begriffe Kopfstimme und Falsett mit einander verwirren. Wie aber nicht leicht zweene Menschen gefunden werden, deren äusserliche Gestalt einander in allem vollkommen gleich ist: also werden auch nicht leicht ihrer zweene angetroffen, deren Stimmen einander, in aller Betrachtung, vollkommen gleich wären. Mancher hat einen Ton mehr und bequemer in der Tiefe, ein anderer einen Ton mehr und bequemer in der Höhe. Und dergleichen Veränderungen am Laute, an der Stärke und Schwäche der Stimme u. s. w. giebt es unzählige; so unzählige, obwohl allerkleineste Veränderungen es in denen zu Hervorbringung der Stimme bestimmten Gliedmaßen geben kann. Je weniger diese Veränderungen hauptsächlich dem Gesichte und Gefühle der Menschen begreiflich sind; je mehr ist unsere Schuldigkeit, die Allmacht und Weisheit des Schöpfers in tiefster Demuth zu bewundern, und zu verehren.

Ein großer Vortheil zur Vereinigung der natürlichen mit der Falsettstimme in der Höhe ist es, wenn man den dazwischen liegenden Ton, folglich den höchsten der einen, und den tiefsten der andern, mit beyden Arten der Stimme angeben kann: Z. E. wenn ein Sopranist das zweygestrichene g eben so gut, stark und rein, in der natürlichen Lage der Luftröhre, als mit der Lage derselben beym Falsett, nehmen kann.

Anmerkungen zum Gebrauche des Sangmeisters.

kann. Den ersten braucht man beym Aufsteigen, den zweyten beym Herabsteigen der Töne. Nicht allen ist dieses möglich. Es ist aber die Kunst und der natürliche Vortheil derjenigen, deren Stimmen durchgehends egal klingen.

Bey den Falsetttönen in der Tiefe setzet es nicht so viele Schwierigkeit. Denn sie können nicht, so wie die hohen Falsetttöne durch das Hinaufziehen des Kopfes der Luftröhre, also umgekehrt durch das Heruntersenken desselben, hervor gebracht werden. Folglich sind der tiefen Falsetttöne nur sehr wenig. Ueberdieß sind sie auch immer schwächer als die natürlichen tiefen Töne: und die mit einer Neigung des ganzen Kopfes begleitete Herabziehung des untern Kinnbackens welches in diesem Falle noch fast die einzige Zuflucht dererjenigen ist welche mehr tiefe Töne heraus zwingen wollen, setzet auf eine andere Art, dem freyen Ausgange der Luft aus dem Munde Hindernisse in den Weg; so daß diese gezwungenen tiefen Töne niemals, mit den natürlichen, einerley Kraft und Schönheit behalten können. Die Falsetttöne in der Höhe hingegen, sind bey vielen Sängern, welche recht damit umzugehen wissen, eben so stark und schön als die natürlichen hohen Töne. Die Deutschen pflegen diejenigen Baritonisten (hohe Bassisten) welche sich allzusehr bemühen tiefere Töne heraus zu zwingen als ihnen natürlich sind, Strohbässe zu benennen. Die hohen Stimmen aber, welche der Tiefe gar zu sehr nachsinken wollen, stehen außer dem, daß man ihre tiefen Töne nicht gut hören kann, noch in Gefahr, durch das allzu öftere gewaltsame Ausdehnen ihrer Luftröhre die ganze Stimme zu verderben.

Auf den Falsetttönen Worte auszusprechen, ist den meisten Stimmen die nicht Falsettisten von Profession sind, unbequem: doch immer einer mehr als der andern.

Ich habe oben, bey (10) gesaget, daß, nach der Meynung der mehresten ältern und neuen Naturkündiger, die menschliche Luftröhre die mehresten Eigenschaften eines Blasinstruments besitze und den Schall auf eine jenen ähnliche Art, nämlich vermittelst der durch die Glottis schnell heraus getriebenen Luft, hervor bringe. Vom Aristoteles und Galenus an, bis auf den Dodart, welcher wie aus den Geschichten der Pariser Akademie der Wissenschaften erhellet, unter allen Neuern am meisten sich mit Untersuchung der menschlichen Stimme, was ihre mechanische Entstehungsart betrifft beschäftiget hat, ist hierüber wenig Zweifel entstanden. Viele noch neuere Naturkündiger, z. E. **Krüger**, **Heuermann**, u. a. m. pflichten dieser Meynung auch noch bey, oder haben ihr wenigstens nicht widersprochen. Allein Ferrein, ein französischer Arzt, hat im Jahre 1741. der Pariser Akademie der Wissenschaften eine Abhandlung, **über die Entstehung der menschlichen Stimme**, übergeben, worin er einige neue Entdeckungen bekannt machet, und nach Anleitung dieser Entdeckungen, einen Theil der bisherigen Meynungen über diese Materie widerleget. Er hat wahrgenommen, daß, an den Lippen der Eröfnung der Luftröhre, sich zweene subtile, mit einer sehr feinen membranösen Haut überkleidete Ligamente oder Bänder befinden; welche in einer horizontalen Lage ausgespannet, und mit ihren beyden äussersten Enden, an den vordern und hintern Knorpeln des Kopfes der Luftröhre befestiget, in der Mitten aber frey sind, folglich mehr und weniger gespannet werden können. Sie bestehen aus ungemein elastischen sehnigten Fasern. Sie sind bey einem erwachsenen Menschen ohngefähr eine Linie breit, und zehn oder zwölf Linien lang. Doch ist leicht zu erachten, daß dieses Maaß nicht bey allen Menschen einerley, sondern wohl gar bey jedem in etwas verschieden seyn müsse.

Nach vielen Versuchen, welche Herr Ferrein an den Köpfen der Luftröhren von Menschen sowohl, als von einigen Thieren, angestellet, hat er befunden, daß diese beyden Bänder das eigentliche Werkzeug des Klanges sind; in dem sie durch die Luft, welche durch die Eröfnung der Luftröhre getrieben wird, und sie also nothwendig berühren muß, so wie etwan die Saiten einer Violine durch den Strich des Bogens, zitternd, und folglich klingend gemacht werden. Dieses Zittern hat er durch ein Vergrößerungsglaß deutlich wahrnehmen können. Er hat bemerket, daß diese Bänder in eben solchen Verhältnissen klingend sind, wie die Saiten musikalischer Instrumente: nämlich, daß wenn er auf die Mitte jedes Bandes etwas aufgesetzet, und darauf durch die Eröfnung der Luftröhre durchgeblasen, beyde also abgesonderte Theile des Bandes jeder besonders gezittert, und die Octave höher angegeben haben: und so auch mit den übrigen Intervallen; nicht anders als wie sie, auf einem Monochorde, durch die Fortschiebung des Steges bestimmet werden. Die Vibrationen waren bey einem höhern Tone viel geschwinder; und bey stärkerem Anblasen, welches einen stärkern Schall verursachet, nahmen sie einen weitern Raum ein. Setzete er nur auf einem Bande in der Mitte etwas auf, und ließ das andere frey: so hörete

Anmerkungen zum Gebrauche des Sangmeisters. 39

hörete man die beyden äußersten Töne einer Octave zugleich. Bey Verrückung des Aufsatzes auf dem einen Bande aber, hörete man auch andere Intervalle zugleich aussprechen. Verhinderte er auf einem Bande die zitternde Bewegung gänzlich; so war der Ton halb so schwach, als wenn beyde Bänder frey waren, u. s. w. Weil nun diese beyden Bänder mit den Saiten der Instrumente so genau überein kommen: so hat sie Ferrein: cordes vocales, Stimmsaiten genennet.

Je mehr er diese Bänder ausspannete, je höher wurde der Ton; je mehr er sie nachließ, desto tiefer klangen sie: er mochte im übrigen die Eröfnung der Luftröhre weiter oder enger machen; er mochte stärker oder schwächer blasen. Zu Ausspannung dieser Bänder dienen die Knorpel, an welchen sie befestiget sind, nämlich vorn der schildförmige und hinten die gießkannenförmigen Knorpel. Der schildförmige Knorpel kann sich, wie aus der Anatomie bekannt ist, von hinten nach vorn, und von oben nach unten zu, willführlich bewegen: die gießkannenförmigen Knorpel aber bewegen sich, obwohl nicht so weit als der vorige, von vorn nach hinten zu. Es ist also nichts leichter zu begreifen, als dieses, daß wenn zu gleicher Zeit der erstere vorwärts, die andern aber hinterwärts ziehen, die Bänder oder Stimmsaiten nothwendig stärker angespannet, und, beym Gegentheile, wieder nachgelassen werden müssen. Der Raum, in welchem sich diese Knorpel, von ihrer natürlichen Lage beym Stillschweigen an, von einander entfernen können, beträgt, nach Ferreins Beobachtungen ungefähr zwo oder drey Linien oder Zehntheile eines Zolles. Dieser Raum begreift also so viele Grade der Ausdehnungen der Stimmsaiten in sich, so vieler verschiedenen Töne der Umfang einer menschlichen Stimme fähig ist. Die Bewegung des schildförmigen Knorpels kann ein jeder Mensch an sich selbst wahrnehmen, wenn er den Finger, im Singen, aussen an die Kehle leget.

Ferrein schließt also, aus allen diesen Beobachtungen, daß die höhern Töne, beym Reden und Singen, von einer mehrern, die tiefern aber von einer wenigern Anspannung dieser Stimmsaiten entstehen: und daß die aus der Lunge heraus getriebene Luft, nichts weiter zum Schalle der Stimme beytrage, als dieses, daß sie die Stimmsaiten in eine zitternde Bewegung setze. Daß also die Luftröhre ein Saiten- und Windinstrument zugleich sey; ein Instrument, welches man zwar lange zu erfinden

gewün-

gewünschet, sehr spät aber erst entdecket hat; ohngeachtet es vom Anfange der Schöpfung her schon erfunden gewesen. Er beschuldiget also alle übrigen Naturkündiger, unter andern, vornehmlich darinn einer Unrichtigkeit, daß, nach ihren Sätzen, die Eröfnung der Luftröhre bey höhern Tönen enger, bey tiefern aber weiter gemacht werden müßte: da doch, nach seiner Meynung, hier beynahe das Gegentheil geschieht.

Uns, die wir die Werkzeuge der Stimme hier, nicht sowohl als Anatomisten oder Aerzte, sondern vielmehr als Sänger betrachten, kömmt, bey einem allgemeinen Stillschweigen der andern Naturkündiger, über diesen Punct, nicht zu, zu entscheiden, ob die, mit so vielen Versuchen bestärketen Entdeckungen des Herrn Ferrein in allen Stücken ihre Richtigkeit haben, oder nicht: da sonst, wider seine daraus hergeleiteten Folgen, wenig einzuwenden seyn würde. Gesetzt aber, daß auch alles, was er nach Anleitung seiner Entdeckungen geschlossen, seine völlige Richtigkeit hätte; so können wir doch alle Folgen, die wir oben aus der allgemeinen Meynung der mehresten Naturkündiger hergeleitet haben, und um welche Folgen es uns am meisten zu thun seyn muß, auch aus Ferreins Beobachtungen ziehen, ja, sie noch mehr dadurch bestärken. Wir können erstlich die Ursachen der höhern und tiefern Stimmen, ihrem ganzen Umfange nach, erklären, wenn wir setzen, daß die höhern Stimmen dünnere, die tiefern aber dickere Stimmsaiten haben: da ja bekannt ist, daß eine dünnere Saite höhere, eine dickere aber tiefere Töne angiebt; wenn nämlich eine so stark gespannet ist, als die andere. Es ist kein Zweifel, daß auch die Länge der Stimmsaiten ihrer Dicke gemäß seyn wird, welches, da die ganze Stimmsaite, welche doch so viele Töne angeben kann, nicht einmal eines völligen Daumens breit lang ist, freylich was sehr weniges beträgt. Bey wem der Raum, in welchem der schildförmige und die gießkannenförmigen Knorpel, ihre einander entgegen gesetzten Bewegungen machen können, etwas weiter ist, dessen Stimme hat einen größern Umfang der Töne, als bey dem, in dessen Halse dieser Raum enger ist. Zweytens sehen wir auch den Grund der Veränderung der Stimme, bey Mannspersonen, welche mannbar werden. Denn weil alsdenn alle Theile ihres Körpers stärker und fester zu werden anfangen: so werden ihre Stimmsaiten, und die damit verknüpften drey Knorpel nicht davon ausgeschlossen seyn. Die Verschnittenen sind davon ausgenommen, weil kein Theil ihres Körpers zu der gehörigen Stärke gelanget, welches sich aber vielleicht bey den Werkzeugen der Stimme am merklichsten äussert.

Anmerkungen zum Gebrauche des Sangmeisters.

äussert. Warum aber die Stimmen der Frauenzimmer nicht tiefer werden, dieses lassen wir hier, so wie oben, unausgemacht. Ein Zweifel aber würde auch noch, über dieß, aufzulösen bleiben, nämlich wie es zugehe, warum einige Sänger, bey heran nahendem Alter, einige Töne in der Tiefe gewinnen, und dagegen einige in der Höhe verlieren; andere aber nicht. Und dieses geschieht hauptsächlich in denen Jahren, in welchen der menschliche Körper wieder abzunehmen anfängt. Was die dritte und vierte unserer obigen Folgen anbetrift, so widerspricht ihnen die Entdeckung des Herrn Ferrein im geringsten nicht: da ja der Ort in welchem sich eine klingende Saite eines jeden Instruments befindet, und die Freyheit, welche die in eine zitternde Bewegung gesetzte Luft haben kann, so vieles zu dem bessern oder schlechtern Klange derselben beyträgt. Fünftens werden wir auch aus den Grundsätzen des Herrn Ferrein die Brust- und Kopfstimmen, mit allen oben bemeldeten daraus fließenden Folgen, gar leicht erklären können; wenn wir annehmen, daß bey einer Bruststimme die Stimmsaiten mehr elastisch und folglich härter, bey einer Kopfstimme aber weniger elastisch, und folglich weicher sind: daß also bey jener mehr, bey dieser aber weniger Luft erfodert werde, die Stimmsaiten in eine zitternde Bewegung zu setzen. Noch deutlicher wird uns, aus diesen Grundsätzen, die Ursach, warum die verstärkte Luft, für sich allein, den Ton nicht höher machen könne: weil nämlich die Höhe oder Tiefe des Tones, bloß von der verschiedenen Spannung der Stimmsaiten, ihre Stärke oder Schwäche aber, von der stärkern oder schwächern Luft, die sie berühret, abhängt. Wollte jemand einwenden, daß ja auf allen Instrumenten eine allzu stark gestrichene Saite höher klinge, wenn sie gleich nicht höher gestimmet ist: so können wir zugeben, daß sich die drey Knorpel, welche die Saiten in der Glottis, so zu sagen, stimmen, bey einer allzu starken Luft, vielleicht um so viel herunter lassen, als nöthig ist, den verlangten Ton nicht höher zu machen. Daß aber manche Sänger, absonderlich mit schwachen Stimmen, wenn sie recht stark singen wollen, etwas in die Höhe ziehen: davon kann vielleicht die Ursach seyn, weil die Gewalt, so sie sich alsdenn anthun, sie verhindert, die Stimmsaiten, so viel als nöthig ist, herab zu lassen: wenn sie nicht dieselben gar dahin bringt, die Stimmsaiten noch höher zu spannen. Was das Falsett anlanget; so hat Herr Ferrein die mechanischen Ursachen desselben weiter nicht zu untersuchen beliebet, als daß er uns saget, seine Beschreibung der mechanischen Ursachen

F

der

der Stimme überhaupt, sey auch hinlänglich, die schwächern Töne der Stimme bey dem Falsett zu erklären. Sie würde hinlänglich seyn: wenn nicht ein jeder Mensch an seinem eigenen Halse fühlen und empfinden könnte, daß, sobald man in die Falsetttöne eintritt, der schildförmige Knorpel sich nicht mehr vorwärts beweget, sondern vielmehr, so wie der ganze Kopf der Luftröhre, zurück und in die Höhe zieht.

Der Lehrmeister lasse ja den Schüler alle Selbstlaute deutlich aussprechen, damit man wirklich diejenigen höre, die man hören soll. Einige glauben, sie singen das a, und lassen doch ein e hören. Hat hieran der Meister nicht Schuld; so ist der Irthum denen Sängern zuzuschreiben, welche, wenn sie kaum der Schule entgangen sind, sich Mühe geben affectiret zu singen; weil sie sich schämen den Mund ein wenig mehr zu eröfnen. Einige hingegen, vielleicht weil sie den Mund gar zu weit aufsperren, verwechseln die beyden ersten Selbstlaute mit dem o; und alsdenn ist es nicht möglich zu vernehmen, ob sie Balla oder Bella, Sesso oder Sasso, mare oder more gesaget haben. (p)

(p) Oder ob mancher Deutscher meiner, deiner, oder meinarr, deinarr; Licht oder Lecht, u. s. w. gesungen habe. Das i absonderlich macht Vielen Schwierigkeit. Sie sprechen es entweder zu dunkel wie ein ü, oder zu hell wie ein e aus. Der Lehrmeister muß auch vornehmlich darauf sehen, daß er dem Schüler die Fehler mancher Provinzialaussprache, wenn ihm deren noch vom Hause her ankleben sollten, abgewöhne. Er muß ihn zu der besten und reinesten Aussprache, die in jeder Sprache möglich ist, anhalten. Wer aus einer Provinz Deutschlandes gebürtig wäre, wo man das o fast wie au ausspricht, der würde in andern Provinzen sehr ausgelachet werden, wenn er Braut für Brod singen wollte. Vielen wälschen Sängern, absonderlich denen, die nicht aus des Porpora Schule herkommen, (als welcher bey seinen vielen andern weit wichtigern Verdiensten, in Unterweisung der Sänger, auch dieses hat, daß er auf eine reine und richtige Aussprache dringt,) klebt die Provinzialmundart gar stark an. Wer der wälschen Dialecte nur ein wenig kundig ist, der wird gar bald den Bologneser, den Florentiner, den Mailänder, den

Brescia=

Anmerkungen zum Gebrauche des Sangmeisters. 43

Brescianer, u. s. w. unter ihnen erkennen; als von denen immer einer andere Fehler in der Aussprache hat, als der andere. Die Mailänder und ihre Nachbarn gegen Abend zu, singen das o öfters, wenn sie nicht Achtung auf sich geben, wie ein u, u. s. w. Viele Bologneser haben den garstigen Fehler, daß, wenn sie einen Lauf auf dem a machen wollen, sie gemeiniglich ein halb Dutzend andere Selbst= und Doppellaute mit hören lassen, ehe sie zum Ende kommen; unter denen das u gemeiniglich den Anfang machet. Die gebohrnen Römer haben, wie ich an vielen bemerket habe, gemeiniglich die reineste und beste Aussprache im Singen: und dieses stimmt auch mit der Mundart ihres Landes überein. Doch ist es deswegen nicht die Folge, daß andere, aus andern Provinzen, wenn sie sich die gehörige Mühe geben wollten, nicht auch eine eben so gute Aussprache erlangen könnten. Man kann das Gegentheil durch viele gute Beyspiele beweisen. Die in verschiedenen Provinzen von Oberdeutschland, auch in Schlesien, doch eben nicht in Schwaben und Bayern, u. s. w. gewöhnliche hellere Aussprache einiger Doppellaute, vornehmlich des au, ei, eu, macht ihre Mundart bey vielen Wörtern zum Singen weit bequemer, als der Niederteutschen ihre. Man lasse z. E. einen Meißner die Worte singen: mein Geist ist ganz entzücket; mein Herz ist freudenvoll: so wird man nicht viel finden, was einem freyen Ausgange der Stimme aus dem Munde hinderlich wäre. Man gebe aber eben diese Worte einem Sänger aus mancher niederdeutschen Provinz, welcher sie ungefähr so aussprechen würde: möin Jöist ist ianz entzuucket, möin herz ist froidenvoll; und höre ob nicht die Stimme bey dieser Art der Aussprache viel dunkler, ja bald gar fürchterlich klingen wird. Ich weis wohl, daß die Oberdeutschen das ei und eu besser von einander unterscheiden sollten. Aber sprechen nicht die Niederdeutschen beyde gar zu dunkel aus? Könnte man nicht eine gewisse Mittelstraße halten, mit welcher sowohl der Sangmeister als der Sprachlehrer zufrieden seyn könnten. Halten nicht vielleicht viele Thüringer und Preußen diese Mittelstraße, was die genannten Doppellaute betrifft? Es käme auf eine Untersuchung an. Etwas vom Aussprechen der Mitlauter wird weiter unten, nach Anleitung des Verfassers, vorkommen.

Man muß den Schüler immer stehend singen lassen, damit die Stimme völlige Freyheit habe sich zu bilden (q).

(q) Matthe=

Das I. Hauptstück.

(q) Mattheson, welcher in seinen jüngern Jahren selbst ein eben so guter Sänger als Acteur gewesen ist, hat S. 98. §. 28. des vollkommenen Capellmeisters angemerket, daß man, wenn man sitzend singt, die Luft etwas mehr sparen könne, als im Stehen. Es versteht sich aber von sich selbst, daß dieses die Anfänger nicht angehe.

Der Meister sey besorget, daß der Schüler, im Singen, sich in einer edeln Leibesstellung halte: damit er die Zuhörer auch durch eine anständige Gestalt vergnüge.

Er verweise es ernstlich, wenn Grimassen mit dem Kopfe, dem Leibe, und vornehmlich mit dem Munde gemachet werden. Der Mund muß, (wenn es anders der Sinn der Worte erlaubet), eine solche Stellung annehmen, welche mehr einem angenehmen Lächeln, als einem ernsthaften Amtsgesichte gleichet (r).

(r) Wenn man lächelt, so zieht man die Lippen, nach beyden Seiten zu, mehr aus einander. Hierdurch erhalten nicht nur viele den Vortheil, daß sie die Zähne besser bedecken können: als welche, wenn sie auch noch so weiß wären, allzu sehr zu weisen, eben nicht gar anständig ist. Der Hauptnutzen aber, der aus einer solchen Stellung des Mundes entspringt ist dieser, daß wenn der Mund mehr in die Breite eröfnet ist, die Luft, und folglich die Stimme, einen noch freyern Ausgang findet. Damit ein angehender Sänger alles dieses desto besser an sich bemerken, und sich desto besser vor Grimassen hüten könne; so ist es gut, wenn er zuweilen vor dem Spiegel singt. Es giebt nur wenige Sänger, welche nicht zum wenigsten eine kleine Leib- und Mundgrimasse an sich haben sollten. So was möchte allenfalls noch hingehen. Aber wie ekelhaft ist es, wenn man manchen Sänger, wegen der Gesichtszerrungen die er macht, nicht ohne Lachen oder Widerwillen anschauen kann; wenn man ihn nur singen hören, aber nicht singen sehen muß! Wie leicht aber hätte dieses, was zur andern Natur geworden, im Anfange vermieden werden können. Einige Sänger suchen sich gewisse Noten, absonderlich geschwinde, durch äusserliche Verdrehung des Mundes und des Angesichts zu erleichtern. Aber dieses ist eben so abgeschmackt. Von manchen süßen Herren unter den Sängern, die mehr auf eine angenehme Leibesstellung, als auf eine gute Art zu singen bedacht gewesen, pflegen die Wälschen zu sagen: canta bello, anstatt: canta bene.

Der

Anmerkungen zum Gebrauche des Sangmeisters.

Der Sangmeister übe den Schüler immer nach dem Lombardischen Tone, und nicht nach dem von Rom (s); damit er ihn nicht allein die hohen Töne gewinnen, und erhalten lasse; sondern auch, damit ihm, mit der Zeit, hochgestimmte Instrumente keine Beschwerlichkeit verursachen mögen. Denn der Zwang, den sich einer anthun muß, der gern in die Höhe gehen will, und nicht kann, ist dem der zuhöret eben so verdrüßlich, als dem welcher singt. Der Meister bedenke dieses wohl. Denn weil, bey zunehmenden Jahren, die Stimme, bey vielen, sich nach der Tiefe neiget: so wird mancher Sopranist aus seiner Schule, der sich nicht gehörig in den hohen Tönen geübet hat, entweder den Alt singen müssen; oder er wird, wenn er, aus abgeschmackter Eitelkeit, doch noch immer den Namen eines Sopranisten beybehalten will (t), sich genöthiget sehen, allen Componisten sich bestens zu empfehlen, daß ja die Noten, die für ihn geschrieben werden, nicht über den vierten Zwischenraum der fünf Linien, (das ist über das zweygestrichene c), hinauf steigen, auch sich da nicht aufhalten möchten. Wenn alle diejenigen, welche in den Anfangsgründen Unterricht geben, sich einer oben gegebenen Regel zu bedienen, und ihren Schülern zu zeigen wüßten, wie sie das Falsett mit der natürlichen Stimme vereinigen können: so würden die Sopranstimmen heutiges Tages nicht so rar seyn.

(s) In der Lombardey, und sonderlich in Venedig werden die Clavizimbale und andere Instrumente sehr hoch gestimmet. Ihr Ton ist fast nur einen halben Ton tiefer als der gewöhnliche Chor- oder Trompetenton. Was also auf der Trompete c ist, das ist bey ihnen ungefähr cis. In Rom ist die Stimmung sehr tief, fast der ehemaligen französischen Stimmung gleich, eine große Terze tiefer als der Chorton: so daß das c auf der Trompete mit dem e der andern Instrumente fast überein kömmt. Sie ist noch einen halben Ton tiefer als der an vielen Orten Deutschlandes eingeführte sogenannte A=Kammerton: bey welchem das a der chortönigen Instrumente mit dem c der kammertönigen gleich lautet. In Neapolis hält man die Mittelstraße zwischen dieser tiefen, und jener allzuhohen Stimmung. Wenn anders die Instrumentisten nichts dawider einzuwenden haben: so könnte es nun zwar den Sängern gleichgültig seyn, ob die Stimmung tief oder hoch wäre: wenn sie nur an allen Orten gleich tief oder hoch wäre. Allein, da man den Vorschlag des Herrn Sauveur, von der Bestimmung eines beständigen Tones, in den physischen Abhandlungen der Pariser Akademie der Wissenschaften, vom Jahre 1700. sich noch nicht zu Nutzen gemacht hat; da vielmehr die Stimmung, auch in Deutschland, sehr verschieden, an manchen Orten hoch, an manchen tief ist; da folglich die Componisten, welche für diesen oder jenen Ort schreiben, sich darnach richten müssen: so verursachet dieses den Sängern viele Unbequemlichkeit. Die Arien die nach der tiefen Stimmung eingerichtet, und folglich höher gesetzet sind, werden an einem Orte, wo man hoch stimmet, zu hoch: und die, bey denen die hohe Stimmung die Richtschnur des Umfangs der Töne gewesen ist, werden bey einer tiefern Stimmung zu tief. Die Röm.schen Arien können von einerley Sängern schwerlich in Venedig, und die Venetianischen schwerlich in Rom gesungen werden. Jene sind dort zu hoch, und diese hier zu tief. Soll man die Arien immer transponiren, (in höhere oder tiefere Tonarten versetzen), so leidet gemeiniglich die Wirkung, die sie in der Tonart thun, in welcher sie, oft mit großem Vorbedachte, eigentlich gesetzet sind, gar zu sehr darunter: der Unbequemlichkeiten zu geschweigen, welche dieses Versetzen nicht selten den Instrumentisten verursachet. Denen Sängern, welche gern sehr hoch singen, ist die tiefe Stimmung lieb: und denen, welche mit viel Tönen in der Tiefe pralen wollen, ist die hohe Stimmung angenehmer. Denn beyde male scheinen sie, jene in der Höhe, und diese in der Tiefe, einen Ton mehr gewonnen zu haben. Man sollte zwar glauben, daß es eben nicht viel Unterschied für einen Sänger ausmachen könnte, ob er eine Arie einen oder anderthalben Ton höher oder tiefer sänge: allein, bey vielen Arien beweiset die Erfahrung das Gegentheil: absonderlich in Ansehung derer Töne, wo sich das Falsett von der natürlichen Stimme scheidet. Denn hier kann manche Passagie oder manche Aushaltung, oder manche mit einem Worte versehene Note, vielen Sängern in einer Stimmung sehr bequem, in einer andern aber sehr unbequem seyn. Diejenigen Sänger sind, bey solchen Umständen, die glücklichsten, welchen die Vereinigung des Falsetts nicht viel Mühe macht, und die auf den Fall der Noth noch immer ein paar Töne in der Höhe, und in der Tiefe, im Vorrathe haben.

(t) In

(t) In Wälschland verlangen die höhern Stimmen vor den tiefern einen Vorzug. Die Sopranisten wollen sich immer über die Altisten setzen, u. s. w. Wenn nicht besondere Vorzüge hierinn eine Ausnahme machen, so verlangen die Sopranisten die ersten Rollen in der Oper, und folglich auch eine bessere Bezahlung. Wenn ihrer unterschiedene auch in einem Concert beysammen sind, so ist die hergebrachte Mode, daß die höhern Stimmen eher singen als die tiefern. Deswegen zwingen sich ihrer viele lange Zeit, noch immer hoch zu singen: wenn auch die Töne oftmals noch so widrig herauskommen sollten. Und daher entspringt die Eitelkeit, welche Tosi hier, gleichsam im Vorbeygehen, bestrafet.

Der Unterweiser lasse auch seinen Untergebenen die Noten fest aushalten lernen, so, daß dabey die Stimme nicht zittere und nicht hin und her wanke. Wenn er, beym Anfange, die Noten von zween Tacten, (die sogenannten Breven) dazu brauchet: so wird der Nutzen desto größer seyn. Denn widrigenfalls wird die Lust, welche die meisten Anfänger haben die Stimme zu bewegen, und die Mühe welche es kostet, mit derselben fest auszuhalten, verursachen, daß auch dieser Schüler sich angewöhnet, nicht mehr die Stimme lange auf einem Tone erhalten zu können; und er wird ohne Zweifel den Fehler annehmen, mit dem Tone immer hin und her zu flattern: nach Art derer, die mit dem übelsten Geschmacke singen.

Mit eben diesen Lectionen zugleich, lehre der Meister die Kunst die Stimme herauszuziehen, (di metter la voce) (u), welche darinn besteht, daß man auf einem Tone die Stimme, ganz sacht, in der äußersten Schwäche, herauskommen, darauf, nach und nach, bis zum äußersten Grade der Stärke fortgehen, und darnach, mit einer gleichen Kunst vom Starken zum Schwachen wieder zurückgehen läßt. Ein solches schönes Herausziehen der Stimme (messa di voce), im Munde eines geschickten Sängers, welcher sparsam damit umgeht, und es nicht eher anbringt als auf hellen Selbstlauten, thut ohnfehlbar allemal eine sehr schöne Wirkung (x). Es giebt itziger Zeit wenig Sänger, welche es ihres Geschmackes würdig zu seyn erachten; entweder weil sie das Hin= und Herbewegen

wegen der Stimme, von einem Tone zum andern, lieben; oder weil sie sich von dem verhaßten altväterischen Geschmacke entfernen wollen. Es ist aber doch ein offenbares Unrecht, welches sie der Nachtigall anthun, als welche von solchen Aushaltungen die Erfinderinn gewesen; und von welcher die menschliche Geschicklichkeit nichts anders als dieses nachahmen kann: es müßte denn seyn, daß man unter diesen tonerfüllten Vögeln auch einige hörete, welche nach der neuen Mode sängen.

(u) Jch weis wohl daß diese Uebersetzung des metter la voce im Wälschen, durch das **Herausziehen der Stimme**, die Sache nicht vollständig ausdrücket. Es gehöret eine umständlichere Beschreibung dazu, und diese giebt **Tosi** hier. Die Franzosen nennen es: son filé; vermuthlich, weil der Ton gleichsam, aus dem Halse, wie ein Faden aus dem Spinnrocken, an einander hängend herausgezogen wird.

(x) Der Lehrmeister muß zu verhüten suchen, daß der Scholar nicht bey dem Verstärken des Tones hart drücke, und dadurch Absätze verursache; oder wohl gar durch solches stärkere Drücken die Theile des Tacts, oder die zweyte Hälfte der synkopirten Noten bemerke: welches hier ein Uebelstand ist. Die Uebung in dem verstärkten und wieder abnehmenden Aushalten langer Noten, verbreitet ihren Nutzen in das ganze Singen überhaupt. Denn da es eine Grundregel des guten Geschmackes ist, daß jeder Note, wenn sie nur irgend von einiger Dauer ist, ihre zu= und abnehmende Stärke gegeben werden müsse; welches sich mit der sogenannten Schönheitslinie in den Körpern und Gemälden, (siehe **Hogarths Zergliederung der Schönheit**), überaus wohl vergleichen läßt: so wird ein angehender Sänger, gleich vom Anfange an, durch solche Aushaltungen in den Stand gesetzet, daß ihm das Zu= und Abnehmen der Stärke, bey allen dazu geschickten Tönen, desto geläufiger und leichter wird. Bey dem Aushalten langer Noten muß der Mund, bey zunehmender Stärke des Tons, auch nach und nach immer mehr eröfnet, und bey dem Abnehmen der Stärke, nach und nach wieder etwas zusammen gezogen werden. Die Ursach davon ist leicht zu erachten.

Doch muß ein Sangmeister dahin sehen, daß er seine Untergebenen nicht allzuoft, und absonderlich nicht allzulange nach einander, zu solchen Aushaltungen anstrenge. Wollte einer, der etwan von der

Anmerkungen zum Gebrauche des Sangmeisters. 49

Stärke seiner eigenen Brust auf alle andere Menschen schlösse, seine Schüler alle Tage, zwo Stunden nach einander, lange Noten singen lassen: so würden vielleicht gegen einen, der es aushielte, drey andere seyn, welchen eine solche lange Bemühung, Schwäche der Brust, Kopfschmerzen, Blutspeyen, wo nicht gar den Verlust der Stimme, zum Theil, oder im Ganzen, verursachen könnte.

Der Meister werde nicht müde den Schüler so lange solmisiren zu lassen, als er es vor nöthig erachtet (y). Wenn er ihn vor der Zeit blos auf den Selbstlauten singen lassen wollte; so versteht er nicht zu unterrichten.

(y) Das heißt: so lange bis der Schüler alle die Veränderungen der Aretinischen Solmisation auswendig weis. Und dazu gehöret nun freylich wohl eine ziemliche Zeit. Bey einem der nicht nach den sechs Sylben angeführet wird, ist es alsdenn Zeit damit aufzuhören, wenn der Schüler die Töne, die Noten, und ihre Geltung kennet, und alle singbare Sprünge rein zu treffen weis. Auf diese Art wird man viel eher fertig.

Hierauf muß er ihn zur Uebung der Stimme auf den drey hellen Selbstlauten, vornehmlich auf dem ersten (z), anführen. Er lasse ihn aber nicht immer auf eben demselben Selbstlaute singen; wie man heut zu Tage zu thun pflegt: damit der Untergebene nicht durch allzu öftere Uebung auf einem Selbstlaute verführet, einen mit dem andern verwechsele; sondern damit er vielmehr, desto leichter, zum singenden Gebrauche ganzer Wörter möge fortschreiten können.

(z) Diese sind: das a, das offene oder helle e, und das helle o. Bey den Deutschen könnte man auch einige helle Doppellaute noch hinzufügen. Das a ist der simpelste und leichteste selbstlautende Buchstab, bey dessen Aussprache dem freyen Ausgange der Stimme die wenigsten Hindernisse im Wege stehen. Denn dabey muß man die Zunge unterwärts drücken, etwas platt machen, und hinter den Zähnen, so viel als möglich ist, gerade und fest halten. Folglich ist alsdenn die Höhle des Mundes größer und freyer als bey irgend einem andern Selbstlaute. Bey dem o, absonderlich dem hellen

oder

oder offenen o der Wälschen, welches ein Mittelklang zwischen dem deutschen a und o ist, befindet sich die Zunge fast in eben derselben Lage, als bey dem a, nur daß zu der Zeit die Lippen etwas näher an einander gehalten werden müssen; wodurch zugleich die Höhle des Mundes etwas mehr verengert wird. Nach diesem kömmt das helle e dem a am nächsten. Ueberhaupt muß der Lehrmeister das Niederdrücken und Plattmachen der Zunge, wo es nur möglich ist, nachdrücklich einschärfen. Denn durch diese Lage der Zunge kann man die Nasen- und Kehlenfehler am besten verhüten.

Wenn der Schüler, nach dieser Uebung, einigen merklichen Zuwachs seiner Geschicklichkeit gewonnen zu haben zeiget; alsdenn kann der, welcher ihn unterrichtet, ihn die ersten Zierrathen der Kunst, welches die Vorschläge sind, (von denen ich hernach weiter sprechen werde), kennen lehren, und ihn, mit denselben, auf den Selbstlauten singen lassen.

Darauf lehre er ihn die Art, über den Selbstlauten die Töne singend an einander zu schleifen, und die Stimme nach und nach, auf eine angenehme Weise von der Höhe nach der Tiefe zu ziehen. Ob dieses nun gleich Lehren sind, welche mehr in das Feine des guten Singens laufen, und bey dem bloßen Solfeggiren unmöglich völlig erlernet werden können: so werden sie doch öfters, von unerfahrnen Meistern, ganz und gar versäumet (aa).

(aa) Von dem Schleifen und Ziehen der Noten, wird im Hauptstücke von den Passagien umständlicher gehandelt werden. Hier gebe ich dem Sangmeister nur noch die nöthige Erinnerung, daß er ja Acht habe, damit die Töne, von dem Schüler, gehörig mit einander verbunden und zusammen gehänget werden mögen. Dieses geschieht, wenn man den vorhergehenden Ton so lange klingen läßt, bis der folgende anspricht: damit nichts Leeres dazwischen vernommen werde; wenn es nicht die Vorschrift des Componisten, es sey durch Pausen oder Abstoßungszeichen, oder die Nothwendigkeit Athem zu schöpfen, ausdrücklich verlanget. Gemeiniglich machen Anfänger, nach jeder Note, zumal wenn ein Sprung darauf folget, welchen sie sich nicht recht zu treffen getrauen, einen kleinen Stillstand. Hieraus kann eine

üble

üble Gewohnheit erwachsen, welcher also bey Zeiten vorgebauet, und dagegen der Grund zu einer der größten Annehmlichkeiten des Singens geleget werden muß.

Wenn der Meister den Schüler Worte singen läßt, ehe er noch frey und sicher solfeggiren, und mit Vorschlägen auf den Vocalen singen kann; so verderbt er ihn.

Weil es für einen Sänger sehr vortheilhaft ist, wenn er das Clavier spielen kann, und die Regeln des Generalbasses versteht: nicht nur weil er sich alsdenn immer selbst accompagniren, und also singen kann wenn er will, ohne erst immer auf den Begleiter warten zu dürfen; sondern auch weil er die willführlichen Veränderungen nicht aufs Ohngefähr los, sondern mit Richtigkeit und Sicherheit wird erfinden können: so ist allen, welche was mehr als gemeines im Singen leisten wollen, anzurathen, daß sie ja bey Zeiten das Clavier und den Generalbaß zu studiren sich bemühen.

Wer ein guter Sänger werden will, muß auch frühzeitig bedacht seyn, seine Stimme, so lange als es möglich seyn will, gut zu erhalten. Durch Unordnungen, und Ausschweifungen in der Lebensart kann auch die schönste Stimme, ehe man sichs versieht, verlohren gehen. Eine gute Lebensordnung und Diät aber, ist das beste Mittel, so wie die Gesundheit, also auch die Stimme lange gut zu erhalten: und dabey wird man nur sehr weniger Arzeneyen nöthig haben. Einige alte deutsche Lehrer der Singkunst sind in Verordnung der Diät für die Sänger gar zu sorgfältig gewesen. Sie haben die Speisen beynahe an den Fingern hererzählet, welche ein Sänger genießen, und welche er nicht genießen soll. Manchmal möchte wider dem Küchenzettul der gesunden Speisen, sonderlich wenn Phasanen, Lerchen, Schmerlen, Forellen u. d. gl. darauf stehen, vieler Sänger ihre Geldbörse unterschiedenes einzuwenden haben. Viele gewöhnliche Speisen hingegen, welche keinem gesunden Menschen etwas schaden, und welchen man nicht allemal aus dem Wege gehen kann, stehen unter dem Verzeichnisse der verworfenen. Diese guten Alten haben nicht erwogen, daß die Gewohnheit das Schädliche, was etwan ja einige Nahrungsmittel bey sich führen möchten, endlich unschädlich macht, und seine vorige Wirkung verhindert: zumal wenn sie nicht allzuoft, und in allzugroßem Maaße genossen werden. Vor allem Ueberflusse im Essen und Trinken überhaupt, muß sich ein Sänger, (so wie jeder Mensch der gesund bleiben will) sorgfältig hüten: und alsdenn wird es ihm nicht viel schaden, wenn er auch gleich einmal was sehr fettes, oder gesalzenes zu sich genommen hätte. Wer aber immer solche Dinge essen wollte, die mehr als andere der Lunge schleimige, scharfe, zähe und verdickende Säfte zuführen, der würde freylich dadurch seiner Stimme wenig rathen. Die Alten verboten die Heringe: und man sagt doch vom Farinello für gewiß, daß er ehedem, wenn er singen wollen, immer eine unzugerichtete Sardelle gegessen hätte. Sie verboten sauere, und mit Citronen zugerichtete Speisen: die Erfahrung hingegen lehret durch eine Menge Beyspiele, daß ein Löffel voll Essig, ein wenig Citronensaft, nächst dem Zwieback, sehr dienlich sey, den Hals von den schleimigen Feuchtigkeiten, die der Stimme am meisten hinderlich sind, zu reinigen. Dahingegen vieles Zuckergebackenes und andere süße Sachen das Gegentheil thun. Siehe Matthesons vollkommenen Capellmeister, im ganzen Isten Hauptstücke des IIten Theils, wo vieles hier dienliches zu finden ist. Gleich nach der Mahlzeit, oder mit sehr angefülltem Magen zu singen, benimmt der Lunge die Freyheit, so viel Luft zu schöpfen, als zum Singen nöthig ist. Deswegen essen verschiedene Sänger, welche des Abends viel singen sollen, zu Mittage gar nicht, oder doch nur sehr wenig. Der ehemalige Anspachische Capellmeister Bimmler, ein großer Phonascus, nahm, nach Matthesons Berichte, an dergleichen Tagen, anstatt der Mittagsmahlzeit, nichts als ein warmes Getränk mit Fenchel, anstatt des Thees bereitet, von Zeit zu Zeit zu sich; und übte sich inzwischen stets mit gemähliger und gelinder Durchsingung seiner Partie, bey dem Claviere.

Wider die Heiserkeit und andere Krankheiten der Stimme, welche von heilbaren Leibesschwachheiten herrühren, ingleichen über das, was sonst zur Reinigung und Verstärkung der Lunge, wenn ja einige nöthig seyn sollte, dienet, werden erfahrne Aerzte den besten Rath ertheilen können.

Das II. Hauptstück.
Von den Vorschlägen.

Unter allen Auszierungen eines Gesanges, ist für den Meister keine leichter zu lehren, auch für den Schüler keine leichter zu lernen, als der Vorschlag. Dieser hat, außer der Annehmlichkeit, welche ihm schon an sich selbst eigen ist, auch noch dazu von der Kunst einzig und allein das Vorrecht erhalten, sich oft hören zu laßen, und doch niemals den Zuhörern zum Ekel zu werden: wofern er nur nicht diejenigen Gränzen überschreitet, welche ihm von dem guten Geschmacke der Musikverständigen vorgeschrieben worden.

Seitdem der Vorschlag, zur Zierde der Musik, erfunden worden, hat man doch bis ißo, noch nicht die Ursach ergründet, warum ihm, zum wenigsten an einigen Orten, ein freyer Eintritt versaget ist. Nachdem ich mich, bey den vornehmsten Sängern, vergebens darnach erkundiget hatte, habe ich erwogen, daß, da doch auch die musikalische Wissenschaft ihre Gesetze haben muß, es uns obliege alles mögliche zu versuchen, um dieselben zu entdecken. Ich weis nicht ob ich in dieser Untersuchung glücklich gewesen bin; ich will mir auch dessen gar nicht schmeicheln. Aber gesetzt auch, es wäre mir noch nicht gelungen; so werden die Kunstverständigen doch zum wenigsten sehen, daß ich mich meinem Endzwecke zu nähern bemüht gewesen bin. Meine Unterweisungen sind blos eine Frucht meiner angestellten Beobachtungen; deswegen sollte ich wohl, wenn ich ja etwan irrete, in diesem Puncte, eher als anderswo, Verzeihung zu hoffen haben.

Aus der Erfahrung nehme ich wahr, daß ein Sänger, in der diatonischen Tonleiter, von einem c zum andern, ohne einziges Hinderniß, von jedem der fünf ganzen und zween halben Töne,

welche

welche die Octave ausmachen, zum nächst dabey liegenden, durch Vorschläge, stufenweise, auf= und absteigen kann. Ferner: daß man von einem jeden, mit einem zufälligen Erhöhungszeichen bemerkten Tone, der sich in dieser Tonleiter finden könnte, stufenweise, vermittelst des Vorschlages, einen halben Ton zu den benachbarten Noten aufsteigen, und auch vermittelst eben desselben wieder zurück kehren kann. Weiter: daß man von jeder mit einem Wiederherstellungszeichen versehenen Note, in halben Tönen, durch einen Vorschlag, zu allen denen Noten aufsteigen kann, welche ein Erniedrigungszeichen vor sich haben.

Ich bemerke aber auch im Gegentheile: daß man vom Fis, vom Gis, vom Ais, vom Cis, und vom Dis, mit dem Vorschlage nicht einen halben Ton höher, in den benachbarten, stufenweise aufsteigen kann: daß man mit dem Vorschlage nicht stufenweise, von der kleinern Terze über dem Basse, zu der größern, noch von dieser zu jener gehen kann: daß zween Vorschläge nach einander nicht durch halbe Töne, stufenweise, von einem ganzen Tone zum andern gehen können: daß man von allen Noten, welche das Erniedrigungszeichen vor sich haben, nicht, vermittelst des Vorschlages, in den darüber liegenden halben Ton gehen kann: und daß man endlich an allen Orten, wo man keinen Vorschlag hinauf machen kann, auch keinen herab machen kann.

Von allen diesen Lehrsätzen würde die Erfahrung die Ursachen angeben, wenn ihr dieselben bekannt wären. Wir wollen sehen, ob einer, der davon Rechenschaft zu geben verbunden ist, diese Ursachen wird ergründen können.

Die Theorie lehret, daß, da die oben gedachte Octave aus zwölf ungleichen Tönen zusammengesetzet ist, man die größern von den kleinern halben Tönen unterscheiden müsse; und weiset die Lehrbegierigen an, die Tetrachorde um Rath zu fragen (a). Die berühmtesten Schriftsteller, welche hiervon handeln, sind nicht alle

Von den Vorschlägen.

alle von einerley Meynung. Denn einige behaupten, daß die halben Töne zwischen C und D, so wie die zwischen F und G, einander gleich wären: und inzwischen bleibt man doch immer im Zweifel.

(a) Was die Tetrachorde sind, wird aus der Anmerkung (f) des vorigen Capitels schon bekannt seyn. Der Verfasser aber hätte hier lieber, anstatt: Tetrachorde, sagen sollen: die Berechnungen der mathematischen Verhältnisse der Töne. Diese Lehre aber ist, seit Tosis Zeiten, von so vielen berühmten Männern, viel gründlicher untersuchet, und, wo nicht ganz ausser allen Zweifel gesetzet, doch zum wenigsten weit richtiger bestimmt worden, als sie vor dem war.

Doch das Gehör, da es der Schiedsrichter und oberste Meister in der Musik ist, scheint mir, (wenn ich anders seine Gesetze recht verstehe) zu sagen, daß der Vorschlag, mit so feiner Unterscheidungskraft, die Größen der halben Töne bemerke: daß, um die größern halben Töne zu erkennen, man nur Achtung geben darf, wo derselbe Belieben hat sich hinzuwenden. Ist dieses an dem: so muß man glauben, daß, da der Vorschlag z. E. so gern vom mi zum fa (b) geht, dieses ein größerer halber Ton sey; und das kann nicht geleugnet werden. Aber, wenn nun der Vorschlag also einen halben Ton frey aufsteigen kann: woher kömmt es denn, daß er, von eben diesem fa, nicht noch weiter, in den benachbarten mit dem Kreuz erhöheten Ton (c) aufsteigen kann; da dieses doch auch nur ein Schritt von einem halben Tone ist? Dieser halbe Ton ist der kleinere, antwortet das Gehör. Ich glaube also schlüßen zu können, daß die Ursach, welche dem Vorschlage einen großen Theil seiner Freyheit benimmt, daher rühre, weil er nicht stufenweise von einem vorhergegangenen größern zu einem kleinern halben Tone, noch von diesem zu jenem gehen kann (d). Doch unterwerfe ich mich hierbey immer dem Urtheile derer, welche die Sache verstehen.

(b) Z. E. vom E zum F, vom H zum C.
(c) Vom F ins Fis, vom C ins Cis.

(d) Aber,

(d) Aber, warum gefällt denn ein Vorschlag der nur einen kleinern halben Ton sich beweget dem Gehöre nicht? Die menschliche Stimme für sich selbst, kann ja, wie oben gezeiget worden, viele weit kleinere Untereintheilungen eines ganzen Tones angeben. Die Ursach ist, aller Wahrscheinlichkeit nach, diese, weil im gedachten Falle das Fis und Cis gar zu fremde Töne in der Tonleiter sind. Dergleichen fremde Töne aber werden von dem Componisten zwar zuweilen angebracht, um das Gehör zu reizen: allein dieser, durch den scharfen Ausdruck den sie verursachen, entstehende Reiz, würde durch einen vorhergesetzten Vorschlag gänzlich geschwächet werden, und seine Kraft verlieren. Folglich würde der Vorschlag hier dasjenige hindern, welches, wie weiter unten erhellen wird, selbst ein Theil seiner Absichten seyn soll.

Der Vorschlag kann auch von einer weiter entfernten Note zur andern gemacht werden, wenn es nur kein Betrugssprung ist (e). Denn wer einen solchen Sprung nicht gleich sicher und rein angiebt, der kann nicht singen.

(e) Ein solcher Betrugssprung geschieht, größten Theils, in einen von der ordentlichen Tonleiter entferntern Ton, z. E. im G moll, vom G ins Cis:

Die Ursach, warum hier vom g̅ ins c̅i̅s̅ ein Vorschlag nicht gut seyn würde, ist eben dieselbe, welche in der vorigen Anmerkung (d) angegeben worden ist.

Da es nun, wie gesaget, nicht möglich ist, daß ein Sänger, vom größern zum kleinern halben Tone, stufenweise, vermittelst eines Vorschlags gehen könne: so lehret ihn der gute Geschmack, daß er erstlich einen ganzen Ton aufsteigen müsse, um hernach mit dem Vorschlage wieder herab gehen zu können (f); oder er räth ihm, ohne Vorschlag, vermittelst einer immer höher werdenden

Ziehung

Von den Vorschlägen. 57

Ziehung der Stimme, (messa di voce crescente) in den gedachten halben Ton zu kommen zu suchen (g).

(f) Aus der bey (d) angeführten Ursache, gehöret in den meisten Fällen gar kein Vorschlag hieher. Folglich würde es dem guten Geschmacke wenig gemäß seyn, wenn einer z. E. diesen Satz:

also singen wollte:

der folgende Rath ist besser.

(g.) Man läßt hierbey die Stimme nach und nach, durch so viele kleinere Untereintheilungen eines halben Tones, als jedem anzugeben möglich sind, gleichsam unvermerkt, nach der Höhe zu, durchgehen, bis man die verlangte Stufe eines halben Tones, erstiegen hat. Einem der noch keinen Begriff davon hat, läßt sich dieses leichter vorsingen, als mit Worten beschreiben. Es versteht sich aber von sich selbst, daß hierbey die Stimme ja nicht abgesetzet werden, sondern immer, ohne einiges neues Anstoßen mit dem Athem, in einem fortklingen müsse, bis sie die vorgeschriebene Note erreichet hat.

Ist nun der Schüler hiervon hinlänglich unterrichtet worden; so werden ihm die Vorschläge, durch eine beständige Uebung, so bekannt werden, daß er, wenn er kaum die Schule verlassen, über diejenigen Componisten wird lachen können, welche die Vorschläge durch Noten andeuten; entweder weil sie für neumodisch gehalten seyn wollen; oder weil man glauben soll, daß sie besser singen können, als die Sänger (h). Haben sie bey ihren andern Verdiensten diese herrliche Eigenschaft noch dazu: warum schreiben sie denn nicht auch die willkührlichen Veränderungen hin, welche viel schwerer, und noch viel nothwendiger sind, als die Vorschläge (i). Zeichnen

H sie

sie diese aber endlich in der Absicht, um nicht den ruhmvollen Namen der **Virtuosen** nach der **Mode** zu verlieren; so sollten sie zum wenigsten bedenken, daß dieser Charakter wenig Mühe und noch weniger Fleiß kostet. Armes Wälschland! Aber man sage mir doch: wissen etwan die heutigen Sänger nicht wo die Vorschläge angebracht werden müssen, wenn man sie ihnen nicht mit dem Finger andeutet? Zu meiner Zeit zeigte sie die Einsicht an. O ewige Schande für denjenigen, welcher diese ausländische Kinderey zuerst eingeführet hat, bey unserer Nation, welche doch den Ruhm hat, daß sie andere Völker den größten Theil der schönsten Künste, absonderlich den Gesang, lehret! O große Schwachheit desjenigen, welcher sich durch Beyspiele verführen läßt! O ehrenrührige Beschimpfung für euch, ihr neumodischen Sänger, die ihr euch Lehren geben laßt, welche nur für Kinder gehören. Die Leute jenseit der Alpen verdienen daß man ihnen nachahmet, und sie hochschätzet; aber doch nur in denen Dingen, in welchen sie vortreflich sind (k).

(h) Wer im Stande ist eine ganze Arie zu machen; für den würde es ein großes Unglück seyn, wenn er nicht wissen sollte, wo dem Gesange, welchen er doch ganz erfunden hat, etwan hier und da ein Vorschlag beygefüget werden könne, oder müsse. Keine weitere Ruhmbegierde aber, als diese, kann dem Componisten welcher die Vorschläge mit hin schreibt, zur Last geleget werden. Aber wie, wenn es nun zu den Zeiten, in welchen dieses Buch ins Deutsche übersetzet, und mit Anmerkungen herausgegeben wird, zu den Zeiten, in welchen die neumodischen Virtuosen in Tosis Tagen, mit denen er sich hier herumzanket, auch alt geworden sind, beynahe nöthig schiene, Warnungszeichen zu erfinden wo kein Vorschlag gemacht werden soll, um der Vorschlagssucht der neuesten wälschen Sänger und Instrumentisten, welche hierinn, um die Wette, einander nachzuahmen suchen, Einhalt zu thun? Auf wen würde unser Schriftsteller alsdenn schelten?

(i) Sänger, welche bey einer gründlichen Einsicht in die Gesetze der Harmonie, auch noch mit einem erfindungsreichen Geiste begabet sind, haben freylich der Hülfe des Componisten hierinn nicht nöthig. Wenn aber nun eine, der willkührlichen Veränderungen fähige, Arie

manchem

Von den Vorschlägen.

manchem Sänger in die Hände fällt, der bey einem trockenen Kopfe, auch noch dazu von aller Kenntniß der Harmonie entblößet ist; der entweder die in der Arie herschende Leidenschaft nicht einsieht, oder doch den Ausdruck derselben seiner Veränderungsucht aufopfert: würde es nicht, für die Ehre des Sängers, und für das Vergnügen der Zuhörer weit vortheilhafter seyn, wenn der Componist sich die gütige Mühe genommen hätte, bey der simpeln Melodie der Arie, auch zugleich mit dazu zu schreiben, wie sie am geschicktesten, durch willkührliche Veränderungen, ausgezieret werden könnte. Wir andern deutschen Sänger, hinter den Bergen, wollen indessen, wenn ja einer oder der andere von uns das Unglück hätte, nicht selbst was kluges erfinden zu können, uns lieber, in diesem Falle, der Hülfe des Componisten, oder wenigstens unsers Accompagnisten (wenn es uns etwan zu schwer, oder zu unbequem deucht, uns selbst mit dem Claviere, bey unserer besondern Uebung, zu begleiten,) bedienen. Haben wir doch, wenn wir ja für das angesehen seyn wollen, was wir wirklich nicht sind, eben nicht nöthig, allen Leuten unsere Heimlichkeiten zu entdecken. Indessen wollen wir uns bemühen, die uns, im Vertrauen, vorgeschriebenen Veränderungen rein, genau, und dem Ausdrucke der Leidenschaften gemäß, vorzutragen: so wird uns zum wenigsten die Ehre einer guten Ausführung nicht entgehen. Denen aber, welche wirklich aus ihrer eigenen Empfindung und Erfindung gute Veränderungen gut vorbringen, wollen wir, ihr Vaterland mag seyn welches es will, ihre Vorzüge in diesem Stücke nicht absprechen.

(k) Die Gewohnheit, die meisten Vorschläge durch eigene kleine Noten anzudeuten, hat ungeachtet der Klagen unsers Verfassers, doch bis itzo noch, bey den meisten Componisten die Oberhand behalten. Wir wollen uns bemühen, die Natur und den Gebrauch der Vorschläge etwas genauer und vollständiger zu untersuchen.

Die Absicht, weswegen von dem Ausführer einigen Tönen der Melodie Vorschläge vorgesetzet werden, ist entweder: 1) den Gesang desto besser mit einander zu verbinden; oder 2) etwas scheinbar Leeres in der Bewegung des Gesanges auszufüllen; oder 3) die Harmonie noch reicher und mannigfaltiger zu machen; oder endlich 4) dem Gesange mehrere Lebhaftigkeit und Schimmer mitzutheilen. Zuweilen ist nur eine oder die andere, zuweilen sind mehrere dieser angeführten Veranlassungen zu einem Vorschlage zugleich, vorhanden.

Das II. Hauptstück.

Alle Vorschläge werden zu der Zeit angegeben, wenn die Note, vor welcher man sie anbringt, ihrer eigentlichen vorgeschriebenen Geltung nach, eintreten sollte, und also mit dem Basse und den andern Begleitungsstimmen dieser Hauptnote des Gesanges, zugleich. Sie gehören demnach alle in die Zeit, nicht der vorhergehenden, sondern der auf sie folgenden Note: und diese Note verliert folglich von der Dauer, welche sie ihrer Geltung nach haben sollte, so viel, als dem Vorschlage gegeben wird. Hieraus folget noch die, für einen Sänger, sehr nöthige Regel: daß man allezeit die Sylbe, welche zu der Hauptnote, so einen Vorschlag, oder irgend eine andere Auszierung vor sich hat, gehöret, schon auf dem Vorschlage auszusprechen anfangen müsse.

Einige Vorschläge sind ganz kurz, und bey allen Noten, vor denen sie stehen, es mag derselben Geltung, und auch die Tactbewegung seyn, welche sie will, von einerley, das ist sehr geringer Währung. Sie benehmen der Hauptnote, von ihrer bestimmten Dauer, so wenig als möglich ist. Doch versteht sich, daß sie größtentheils nur vor kurzen Noten Platz finden: weil ihre Absicht hauptsächlich auf die Vermehrung der Lebhaftigkeit, und des Schimmers des Gesanges, gerichtet ist. Wenn also, auch bey einer geschwinden Tactbewegung, vor jeder der folgenden vier Figuren des Gesanges ein Vorschlag stünde:

so müssen diese Vorschläge nicht etwan wie Sechzehntheile, sondern wie Zwey und dreyßigtheile ausgeführet werden: damit der Zuhörer nicht anstatt jener Figuren diese folgenden zu hören bekomme:

als welches dem Sinne des Componisten, wenn er anders richtig und bestimmt zu schreiben gewohnt ist, zuwider seyn würde.

Andere Vorschläge sind länger als jene, doch nicht allezeit von einerley Währung, als welche sich nach der Geltung der Note, vor der sie angebracht werden können, richtet, und ihre besondern Regeln hat.

Aus

Von den Vorschlägen.

Aus dieser Ursache nennet Bach, im Versuche über die wahre Art das Clavier zu spielen, diese Vorschläge, wegen ihrer veränderlichen Währung, veränderliche, die kurzen aber unveränderliche Vorschläge. Ich werde diese Benennung, weil sie die genaueste ist, beybehalten.

Die veränderlichen Vorschläge dauern, ordentlicher Weise, die Hälfte von der Zeit der Hauptnote. Hier sind sie, so wie ich auch ferner thun werde, durch die kleinern Noten, ihrer wahren Geltung nach, angedeutet:

Steht aber noch ein Punct hinter der Hauptnote, so nehmen sie die Zeit der ganzen Note ein; und diese wird erst zur Zeit des Punctes angegeben. Z. E.

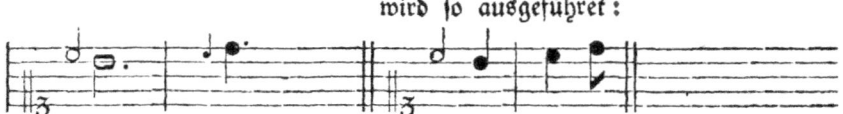

Ein gleiches geschieht nicht selten vor denen Noten, auf welche eine Pause folget: als wo gleichergestalt der Vorschlag die Zeit der ganzen Hauptnote einnimmt; die Hauptnote aber erst zur Zeit der Pause angeschlagen wird. Doch ist diese Regel nicht ohne Ausnahme, und kann größtentheils nur bey einem schmeichelnden Gesange angebracht werden. Von beyden sehe man hier ein Beyspiel:

Das II. Hauptstück.

Dieses wird vorgetragen als wenn es so geschrieben wäre:

gli affet - ti a mo - de - rar, quest' alma

Wenn an die Hauptnote noch eine kürzere Note gebunden ist: so nimmt der Vorschlag auch alle Zeit der Hauptnote weg; und diese tritt erst zur Zeit der daran gebundenen kurzen Note ein. Z. E.

im - pa - -

lento

Se il mio duol se i mali, &c.

ti fa - rei ca - der

werden

Von den Vorschlägen. 63

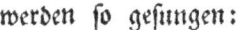

Auch der Ausdruck des Affectes erfodert bisweilen daß der Vorschlag länger als die Hälfte gehalten werde. Z. E.

führet

64　　　　　　　Das II. Hauptstück.

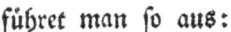

Soll der Endzweck der bessern Verbindung der Melodie erreichet werden: so muß der Vorschlag an die auf ihn folgende Note so fest angehänget werden, daß nichts Leeres dazwischen bleibt. Folglich müssen alle Vorschläge an die Hauptnoten geschleifet werden.

Es ist also unrecht, wenn man bey einem Triller der einen Vorschlag vor sich hat, nach dem Vorschlage, die erste Note des Trillers wieder von neuem angiebt. Denn der Vorschlag ist nichts anders als die verlängerte erste Note des Trillers. Z. E.

Wenn der Componist das Gegentheil verlanget; so wird er das ō nicht als einen Vorschlag, sondern als eine Hauptnote ausschreiben.

Damit der, vermittelst der Vorschläge, der Melodie zugesetzte Zierrath desto kennbarer seyn, und desto deutlicher vernommen werden möge; so muß jeder Vorschlag, er sey lang oder kurz, veränderlich oder unveränderlich, allezeit stärker angegeben werden, als die auf ihn folgende Hauptnote. Diese wird allezeit schwächer angegeben als jener; doch immer eine mehr, die andere weniger schwach; so wie es die Empfindung des Ausführers ihm an die Hand giebt. Sind die Vorschläge lang; so müssen sie, so wie jede lange Note eines Gesanges, erst schwächer angefangen, hernach verstärket, und wieder mit der Schwäche an die Hauptnote gezogen werden.

Die

Von den Vorschlägen.

Die Vorschläge wiederholen entweder, und zwar größtentheils, die vorhergehende Note,

oder sie schlagen eine neue an; welches am meisten bey Ausfüllung eines oder mehrerer herunter fallenden Terzensprünge (α), doch aber auch bey anderer Gelegenheit geschieht (β).

Und also sind die Vorschläge entweder *auf= und absteigend*, oder *auf= und abspringend*.

Die Vorschläge welche die vorhergehende Note nicht wiederholen, sondern eine neue anschlagen, kommen nur von oben herab vor. Der harmonische Grund solcher frey anschlagenden Vorschläge, zumal wenn sie veränderlich sind, und keine Terzensprünge ausfüllen, ist dieser: Sie sind ein Ton aus der Harmonie, in welcher die vorige Note stand, welcher als eine Aufhaltung des vorigen Accords, zum Vorschlage der folgenden Note gemachet wird. Sie haben also mit den Dissonanzen, welche immer eine Aufhaltung der vorhergehenden, oder eine Vorausnahme der folgenden Zusammenstimmung sind, einerley Ursache: um so vielmehr, da die meisten Vorschläge Dissonanzen sind. Diejenigen Vor=

Das II. Hauptstück.

Vorschläge aber, welche Terzensprünge ausfüllen, haben nicht dieses itztgesagte, sondern nur die Verbindung der Melodie zur Vertheidigung. Hierbey lassen die strengsten Regeln des Gebrauchs der Dissonanzen bisweilen eine Ausnahme zu. Man entschuldiget ja so gar manche Freyheit bey den ausgeschriebenen Hauptnoten der Melodie mit dem Vorschlage. Am meisten herschet diese Freyheit bey den freyanschlagenden unveränderlichen Vorschlägen, welche hauptsächlich den Brillant oder Schimmer des Gesanges vermehren sollen. Diese gehören bisweilen in die vorhergehende Harmonie, bisweilen nicht; wie aus nachfolgenden Beyspielen erhellet:

Von den Vorschlägen. 67

Sehr häufig kommen dergleichen unveränderliche Vorschläge in geschwinder Tactbewegung vor, wenn im Niederschlagen des Tacts die Hauptnote wiederholet wird, welche im Anschlagen vorhergieng, und die folgende einen Ton tiefer geht; es mag eine Pause darnach kommen oder nicht. Hier schlägt man vor der wiederholeten ersten Note, allemal die Secunde drüber als einen Vorschlag an. Z. E.

Wenn zween Terzensprünge herabwärts auf einander folgen: so sind die dazwischen stehende Vorschläge gemeiniglich unveränderlich. Folgt noch ein dritter darauf; so ist er veränderlich.

Einige

Einige berühmte Ausführer wollen die beyden erstern, nach Art der Franzosen, mit in die Zeit der vorhergehenden Note gerechnet wissen; doch so, daß dem Vorschlage, um ihn von einem Nachschlage der vorigen Note zu unterscheiden, ein gelinder Hauch gegeben, und er im übrigen, in allem als ein anderer Vorschlag behandelt werde. Sie führen also dieses Beyspiel:

also aus:

Sie wollen damit den Ausdruck dieser Vorschläge, von dem Ausdrucke einer andern ordentlich ausgeschriebenen Figur, von eben diesen Tönen, wo die erste Note kürzer ist als die zweyte, und welche dem sogenannten **Lombardischen** Geschmacke vorzüglich eigen ist, unterscheiden.

Doch geben sie zu, daß bey dieser Figur die erste Note stärker und schärfer angegeben werden muß, als wenn sie ein Vorschlag wäre. Andere berühmte Ausführer aber, ziehen auch die Vorschläge, von denen hier die Rede ist, nach der allgemeinen Regel der Vorschläge, in die Zeit der folgenden Note. Doch wollen sie, daß diese Vorschläge, absonderlich bey langen Noten, und im Adagio, nicht ganz kurz seyn, sondern den dritten Theil der folgenden Note, oder soviel als die erste Note einer Triole, in welche man die Hauptnote in den Gedanken eintheilet, einnehmen sollen. Sie würden also das obige Exempel so ausführen:

Die Vorschläge, welche vor Triolen stehen, sind allezeit unveränderlich.

Die veränderlichen oder langen Vorschläge, als welche, ausser der Verbindung der Melodie, auch die Harmonie mannichfaltiger machen sollen, geben größtentheils gegen den Baß eine Dissonanz an. Diese Dissonanz ist mehrentheils eine Quarte, Septime, oder None, wenn die

Vor-

Von den Vorschlägen. 69

Vorschläge absteigen, und eine None oder Secunde, oder eine Septime, auch eine Quarte, wenn sie aufsteigen.

Denn die Dissonanzen vornehmlich sind das, was die Harmonie am meisten mannigfaltig macht. Und da man, den Regeln des guten Geschmackes gemäß, die Noten, bey welchen die Dissonanz eintritt, gemeiniglich stärker angiebt, als die Consonanzen: so liegt auch hierinn ein Theil der Ursachen, warum die Vorschläge stärker angegeben werden als die Hauptnoten, welche in diesem Falle gemeiniglich Consonanzen sind.

Doch da die Vorschläge auch das Leere welches etwan in der Bewegung vorzufallen scheint, ausfüllen sollen; und dieses auch durch Consonanzen bewirket werden kann: so können, bey gewissen Gelegenheiten, die veränderlichen Vorschläge auch aus Consonanzen bestehen. Z. E.

al - fin di vi - ta   de - stin ti - ranno.

Sehr oft ist der consonirende Vorschlag eine Note aus dem Accorde der Quarte und Sexte, oder der Quarte und Octave vor dem reinen (γ), oder dem Septimen Accorde (δ); bisweilen auch die Sexte vor der kleinern Quinte (ε), oder die Quinte vor der Sexte (ζ), u. s. w. Man sieht hieraus, daß der vorigen Regel zuwider, hier bisweilen die Hauptnote eine Dissonanz ist (η), oder durch die Aufhaltung die der Vorschlag verursachet, zu einer wird (ϑ). Und doch muß man auch hier den Vorschlag stärker, die Hauptnote schwächer angeben.

Das II. Hauptstück.

Man bemerke noch folgendes Beyspiel, welches hier unterschiedenes erläutert, und zugleich zeiget, wo die aufsteigenden Vorschläge auch sonst noch gute Wirkung thun können:

Von den Vorschlägen.

71

Es ist natürlich, daß die veränderlichen Vorschläge nur vor solchen Noten stehen können, welche entweder durch ihre Geltung, oder durch die Tactbewegung etwas lang sind, und die Anbringung einer Dissonanz erlauben. Folglich stehen sie nur vor anschlagenden Noten, zu Anfange der sogenannten guten Tacttheile (ı), auch wohl, bey langsamer Tactbewegung, vor jedem Tactgliede (×):

andantino

72　　　　　　　　Das II. Hauptstück.

Diese letztern und ähnliche Vorfälle bey langsamer Tactbewegung ausgenommen, sind die Vorschläge, welche vor den schlimmen oder durchgehenden Tactgliedern, und überhaupt vor allen kurzen Noten vorkommen, alle kurz oder unveränderlich. Doch sind auch nicht alle Vorschläge vor den guten Tacttheilen, wenn diese aus langen Noten bestehen, lang: weil bey einigen seltenen Fällen, auch vor langen Noten kurze Vorschläge angebracht werden können. Z. E.

Dergleichen Vorschläge wie diese aber, werden nicht gar so kurz als die unveränderlichen, doch auch nicht nach der Regel der veränderlichen gemacht. Sie sind also gleichsam das Mittel zwischen jenen beyden.

Wer

Von den Vorschlägen.

Wer aus den obigen Exempeln sich etwan noch keinen hinlänglichen Begriff von dem was Tacttheile, Tactglieder, anschlagende oder durchgehende Noten sind, machen kann; der merke, daß bey den geraden Tactarten, nur der Vierviertheiltact, und der eigentliche Allabrevetact, welcher eine Brevis oder vier halbe Schläge hat, zween eigentliche, und zwar gleiche Theile habe, deren ersterer mit dem ersten, der zweyte mit dem dritten Viertheil, oder halben Schlage anfängt. Ein iegliches Viertheil, oder im Allabrevetacte, ein ieglicher halber Schlag, ist ein Glied: von denen das erste und dritte, welche zugleich der Anfang iegliches Tacttheiles sind, anschlagende, das zweyte und vierte aber durchgehende Tactglieder genennet werden können. Von den noch kleinern Noten, in welche die Tactglieder wieder eingetheilet werden, heißt allemal die Note von der ungeraden Zahl die anschlagende, oder gute, die von der geraden Zahl die durchgehende oder schlimme Note. Z. E. das erste, dritte, fünfte, siebente Viertheil, oder Achttheil, oder Sechzehntheil ꝛc. sind anschlagend; die zweyte, vierte, sechste, und achte ꝛc. dieser kleinen Noten aber, sind durchgehend. Der Zweyviertheil Tact, und der getheilete Allabrevetact, welcher aus zween halben Schlägen besteht, haben keine Theile, wohl aber zwey Glieder; ein ieglicher Tact macht nur einen Theil aus. Alle eigentlichen ungeraden Tactarten haben auch nur einen Theil, aber drey Glieder, deren ersteres in dieser Betrachtung anschlagend, die andern beyden aber durchgehend sind. Die zusammengesetzten ungeraden Tacte, als Sechsachtheil- oder Zwölfachtheiltact, haben wieder jeder zween Theile; und der Zwölfachtheiltact auch vier Glieder, deren jedes aus drey Achteln besteht. Mit den kleinern Noten im ungeraden Tacte, verhält sich's, in Ansehung ihres Anschlagens und Durchgehens, eben so wie im geraden Tacte.

Es ist nicht möglich, ungeachtet der oben angeführten vier Ursachen und Veranlassungen der Vorschläge, wohin sich doch die meisten Fälle rechnen lassen, alle und jede Stellen welche Vorschläge erfodern, und von was für Geltung diese Vorschläge seyn müssen, ganz genau durch Regeln zu bestimmen. Es bleibt immer etwas willkührliches dabey übrig, welches von dem Geschmacke und der Empfindung des Tonsetzers, oder Ausführers abhängt. Oefters werden von den Componisten Noten, die eigentlich nichts als Vorschläge sind, als Hauptnoten des Gesanges geschrieben und in den Tact eingetheilet. Was bey einer andern Gelegenheit ein Vorschlag seyn könnte; das muß bisweilen, absonderlich in der Sangmusik, um der Worte, die unter die Noten zu legen sind, auch um noch anderer Ursachen willen, eine Hauptnote werden. Ueber dieses können auch manche Stellen, nach den verschiedenen Empfindungen der Ausführer sowohl, als der Componisten, ohne den guten Geschmack zu beleidigen, sowohl ohne Vorschläge bleiben, als damit versehen werden.

Das II. Hauptstück.

Aus diesen Ursachen nun, und damit der Ausführer desto weniger in Gefahr stehe, den Absichten des Componisten entgegen zu handeln, urtheile man, ob es nicht wohlgethan ist, wenn ein Componist die nothwendigsten Vorschläge nicht allein andeutet, sondern sie auch nach ihrer wahren Geltung durch eigene kleine Nötchen andeutet. Einem Ausführer, der keine Einsicht in die Tonsetzkunst hat, ist diese Willfährigkeit des Componisten eine große Hülfe. Einem erfahrnern aber können die wenigen kleinen Noten, die etwan hier und da stehen, nicht leicht einige Ungelegenheit verursachen.

Ich habe oben gesaget, daß die Vorschläge dieneten etwas scheinbar Leeres in der Bewegung der Melodie auszufüllen. Wäre es etwas wirklich Leeres; so würde es ein Fehler des Tonsetzers seyn. Allein, da der Componist, wenn er anders einen guten Geschmack besitzet, schon die nothwendigen Vorschläge, so wie andere wesentliche Auszierungen, bey Verfertigung seines Gesanges mitgedacht, und sich die ganze Ausführung desselben im Geiste vorgestellet haben muß: so ist es ihm nicht zu verdenken, wenn er seine Gedanken so deutlich auszudrücken suchet, als es ihm möglich ist. Man muß aber hierbey wohl das wesentliche Leere von dem zufälligen Leeren, die wesentliche Ausfüllung von der zufälligen unterscheiden, und bedenken, daß eine Sache schön, aber auch, und zwar in vielen Graden, noch schöner seyn könne.

Ungeachtet aller dieser Vorsichtigkeit der Componisten, werden doch von vielen Ausführern, Sängern sowohl als Instrumentisten, bey Anbringung der Vorschläge eben sowohl, als bey Anbringung anderer wesentlicher Auszierungen, unterschiedene Fehler begangen. Die vornehmsten bestehen darinn, daß man entweder Vorschläge da anbringt wo keine stehen sollten; oder daß man wider die rechte Währung, oder wider den rechten Ausdruck der Vorschläge fehlet. Um zu Verhütung dieser Fehler Anleitung zu geben, will ich noch folgendes bemerken.

Wo sich nicht eine oder mehrere der oben angeführeten vier Hauptabsichten der Vorschläge finden; oder wo gar wider diese Absichten gehandelt werden würde: da darf auch kein Vorschlag angebracht werden.

Es darf demnach, weder im Anfange eines Stückes, oder eines Haupttheils desselben, noch nach einer etwas langen Pause, der ersten Note ein Vorschlag vorgesetzet werden. Denn hier ist nicht nur keine Verbindung des Gesanges, in so fern er durch Vorschläge bewerckstelliget werden kann, möglich; indem keine Note vorhergieng, mit welcher die

Von den Vorschlägen. 75

die folgende verbunden werden könnte: sondern die Harmonie, welche hier, entweder ganz von Neuem, oder doch wenigstens nach einer vorhergegangenen Ruhe, erst wieder anfängt sich hören zu lassen, hat auch nicht einmal einer Bereicherung durch Dissonanzen nöthig. Diese Regel erstrecket sich nicht weniger auch bis auf die Noten, welche einen neuen kleinern Einschnitt der Melodie anfangen, wenn auch keine Pause vorhergeht, oder welche, so zu sagen, nach jedem Unterscheidungszeichen der musikalischen Rede stehen. Folglich würden bey den hier folgenden Beyspielen, alle dabey ausgeschriebenen Vorschläge überflüßig und unschmackhaft seyn:

Das dritte Exempel, und andere diesem ähnliche Fälle, würden allenfalls noch, wenn man nach Anlaß des Affects einen beweglichen Nachdruck dabey anbrächte, entschuldiget werden können. Man könnte aber doch immer in dergleichen Fällen, auf der Sylbe *se*, anstatt des Vorschlages, entweder einen Anschlag, oder einen Schleifer von drey Noten, welche beyden Manieren am Ende dieses Hauptstücks beschrieben werden sollen, anbringen.

Würde eine anschlagende Dissonanz in der Hauptnote, und zwar eine solche, welche besonders vorstechen sollte, durch einen davor gesetzten consonirenden Vorschlag gehindert, und also der Ausdruck matt gemachet: so würde dieses ebenfalls den Absichten der Vorschläge zuwider seyn, und gerade das Gegentheil davon ausrichten. Diese Regel gilt auch alsdenn, wenn die Singstimme allein anschlägt, und der dissonirende Baß erst nach einer Pause eintritt. Vielleicht hatte Tosi diese Regel im Sinne, als er oben der Betrugssprünge erwähnete. Ich will noch ein Exempel beybringen, welches diese, und auch zugleich die vorige Regel mit erläutern kann:

76　　　　　　　Das II. Hauptstück.

Hier würden Vorschläge, vor den beyden weißen Noten, über der Sylbe *tut* ⸗, sehr fehlerhaft seyn. Denn diese beyden Noten, sind nicht nur zwo sehr zu unterscheidende Dissonanzen; sondern sie fangen auch einen neuen kleinern Einschnitt der Melodie an.

Die beyden itzt angeführeten Fehler des Anbringens der Vorschläge, wo keine stehen sollten, sind, seit einigen Jahren, in Wälschland häufig eingerissen. Vielleicht hat irgend ein, wegen anderweitiger Geschicklichkeiten zu achtender, und berühmter Sänger, welcher den Mangel eines wahrhaftig edeln und zärtlichen Ausdrucks, durch Seufzen und Winseln ersetzen wollen, hierzu am ersten Gelegenheit gegeben. Viele ganz neumodische Sänger dieses Landes wehklagen so gar, durch dergleichen Vorschläge, in denen Arien, in welchen sie ihre Herzhaftigkeit, zu Tödtung irgend eines Ungeheuers, den Zuhörern bekannt machen wollen. Tosis Zeitverwandte machten es nicht so.

Sollen die Vorschläge dienen die Harmonie reicher und mannigfaltiger zu machen: so sieht man leicht, daß sie weder durch den Ton den sie angeben, noch durch ihre Währung, Sätze die in der Harmonie verboten sind, und wodurch die Zusammenstimmung verdorben werden würde,

Von den Vorschlägen. 77

würde, hervorbringen dürfen. Und also muß öfters, sowohl die Stelle als die Währung der Vorschläge, durch die Regeln der Harmonie bestimmet werden. Wenn z. E. absonderlich durch die veränderlichen Vorschläge, allzudeutliche verbotene Octavenfolgen, oder allzumerkliche unerlaubte Quintengänge, oder allzuharte anschlagende Dissonanzen verursachet werden sollten: so muß man sich ihrer entweder ganz enthalten; oder ihre Dauer, wider die gewöhnlichen Regeln, verkürzen oder verlängern, und dadurch den Fehlern wider die reine Harmonie ausweichen. Zwar hat der Gebrauch, auch guter und der harmonischen Gesetze wohl kundiger Ausführer, absonderlich bey den verbotenen Octavengängen, welche durch kurze Vorschläge verursachet werden, und noch mehr bey den Quintenfolgen, hierinn einige Freyheiten eingeführet, oder verstattet. Doch muß einer, welcher sich diese Freyheiten auch erlauben will, Augen= und Ohrenquinten wohl von einander unterscheiden lernen. Er muß immer die Stimmen welche zugleich mit anschlagen wohl zu Rathe ziehen; und besorgt seyn, daß seine Freyheiten nicht etwan mehr verderben als gut machen mögen.

Noch andere Fehler werden begangen, wenn man lange Vorschläge für kurze, und kurze für lange setzet; und dadurch, der Absicht des Componisten zuwider, eine Figur in die andere verändert. Ein Beyspiel dieses Fehlers haben wir schon oben bey Gelegenheit der kurzen Vorschläge gesehen. Er kömmt aber auch ferner vor, wenn man vor Triolen, wo nur unveränderliche Vorschläge stehen sollten, veränderliche setzet, und dadurch die Triole in eine Figur von vier Sechzehntheilen verwandelt. Z. E.

Weiter entsteht dieser Fehler, wenn man aus Figuren von zwey Achttheilen, vermittelst des Vorschlags, Triolen macht:

K 3 Hier

Das II. Hauptstück.

Hier würde das Brillante, welches die ganz kurzen Vorschläge nach er Absicht des Componisten hervorbringen sollten, durch die Triolen matt und lahm klingend gemachet werden.

Bey Noten, welche nach dem Sinne des Componisten ernsthaft, und in gewissem Verstande steif vorgetragen werden sollen, dergleichen absonderlich die abzustoßenden Noten sind, Vorschläge anzubringen würde wieder ein anderer Fehler seyn. Denn hier gehöret weder Schimmer noch Schmeicheley her. Ein gleiches ist bey den abzustoßenden oder sonst prächtig und ernsthaft vorzutragenden punctirten Noten zu beobachten. Wenn aber der Ausdruck der langsamen punctirten Noten schmeichelnd seyn soll: so vertragen sie auch lange Vorschläge. Beydes wird der Inhalt der Worte des Gesanges einen Aufmerkenden leicht erkennen lassen.

Eine allzugroße Menge der Vorschläge, welche, wenn sie sparsamer angebracht würden, schön wären, kann endlich auch dem Entzwecke der Vorschläge überhaupt entgegen seyn, und den Gesang entweder allzumatt, oder durch allzugroße Lebhaftigkeit wild und bizarr machen.

Die Auszierung des Gesanges kann bisweilen nach den Vorschlägen fortgesetzet, und auf der Hauptnote noch eine andere Manier angebracht werden. Die Vorschläge können aber auch dienen, nach dem Feuer einer angebrachten weitläuftigern Manier, gleichsam eine Zwischenfarbe abzugeben, ehe man wieder in das ganz simple übergeht. Also folget hieraus, daß **Vorschläge sowohl vor als nach andern Manieren stehen können.** Sie können also sowohl vor **langen** als **kurzen Trillern,** vor **halben Trillern mit Nachschlägen,** vor **Mordenten** u. s. w. stehen. Sie können auch unmittelbar nach diesen Manieren vorkommen. Doch versteht sich, deucht mich, von sich selbst, daß nicht jeder Vorschlag eine von diesen Manieren hinter sich, noch jede dieser Manieren einen Vorschlag vor sich, noch jede Note nach dieser Manier einen Vorschlag vor sich haben müsse. Was diese Manieren an sich selbst betrifft, davon wird im künftigen Hauptstücke gehandelt werden. Von den Vorschlägen aber, in so ferne sie mit andern Manieren verbunden werden, oder auf sie folgen können, will ich noch folgendes beybringen.

Vor Vorschlägen als Vorschlägen, können keine andern Vorschläge stehen: wohl aber vor ausgeschriebenen Hauptnoten, die allenfalls an

demsel=

Von den Vorschlägen. 79

demselben Orte einen Vorschlag von oben hätten abgeben können. Es geschieht dieses gemeiniglich über einer Note aus dem Accorde der Sexte und Quarte, der sich in den reinen Accord auflöset.

Dergleichen in den Tact eingetheilete Vorschläge von unten aber leiden keinen andern Vorschlag.

Nach einem scharfen Triller, er sey kurz oder lang, ganz oder halb, der zwar einen Nachschlag (davon weiter unten), aber keinen Vorschlag hat, darf man, absonderlich am Schlusse eines Satzes, keinen Vorschlag von oben, wohl aber einen von unten machen. Das erste der folgenden Exempel ist also unrecht, das andere recht.

Ist aber vor dem Triller ein Vorschlag, oder eine an der Stelle des Vorschlages stehende ausgeschriebene Hauptnote vorhergegangen: so kann auch auf denselben vor der folgenden Note, ein Vorschlag von oben oder von unten folgen. Z. E.

Ser - bami o ca ra intan - to.

Zur

80   Das II. Hauptſtück.

Zur Urſach hievon könnte man angeben, daß bey einem ſolchen Triller, ein vorhergehender und nachfolgender Vorſchlag ein gewiſſes Ebenmaaß oder Symmetrie in der Bewegung verurſacheten, welche dem Gehöre niemals unangenehm ſeyn kann. Bey einem langen Triller ohne Vorſchlag am Schluſſe, könnte man, zur Vertheidigung des Vorſchlags von unten, anführen, daß dieſer eine ſchärfere Diſſonanz ſey, nämlich die große Septime, oder doch eine Note, die jener ihren Accord deſſen drey Töne ſich über ſich auflöſen vorausſetzet, zu hören giebt: da hingegen der Vorſchlag von oben, zumal wenn keine Septime vorher gegangen, nur aus einem Accorde der None als einer gelindern Diſſonanz entſpringt, und vielleicht das Feuer des Trillers nicht empfindlich genug fortſetzet. Doch will ich dieſe meine muthmaßliche Urſache ſo wenig für untrüglich ausgeben; ſo wenig ich mich unterſtehen würde jemanden zu tadeln, der ein Stück alſo endigen wollte:

Und dergleichen ähnliche Fälle könnte man noch mehr auftreiben, welche zu verſchiedenen Ausnahmen von den Regeln Gelegenheit geben, im Grunde aber nichts mehr beweiſen würden, als dieſes, was ſchon oben geſaget worden, daß es mehr als eine Urſache Vorſchläge anzubringen giebt; und daß öfters etwas, was aus der einen nicht hergeleitet werden kann, doch aus einer andern ganz natürlich fließt. Was nicht zur Vermehrung der Mannigfaltigkeit oder Verbindung der Harmonie nöthig ſcheint, das kann deswegen doch dienen um etwas Mattes oder Leeres in der Bewegung des Geſanges zu verhüten.

                                                                                         Die

Von den Vorschlägen.

Die langen Vorschläge leiden bisweilen, doch nicht oft, selbst eine kleine Manier über sich, meistentheils einen Anschlag oder einen Doppelschlag, und die darauf folgende Note muß alsdenn ganz simpel und schwach vorgetragen werden. In den meisten Fällen sind es Vorschläge die in den Tact als Hauptnoten eingetheilet sind, seltener solche die ihre eigene Gestalt behalten.

Der Vorschläge Gegentheil sind gleichsam die **Nachschläge**: welches gewisse kurze Noten sind, die einer Note nachgeschlagen werden, aber noch in die Zeit derselben gehören. Verbindung und Ausfüllung des Gesanges erfodern sie bisweilen, als eine Manier. Es giebt zwo Hauptarten der Nachschläge: die von einer Note, und die von zwo Noten. Die Nachschläge von zwoen Noten will ich doppelte, die von einer aber, einfache zu nennen, mir die Freyheit nehmen. Die doppelten Nachschläge werden von den Componisten selten, die einfachen aber niemals ausgeschrieben: in so fern man sie nämlich, wie wir hier thun, als Zierrathen der Ausführung betrachtet.

Die erste Note der **doppelten Nachschläge** ist entweder die Note unter, oder die Note über der Hauptnote die vorhergieng; die zweyte ist die Hauptnote selbst, welche noch einmal angeschlagen wird. Die Nachschläge von unten aber kommen viel häufiger vor als die von oben.

Alle Nachschläge überhaupt müssen sehr kurz angegeben werden, und von dem äußersten Ende der Note welcher sie angehänget werden, so wenig als möglich entwenden: so wie die unveränderlichen Vorschläge ein Gleiches vom Anfange der Hauptnote thun. Sie werden alle an die vorhergehende Note angeschleifet.

Die Nachschläge von unten werden vielen Trillern angehängt, und tragen zur Vermehrung des Schimmers derselben ein großes bey. Hiervon soll im folgenden Hauptstücke, bey jeder Art der Triller das Nöthige angeführet werden. Sie können aber auch den Vorschlägen von

L

unten

82 Das II. Hauptstück.

unten beygefüget werden; so wie gleichfalls die Nachschläge von oben den Vorschlägen von oben zugesellet werden können: die Vorschläge mögen als eigentliche Vorschläge geschrieben seyn, oder als Hauptnoten jener Stelle vertreten. Nur gehe man, mit diesen den Vorschlägen angehängeten Nachschlägen, sparsam um: zumal wenn die darauf folgende Note vor einer Pause steht. Es scheint als wenn die zu frühzeige Auflösung, der durch den Vorschlag angegebenen Dissonanz dem Gehör unangenehm wäre: da hingegen ein dem Vorschlage beygefügter und sachte daran geschleifeter Mordent, oder kurzer Triller, nachdem die Vorschläge entweder von unten oder von oben kommen, weil er die Dissonanz erst mit dem Eintritte der folgenden Note auflöset, immer bessere Wirkung thut.

Stehen die Nachschläge von einer Note, oder die einfachen, in einem Sprunge, und gehören mit zur Harmonie der vorhergehenden Note: so sind sie, sie mögen auf- oder abwerts springen, allezeit gut. Z. E.

Diese Noten mit Nachschlägen:

Von den Vorschlägen. 83

Man findet auch Nachschläge welche nicht in die vorige Harmonie ge=
hören, und nur einen Ton über sich oder unter sich gehen:

Einige pflegen den über sich gehenden Nachschlag, **Uberwurf,**
(superjectio), und den unter sich gehenden, **Rückfall** zu benennen.

Mit den Nachschlägen welche einen Ton drüber oder drunter gehen,
und also nicht aus der Harmonie des vorigen Accords sind, wenn sie
der Componist aus bewegenden Ursachen nicht als eigentliche Noten
ausgeschrieben hat, muß ein Sänger behutsam umgehen. Wenn die
Hauptnoten eines Gesanges stufenweise abwärts gehen: Z. E.

so würde es, absonderlich wenn sie etwas langsam sind, und angenehm
vorgetragen werden sollen, sehr abgeschmackt klingen, wenn man einer
jeden einen Nachschlag anklecken wollte. Z. E.

Zieht man aber die Noten, welche hier Nachschläge sind, in die Zeit der folgenden Note, und führet sie so aus:

so ist es besser. Es sind aber auch alsdenn keine Nachschläge mehr, sondern Töne welche aus der folgenden Harmonie genommen sind. Die beyden folgenden Nachschläge:

klingen eben so lahm: auch sogar ein einziger davon, auf dem vierten Achttheile. Gut aber ist es, wenn man diesen in einen springenden verwandelt, der aber doch zur Harmonie der Hauptnote gehören muß:

Weil es nicht leicht ist, im zweyten Exempel, wo der Nachschlag einen Sextensprung in die Höhe macht, und die Stimme gleich wieder herunter springen muß, den Nachschlag zugleich kurz, sachte, und geschleift anzugeben: so kann man bey diesen und ähnlichen Fällen, die Geltung der Hauptnote und des Nachschlags umkehren, und die Hauptnote also kurz, den Nachschlag aber lang machen, und den letztern verstärken: Z. E.

Von den Vorschlägen. 85

è quell' af - fet - to.

Es geht dieses auch bey Nachschlägen von kleinern Intervallen an, und ist nicht ohne Anmuth.

Der **Anschlag** und der **Schleifer** sind noch zwo andere wesentliche Auszierungen des Gesanges, welche, so wie die Vorschläge, vor der Hauptnote, doch gleich mit dem Anschlagen des Basses derselben, angebracht werden, und der Hauptnote also etwas von ihrer Währung benehmen. Sie haben hauptsächlich die gute Verbindung und Ausfüllung der Melodie zum Entzwecke. Es wird sich also am besten schicken, sie hier mit zu erklären.

Der Anschlag ist nichts anders, als ein Vorschlag von unten, mit einem Nachschlage, welcher die über der folgenden Hauptnote des Gesanges liegende Secunde angiebt. Die erste Note des Anschlages wiederholet entweder die vorhergegangene Hauptnote des Gesanges, oder sie schlägt eine neue an. Im erstern Falle macht der Anschlag, nach Anleitung der vorhergegangenen Hauptnote, Sprünge von unterschiedenen Intervallen, als Terzen, Quarten, Quinten, Sexten und Septimen:

Im zweyten Falle aber ist der Anschlag nur ein Terzensprung:

per - dona se du - bi - tai

Und diese Anschläge kommen beym Singen am häufigsten vor; da die so aus größern Intervallen bestehen, mehr den Instrumenten eigen sind.

Alle Anschläge stehen nur auf guten Tacttheilen, oder Gliedern. Bey allen muß, wenn sie Platz finden sollen, die vorhergehende Note tiefer, oder wenigstens nicht höher gelegen haben, als die Note vor welche der Anschlag kommen soll. Die Note nach derjenigen, welche den Anschlag hat, muß auch tiefer, oder wenigstens nicht höher gehen, als die vorige. Ausgenommen wenn es ein etwas großer Sprung ist, der aber auf eben derselben Harmonie bleibt, und wieder in die vorige Note zurück fällt. Z. E.

Am besten können die Anschläge in einer gemäßigten oder langsamen Tactbewegung angebracht werden.

Der Dauer nach sind die Anschläge von zweyerley Art. Einige bestehen aus zwo kurzen Noten, deren eine so lang ist als die andere. Andere bestehen aus zwo Noten, deren erstere länger ist als die zweyte, gleich als wenn zwischen beyden ein Punct stünde:

Ich will die letztern punctirete, die erstern aber unpunctirete nennen. Viele von denen so aus Terzensprüngen bestehen, und alle, welche weiter springen, sind unpunctiret.

Bey den unpunctireten werden beyde Noten schwächer als die Hauptnote angegeben. Bey den punctireten aber wird die erste und längere Note stärker, die zweyte aber schwächer und in der möglichsten Kürze vorgetragen. Je zärtlicher der Affect ist, den man ausdrücken soll; je länger wird die erste Note dieses Anschlags gehalten: und je mehr verliert die Hauptnote von ihrer Geltung. Beyde Arten aber wer=
den mit der Hauptnote zusammen geschleifet. Uberhaupt muß
sich

Von den Vorschlägen. 87

sich die Währung aller Anschläge, nach der Länge der Note vor welcher sie stehen, und nach der Tactbewegung richten. Doch hindert dieses nicht, daß nicht vor mancher kürzern Note ein punctireter, und vor mancher längern Note ein unpunctireter Anschlag stehen könne: wie oben das dritte Exempel, bey den Anschlägen vor Terzensprüngen, ausweiset. Weil nun dieses nicht so ganz genau durch Regeln bestimmet werden kann: so thut der Componist am besten, wenn er sie, absonderlich da wo sie vorzüglich nöthig sind, nach ihrer wahren Geltung, durch kleine Nötchen andeutet.

Der **Schleifer** beweget sich nur stufenweise: da hingegen der **Anschlag** nur aus springenden Noten bestehen kann. Doch kömmt der Schleifer darinn mit dem Anschlage überein, daß er allezeit auch mit der Hauptnote, welcher er, von ihrer Geltung, so viel Zeit als er braucht, voran wegnimmt, zusammen geschleifet wird; daß er sich von unten nach der Höhe zu beweget; und daß er nach der Note, welche er auszieret, so wie jene, eine abwärts steigende, oder wenigstens nicht höher gehende Note verlanget.

Einige Schleifer bestehen aus zwo, einige aus drey Noten.

Die Schleifer von zwo Noten sind entweder geschwind und egal:

oder langsam und punctiret:

Sie stehen größtentheils vor der zweyten Note eines Sprunges in die Höhe, von dessen leer dazwischen liegenden Noten sie die beyden, die der zweyten

Note am nächsten sind, berühren: wodurch, wenn es ein Quartensprung ist, der ganze Sprung ausgefüllet wird. Doch trift man sie auch bisweilen bey stufenweise in die Höhe gehenden Noten an:

Von den geschwinden ist zu bemerken, daß sie sowohl vor guten als vor schlimmen Tactgliedern stehen können. Die vor den guten Tactgliedern werden öfters von dem Componisten in ordentlichen Noten mit in den Tact eingetheilet. Sie haben vielleicht zu der Figur von drey Noten, in welcher zwo kurze Noten vor einer längern, welche hinter sich einen Punct hat, stehen, und die dem sogenannten **Lombardischen Geschmacke** vorzüglich eigen ist, Anlaß gegeben.

Nur ist dabey der Unterschied, daß die zwo kurzen Noten in dieser Figur sehr stark vorgetragen werden: dahingegen ein Schleifer der einen Sprung ausfüllet, und eigentlich auf das schlimme Tactglied fällt, schwächer ausgeführet wird. Man muß überhaupt sparsam mit dieser Art Schleifer umgehen; nicht aber, wie einige Instrumentisten, denen es an der edeln Einfalt des Vortrags fehlt, thun, alle und jede Sprünge damit lahm und matt machen. Am allerseltensten darf man solche Schleifer anbringen, wenn kein Sprung vorher gegangen. Viele Clavieristen aus der untersten Classe haben die üble Gewohnheit vorzüglich an sich, daß sie den kurzen Schleifer fast als ein Universalmittel, wider den Mangel aller andern wesentlichen Auszierungen, brauchen. Man hüte sich ihnen nachzuahmen.

Der lange und punctirte Schleifer von zwo Noten giebt die erste Note allezeit stark, die kurze, nebst der Hauptnote aber, sehr
schwach

Von den Vorschlägen. 89

schwach an; Die Währung der ersten Note ist mehr als bey irgend einer andern Manier veränderlich. Sie muß größtentheils, mit Beobachtung des Basses und der Harmonie, durch den Affect bestimmet werden. Die Hauptnote des Gesanges bekömmt also entweder die Hälfte ihrer Geltung (λ); oder sie wird nur mit der zweyten Note des Schleifers am äußersten Ende angegeben. (μ). Bisweilen, doch selten, wird sie gar in die Zeit der auf sie folgenden Hauptnote gezogen (ν).

Wenn die Note, vor welcher der Schleifer angebracht wird, einen Punct hinter sich hat; so kömmt sie an die Stelle des Puncts (ξ); oder auch, mit der zweyten Note des Schleifers am äußersten Ende desselben (o); oder wenn an den Punct noch eine Note angebunden ist, noch später (π), zum Gehör. Z. E.

Kömmt

Von den Vorschlägen.

Kömmt die Hauptnote auf die Zeit des Puncts; oder läßt die Tactbewegung sonst auch noch Zeit genug dazu: so wird bey ungeradem Tacte allemal (ϱ), bey geradem aber nur, wenn die Note nach dem Puncte auf eben demselben Tone bleibt (σ), die Hauptnote kurz abgestoßen, so daß zwischen ihr, und der folgenden eine kurze Pause bemerket wird. Z. E.

Wenn die Bewegung des Tacts sehr langsam ist: so kann zwischen dem punctirten Schleifer noch ein Doppelschlag (welcher im folgenden Hauptstücke beschrieben werden wird) angebracht werden.

Das II. Hauptstück.

Der Schleifer von drey Noten ist nichts anders als ein, durch die mittelste Note, ausgefülleter Anschlag der einen Terzensprung machet. Z. E.

So wie der Anschlag langsamer und geschwinder seyn kann: so giebt es auch ebenfalls langsamere und geschwindere dreynotige Schleifer. Die ganz geschwinden können eher im Spielen als im Singen angebracht werden. Im Singen haben die mäßig langsamen und ganz langsamen vorzüglich Platz. Wie lang aber eigentlich die Dauer von jeder dieser drey Nötchen, oder von allen dreyen zusammen, seyn soll: das kann man so eigentlich nicht beschreiben; sondern muß es vielmehr der Vorschrift des Tactes, und der Empfindung des Ausführers überlassen. Inzwischen kann doch die Hauptnote zwar weniger, aber niemals mehr als die Hälfte von ihrer Geltung verlieren. Die drey Noten aus welchen dieser Schleifer bestehet, müssen, jede insbesondere, eine der andern an Dauer entweder ganz gleich seyn: oder die mittelste Note kann, wenn der Schleifer sehr langsam ist, ein bey nahe unmerklich weniges länger gehalten werden als die erste und dritte. Sie kann eine Art von kleinem Nachdrucke bekommen. Es würde zwar schwer seyn, dieses ganz genau durch Noten auszudrücken: doch kann man sich einbilden, als wenn die erste Note noch in die Zeit der vorhergehenden Hauptnote gehörete, und die mittelste also anschlagend, und mit einem Puncte hinter sich versehen wäre, doch müssen sie alle drey etwas schleppend vorgetragen werden. Am leichtesten kann dieses durch mündliche Unterweisung begreiflich gemacht werden.

Die Ausführung dieses langsamen dreynotigen Schleifers ist allezeit sachte, und matt. Seine Stelle ist allemal auf einem guten Tacttheile, oder Gliede, vor einer langen Note: mehrentheils entweder vor einer solchen, die auf demselben Tone stehen bleibt, auf welchem schon eine vorhergegangen war; oder vor einer die den Anfang eines neuen Einschnitts der Melodie machet, zumal wenn bey ihrer ersten Hälfte der Baß pausiret. Er liebet eine abwerts gehende Folge,

und

Von den Vorschlägen. 93

und kann sowohl bey dissonirenden als consonirenden Harmonien, doch öfters vor jenen als vor diesen, angebracht werden.

Welch eine Menge von Veränderungen können nicht, durch diese, zu rechter Zeit und mit gutem Geschmacke angebrachten, und mit einander abgewechselten zwey oder drey Nötchen, aus denen die Nachschläge, Anschläge, und Schleifer bestehen, hervorgebracht werden! Welch einen Überdruß aber kann man den Zuhörern damit erwecken, wenn man eben diese Manieren, entweder nicht recht ausführet, oder sie am unrechten Orte, oder gar zu oft anbringt!

Das III. Hauptstück.
Von den Trillern.

Es finden sich zwey sehr starke Hindernisse an vollkommener Hervorbringung und Ausführung eines Trillers. Das erste Hinderniß setzet den Meister in Verlegenheit: denn man hat bis itzo noch keine untrügliche Regel gefunden, nach welcher man Triller könnte machen lehren: das zweyte plaget den Schüler: denn die, gegen viele nicht allzu freygebige, Natur giebt ihn nur wenigen von sich selbst. Die Ungeduld des Lehrers vereiniget sich mit der Verzweifelung des Schülers: so daß jener die Mühe, und dieser den Fleiß aufgiebt. Der Meister begeht alsdenn einen gedoppelten Fehler: indem er erstlich seine Pflicht nicht erfüllet; und zweytens den Schüler in der Unwissenheit stecken läßt. Man muß sich gegen die Schwierigkeiten sträuben; um sie endlich durch die Geduld zu überwinden.

Ob es einem der da singen will nöthig sey einen guten Triller schlagen zu können; darüber frage man die ersten Meister der Kunst. Denn diese wissen besser als andere, was für große Verbindlichkeiten sie dem Triller alsdenn schuldig sind, wenn sie entweder von einer unvermutheten Zerstreuung überraschet worden, oder sonst, wegen Trockenheit des matt gewordenen Geistes, nicht im Stande sind, vor den Zuhörern, die eben zur unrechten Zeit sich äussernde Armuth ihres Wissens zu verbergen; wofern ihnen nicht der Triller, durch eine gleich zu Diensten stehende Ausflucht, aus der Noth hölfe.

Wer einen recht schönen Triller machen kann, der hat, wenn er auch keinen sonderlichen Vorrath von andern Auszierungen des Gesanges bey sich führete, doch immer den Vortheil, mit Ehren zu den Absätzen oder Schlüssen des Gesanges zu kommen, wo der Triller
am

Von den Trillern.

am allermeisten unentbehrlich ist. Wer aber entweder gar keinen, oder doch nur einen fehlerhaften Triller hervor bringen kann; der wird niemals ein großer Sänger werden; wenn er auch gleich sonst noch so viel verstände.

Da nun also der Triller den Sängern so unentbehrlich ist: so so muß sich der Meister bemühen, es durch mündliche Unterweisung, durch Nachsinnen, auch durch Beyhülfe eines oder des andern Instruments, dahin zu bringen, daß sein Untergebener zu der Fertigkeit gelange, einen gleich schlagenden, deutlichen, leichten, und mäßig geschwinden Triller schlagen zu können: denn dieses sind die vorzüglichsten Eigenschaften desselben.

Wenn der Lehrer etwan nicht wüßte, wie vielerley Arten des Trillers es giebt; so will ich ihm sagen, daß die sinnreiche Kunst der Sänger Mittel gefunden hat, sich desselben unter so vielerley Gestalten zu bedienen, welche auch theils zu ihren Benennungen Anlaß gegeben haben, daß man deren ganz sicher acht angeben kann.

Der erste ist der größere Triller, welcher in einer geschwinden Abwechselung zweener Klänge, die gegen einander einen ganzen Ton ausmachen, besteht (a). Einer dieser Klänge verdient den Namen des Haupttons, weil er das Recht hat den Platz der Note, über welcher er angebracht werden soll, einzunehmen, und also gleichsam der Gebieter ist. Der andere Klang, ob er gleich seinen Sitz auf der nächsten Stelle über dem vorigen hat; so stellet er doch nichts anders als einen Gehülfen vor. Aus diesem Triller entspringen alle die übrigen Gattungen desselben.

Der zweyte ist der kleinere Triller, dessen beyde Klänge gegen einander einen großen halben Ton ausmachen (b). Die Tonleiter des Stückes, und die Vorschrift des Componisten zeigen an, wo wo entweder dieser oder der vorige angebracht werden muß (c). Doch bleibt der erstere von den Untercadenzen (d) auf immer ausgeschlossen. Wenn es nicht leicht ist bey manchen Sängern den Unterschied dieser beyden Triller zu bemerken, ob dieser Unterschied gleich einen halben Ton beträgt: so schreibe man die Ursache der geringen Stärke zu, mit welcher sich der obere oder Hülfston hören läßt. Ueberdieses ist auch dieser kleinere Triller schwerer zu schlagen als der andere; nicht alle wissen ihn heraus zu bringen, wie er seyn sollte; und die Unachtsamkeit wird endlich zur Gewohnheit (e). Wer diesen Unterschied aber bey einem Instrumentisten nicht gewahr wird, der gebe den Ohren die Schuld.

(c) Nicht allein die vor jedem Stücke vorgezeichnete Tonleiter der Haupttonart, sondern auch die Tonleitern der zufälligen Tonarten, in welche die Modulation des Stückes ausweichet, und also zuweilen die vorhergehenden, zuweilen die nachfolgenden Noten, vornehmlich aber das Gehör, müssen dabey zu Rathe gezogen werden. Z. E. im C dur wird, seiner Tonleiter zu Folge, auf dem E der Triller mit E und F geschlagen. Neiget sich nun die Modulation ins G dur, welches man aus dem zufälligen Erhöhungs=Zeichen vor dem F, das entweder in der Melodie der Singstimme selbst, oder im Basse, oder in einer Mittelstimme schon vorgekommen ist, oder gleich darnach vorkömmt, am sichersten abnehmen kann: so muß nicht das F, sondern das Fis der Hülfston des Trillers auf dem E seyn. Wird aber das Fis, durch das zufällige Wiederherstellungszeichen wieder aus der Reihe der Töne verwiesen, so muß man auch den Triller auf dem E wieder mit dem F schlagen: denn die Modulation gehöret alsdenn wieder in die Tonleiter vom C dur bis sich ein neues Erhöhungs= oder Erniedrigungszeichen meldet. Ein gleiches ist zu beobachten, wenn im Gesange, oder dessen Grund= und Mittelstimmen, ein zufälliges Erniedrigungszeichen vorgekommen, und wieder abgeschaffet worden ist.

(d) Cadenzen bedeuten hier die drey letzten Noten bey dem Schlusse einer Hauptabtheilung eines Gesanges. Jede der vier

Von den Trillern. 97

Hauptstimmen der Harmonie, hat, wenn sie in der Zusammenstimmung stehen, ihre eigene Art der Cadenz, welche von ihr auch den Namen erhält. Hier sind sie in Noten vorgestellet:

Discantisirende,
Sopranisirende,

Altisirende,

Tenorisirende,

Bassirende,

Durch die Untercadenz versteht der Verfasser hier die eigentliche discantisirende. Und da ist natürlich, daß in keiner solchen ein Triller von einem ganzen Tone vorkommen kann, weil in allen Tonarten sie mögen größer oder kleiner seyn, vor der Endigungssaite, anstatt des darunter liegenden ganzen Tones, der halbe, welchen man insgemein Semitonium modi benennet, genommen wird. Die discantisirende und tenorisirende Cadenz allein, lassen einen Triller auf der vorletzten Note zu; und sind die bequemsten ein Stück zu endigen. Sie werden deswegen öfters mit einander verwechselt, und deswegen insgemein zusammen die tenorisirende Cadenz genennet, wenn auch das Stück aus mehrern Stimmen besteht. Ist aber nur eine Singstimme vorhanden, so bekömmt sie, wenn sie auch gleich ein Alt ist, meistens die tenorisirende, sehr selten die bassirende Cadenz. Der Baß behält gemeiniglich die ihm eigene Cadenz: doch kann er auch, zumal wenn er ein Baritono ist, zuweilen die tenorisirende haben.

(e) Es giebt auch Sänger, welchen der kleinere Triller leichter wird als der größere. Ohne Zweifel wegen allzugroßer Weichheit ihrer Glottis. Um aber allen übeln Gewohnheiten vorzubauen, und überhaupt, um einen nach allen oben erzählten Eigenschaften guten Triller schlagen zu lernen: muß ein Anfänger sich bemühen, erstlich die beyden Klänge desselben, bald in ganzen bald in halben Tönen, langsam abwechselnd

98 Das III. Hauptstück.

wechselnd anzuschlagen; und zwar so, als wenn es zusammen ge=
schleifete punctirete Noten wären, deren zweyte aber nicht schwächer als
die erstere angegeben wird. Nur die Anfangsnote muß einen Stoß
oder Hauch mit der Brust bekommen; die nachfolgenden aber alle
müssen in einem Athem, ohne von neuem markiret zu werden, dran
hängen. Z. E.

Man muß sich bemühen, diese Töne je länger je geschwinder abwechseln
zu lassen. Doch dabey immer sorgfältig auf die reine Intonation dieser
beyden Klänge Achtung geben, damit keiner von beyden unvermerkt
weder tiefer noch höher werde: welches man am besten wird bemerken
können, wenn man ein rein gestimmtes Clavier oder Clavicimbal zu=
weilen dargegen anschlägt. Die Geschwindigkeit des Anschlages beyder
Klänge wird es endlich verhindern, daß man weder den Punct zwischen
beyden Noten, noch die Schleifung, mehr bemerken könne. Die län=
gere Aushaltung des Haupttones, bey dieser Uebung, verhindert, daß
man den Hauptton nicht verlieret oder ihn undeutlicher angiebt: und
die kürzere doch eben so starke Angabe des Nebentones machet, daß
auch dieser zwar seine gehörige Deutlichkeit behält, doch niemals stärker
als der Hauptton gehöret wird. Es ist rathsam, daß ein Ungeübter,
wenn er den Triller besonders in Uebung bringen will, zuerst den
Hauptton desselben anschlägt, um sich desselben destomehr zu versichern.
Bey weiterem Fortgange seines Fleißes aber, kann er mit dem Hülfs=
tone, als welcher eigentlich derjenige ist, der beym Anfange des Trillers
mit dem Anstoßen des Athems bemerket werden muß, den Anfang
machen. Auf diese Weise wird er sich geschickt machen, die Triller
sowohl mit als ohne Vorschläge gut ausführen zu können. Denn der
Vorschlag des Trillers ist ohnedem nichts anders als die zuerst ange=
schlagene, aber etwas lange angehaltene Hülfsnote desselben. Hat man
diese Uebung einige Zeit fortgesetzet, und merket dabey guten Fortgang:
so bemühe man sich am Ende des Trillers noch dem gedoppelten
Nachschlag von unten, welchen viele insgemein und vorzüglich nur
schlechtweg den Nachschlag zu nennen pflegen, und welchen man
schon aus dem vorigen Hauptstücke seinem Wesen nach kennen wird,

in

Von den Trillern. 99

in gleicher Geschwindigkeit als die Klänge des Trillers haben, und ohne Anstoßen oder Absetzen, mit anzuhängen.

Das Zeichen dieser beyden Triller ist bey den Clavieristen gemeiniglich dieses ⁓, oder auch dieses: tr.

Der dritte ist der halbe Triller, welcher an seiner Benennung schon kann erkannt werden (f). Wer den erstern und zweyten in seiner Gewalt hat, kann auch diesen leicht lernen, wenn er ihn nur ein wenig geschwinder machet als jene, ihn, sobald er angefangen gehöret zu werden, wieder fahren läßt, und ein wenig Schimmer (brillante) (g) dazu setzet; weswegen auch dieser Triller in den lustigen Arien besser gefällt als in den pathetischen.

(f) Die Instrumentisten pflegen diesen Triller sonst auch den Pralltriller zu benennen. Die Clavieristen haben ihm ein eigenes Zeichen angewiesen, welches so aussieht: ⁓ In Noten könnte man ihn also vorstellen:

Wenn ein Vorschlag vor einem Pralltriller hergeht, so macht er die erste Note desselben aus; welche also nicht von neuem angegeben werden darf. Ein anders ist es wenn die Note, die sonst einen Vorschlag abgeben könnte, aber als eine Hauptnote ausgeschrieben ist, von kurzer Geltung ist. Z. E.

N 2 (g) Der

100 Das III. Hauptstück.

(g) Der Verfasser versteht hierdurch ohne Zweifel das bey diesem Triller so nöthige Schnellen des letzten Hülfstones von dem Triller, als welcher mit der größten Schärfe und Geschwindigkeit, so zu reden, abprallen muß: wobey zugleich eine gewisse besondere Spannung, und gleichsam ein gewisses Schnellen in der Oefnung der Luftröhre vorgeht, welches man leichter selbst fühlen, als beschreiben kann. Wer die rechte Art weis, wie dieser Pralltriller auf dem Claviere ausgeführet wird, der wird sich davon leichter einen Begriff machen können. Doch kömmt bey der Ausführung vieles auf die gute Beschaffenheit der Oefnung der Luftröhre an.

Der vierte ist der höher gezogene Triller, wobey man unvermerkt, im währenden Schlagen, die Stimme von einem Komma zum andern höher steigen läßt, ohne doch das Aufsteigen deutlich merken zu lassen.

Der fünfte ist der tiefer werdende Triller, welcher darin besteht, daß man die Stimme unvermerkt von Komma zu Komma absteigen läßt, ohne daß der Zuhörer das Absteigen deutlich gewahr wird. Diese beyden Triller, sind, seitdem der wahre gute Geschmack eingeführet worden, nicht mehr Mode. Man muß sie vielmehr zu verlernen suchen. Wer eine feine Empfindung hat; der verabscheuet die alten Trockenheiten eben so sehr als die neuern Mißbräuche.

Ein anders ist die sogenannte Catena di trilli, **Kette von Trillern,** da die Triller, von einem ganzen oder halben Tone der Tonleiter zum andern, auf= oder absteigen.

Diese ist noch im Gebrauche, und thut, wenn zumal jeder aufsteigender Triller seinen scharfen Nachschlag bekömmt, keine üble Wirkung: sie wird aber größtentheils von dem Componisten selbst vorgeschrieben.

Der sechste ist der langsame Triller, welcher auch durch seinen Namen schon seine Eigenschaften anzeiget. Wer sich gar nicht
darauf

Von den Trillern.

darauf übte, könnte, deucht mich, deswegen doch ein guter Sänger seyn: Denn wenn dieser Triller allein vor sich steht; so ist er nichts als ein affectiretes hin und her Wanken: wenn er aber nach und nach mit der ersten und zweyten Art der Triller vereiniget wird; so scheint mir, daß er aufs höchste nur das erstemal gefallen könne (h).

(h) In langsamen und traurigen Stücken, thut ein etwas langsamerer Triller, wenn er nicht bis zum Einschlafen langsam ist, und nicht zu oft, sondern nur bey besonders traurigen Ausdrücken, vorkömmt, gute Wirkung. Doch wird hierdurch der äußerst langsame Triller einiger Franzosen nach der alten Mode nicht entschuldiget. Hat ein Sänger den Triller vollkommen in seiner Gewalt, (wie er ihn denn haben sollte,) so wird er leicht einsehen, daß auch der Ort, wo er singt, der Geschwindigkeit der Bewegung einige Gesetze vorschreiben kann. An einem Orte wo es stark schallet, muß, aus natürlichen Ursachen, die Geschwindigkeit des Trillers etwas gemäßiget werden. Herr Quanz behauptet, im Versuche einer Anweisung die Querflöte zu spielen, S. 85. mit Recht, daß die tiefern Stimmen den Triller immer etwas langsamer schlagen müssen, als die höhern; daß also ein Altist überhaupt langsamer trillern müsse als ein Sopranist; und ein Bassist langsamer als ein Tenorist. Die Natur des Klanges überhaupt, ist hierinn auf seiner Seite.

Der siebente ist der verdoppelte Triller, welcher einige wenige Noten zwischen den ordentlichen Triller, er sey von einem ganzen oder halben Tone, setzet (i); so daß aus einem Triller deren drey entstehen. Wenn die wenigen Noten, die den ordentlichen Triller nach und nach theilen, von unterschiedenen Tönen genommen, und richtig intoniret werden; wenn dieser Triller von einer schönen Stimme, welche durch seltene Vorzüge ihn in ihrer Gewalt hat, und nicht zu oft damit prahlet, auf den hohen Tönen angenehm angebracht wird: so kann er auch nicht einmal dem Neide, es müßte dieser denn äußerst boshaft seyn, misfallen (k).

(i) Es giebt zweyerley Arten der verdoppelten Triller. Einer etzet dem ordentlichen Triller zwo Noten von unten vor:

Der andere füget seinem Anfange vier Noten von oben und unten bey:

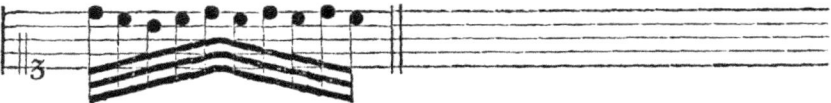

Beyde können, so wie der ordentliche Triller zuweilen ihre Nachschläge haben. Die Clavieristen bezeichnen den von unten also: C͡ᴎᵛ; den von oben aber auf diese Art: C͡ᴎ. Bisweilen, absonderlich in der Sangmusik wird der von oben auch folgender gestalt angedeutet:

(k) Was der Verfasser hier verlanget, kann nur bey einem sehr langen Triller, der eine sehr lange oder verschiedene zusammen gebundene auf einem Tone stehende kürzere Noten durchdauert, angebracht werden, und würde in Noten ohngefähr also aussehen:

Doch muß alles, ohne Absetzen in einem fortgehen. Was noch mehr bey diesen Doppeltrillern zu bemerken ist, wird weiter unten vorkommen.

Der achte ist der **Mordent**, welcher auch zu einer angenehmen Zierde des Gesanges dienen kann; aber mehr durch die

Natur

Von den Trillern. 103

Natur als durch die Kunst gelehret wird. Er entsteht mit mehrerer Geschwindigkeit als die andern; muß aber, so bald er entstanden ist, wieder aufhören (1). Derjenige Sänger besitzet einen großen Vortheil, welcher ihn von Zeit zu Zeit, unter den Passagien, (wie ich in dem ihnen gewidmeten Hauptstücke sagen werde) anzubringen weis (m). Und wer die Kunst versteht, der wird ihn selten unmittelbar nach einem Vorschlage, weglassen. Die Unwissenheit allein hat nicht Ansehen genug ihn verächtlich zu machen.

(1) Die Wälschen vermengen immer den Mordenten mit dem kurzen oder Pralltriller. Der eigentlich Mordent, welchen die Franzosen pincé nennen, wird so ausgeführet:

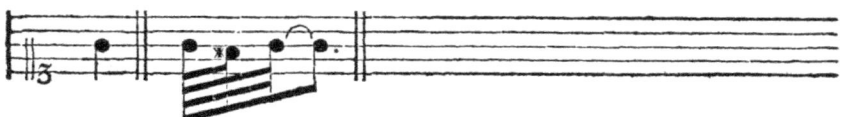

Sein Zeichen ist bey den Clavieristen dieses: ✳ Er ist, die einzige erste Note ausgenommen, nichts als ein **Pralltriller** von unten. Wenn aber ein Vorschlag vorher gegangen ist, so ist er völlig die Umkehrung eines kurzen Trillers, welcher auch einen Vorschlag vor sich hat: nur mit dem Unterschiede, daß der Mordent in diesem Falle, einen Vorschlag von unten, der Pralltriller aber einen Vorschlag von oben erfordert. Z. E.

(m) Die meisten Vorschläge, zumal wenn nach der Note, vor welcher sie stehen, eine Pause folget, erfordern nach sich auf der Hauptnote einen solchen Mordenten, oder einen kurzen Triller, welche leiser als die Vorschläge ausgeführet, und an die Vorschläge geschleifet werden müssen.

Auf einer langen Note kann auch der Mordent, wenn er anders darauf Platz findet, verlängert werden; und alsdenn ist er nichts weiter als ein Triller, welcher, anstatt der obern, die untere Note zur Hülfsnote nimmt. Z. E.

104 Das III. Hauptstück.

Die Clavieristen pflegen ihn also anzudeuten: ⁂.

Wenn bey herunter gehenden Noten, welche nicht lang genug sind, um Prallriller darauf anzubringen, unveränderliche Vorschläge der Triller Stelle zu vertreten: Z. E.

so pflegen die Wälschen diese auch, wiewohl unrichtig, Mordenten zu benennen. Und das ist eben die Ursache, warum unser Verfasser hier nicht gar zu bestimmt redet.

Alle Arten dieser Triller nun, welche wir bisher untersuchet haben, können auf wenige zurück gebracht werden, das ist auf diejenigen, welche die nothwendigsten sind: und auf diese muß der Unterweiser mehr als auf die andern seine Aufmerksamkeit richten (n). Ich weis, und höre es mehr als zu sehr, daß man ohne Triller singt: aber man muß gleichwohl dem Beyspiele derer, welche sich nicht Mühe genug geben wollen, nicht nachfolgen.

(n) Wenn der Verfasser die Triller im eigentlichsten Verstande nimmt, so hat er nicht ganz unrecht. Dessen ungeachtet, da es unterschiedene Manieren giebt, welche wenigstens mit den Trillern einige Aehnlichkeit haben, dergleichen wir schon verschiedene haben kennen lernen; so darf ein guter Meister auch diese nicht verabsäumen lassen. Er muß diejenigen am meisten üben lassen, welche dem Scholaren am schwehrsten vorkommen. Manchen Sängern gelingen die kurzen Triller sehr gut, denen hingegen die längern entweder lahm oder allzugeschwind und meckernd ansprechen. Bey andern ist es umgekehrt.

Wenn

Von den Trillern.

Wenn der Triller schön seyn soll; so muß er vorbereitet werden. Doch verlangt er nicht allemal seinen Vorschlag. Denn bisweilen würde dieses weder die Zeit, noch der gute Geschmack erlauben. Er fodert denselben aber fast in allen Endigungscadenzen, und an verschiedenen andern Orten, bald von dem ganzen, bald von dem halben Tone über seiner Hauptnote; so wie es die Tonart vorschreibt.

Es giebt viele Fehler des Trillers, welche zu vermeiden sind. Der sehr lange ausgehaltene Triller triumphirete ehedem öfters zur Unzeit; so wie heut zu Tage die Passagien. Aber seit dem die Singkunst ins feinere gebracht worden, hat man ihn den Trompetern, oder denen Sängern überlassen, welche um ein Beyfallsgeschrey von dem Pöbel zu erzwingen, sich in die Gefahr begeben wollen zu zerbersten. Der Triller, welcher sich gar zu oft hören läßt, gefällt nicht, und wenn er auch noch so schön wäre: der, welcher nicht mit gleicher Geschwindigkeit geschlagen wird, misfällt noch mehr. Ueber einen Bockstriller lachet man: denn er entsteht im Munde, wie das Lachen; und wenns hoch kömmt oben am Gaume (o). Der, welcher aus zwo Tönen die eine Terze von einander liegen besteht, erreget Verdruß. Bey dem gar zu langsamen wird einem die Zeit lang; und vor dem der nicht rein intoniret wird, möchte man gar die Ohren zustopfen.

(o) Wenn der Triller nicht einmal einen halben Ton erreichet, oder wenn er die beyden Töne, aus denen er besteht, nicht in gleicher Geschwindigkeit, und mit gleicher Stärke, sondern zitternd schlägt, wird er, wegen der großen Aehnlichkeit, mit diesem vom Bocke entlehnten Namen beleget. Der eigentliche Ort, wo der rechte Triller gebildet werden muß, ist die Oefnung des Kopfes der Luftröhre. Man kann die Bewegung derselben auch von aussen fühlen, wenn man den Finger daran hält. Fühlet man keine Bewegung und kein Schlagen; so ist es ein gewisses Merkmal, daß man den Triller nur durch das Anschlagen der Luft am Gaume hermeckere. Ein solcher ist nie besser zu bemerken, und doch dabey unerträglicher, als an einem großen Orte, oder vom Weiten: weil er die äußere Luft entweder nicht egal, oder nicht genugsam in Bewegung setzet.

Die Nothwendigkeit eines guten Trillers verbindet den Meister, den Schüler zu fleißiger Uebung desselben, über allen Selbstlauten, und auf allen Tönen, die seine Stimme bequem erreichen kann, anzuhalten: und zwar nicht allein auf langen, sondern auch auf kurzen Noten: als wodurch man eben mit der Zeit den Pralltriller und den Mordenten machen lernet, und eine Fertigkeit bekömmt, diese auch mitten unter den geschwindesten Läufen, anzubringen.

Wenn nun der Triller gut von statten geht, so habe der Lehrer Acht, ob der Untergebene auch mit eben der Leichtigkeit mit demselben nach Belieben wieder aufhören könne. Denn es würde nicht das erstemal seyn, daß einer den Fehler hätte, den Triller nicht, so bald er will, wieder fahren lassen zu können.

Wo, außer den Hauptschlüssen eines Stückes, der Triller sonst noch hingehöre, und wo man keinen anbringen dürfe: das ist ein Unterricht, welchen man bey der Erfahrung, dem guten Geschmacke, und der Einsicht suchen muß.

Ich will, um die Gedanken des Tosi in ein näheres Licht zu setzen, noch einige Anmerkungen beyfügen.

Die eigentlichen Triller, welche unser Verfasser unter dem Namen des ersten und zweyten begreift, haben heute zu Tage mehr Freyheit sich hören zu lassen, als vor diesem. Sie kommen nicht allein vor den Cadenzen, und mit Vorschlägen, sondern auch ganz frey, und ohne Vorschläge (α), so gar manchmal beym Anfange eines Stückes vor (β). Es können viele Triller auf einander folgen (γ). Auch über Haltungen, auf einer langen Note, und überhaupt überall, wo, zumal bey einem lebhaften Ausdrucke, eine Note nicht Bewegung oder Schimmer genug zu haben scheint (δ), können sie statt finden. Ueber allen Tactgliedern, in allen Tactarten, kann man sie anbringen.

mà

Von den Trillern.

107

108 Das III. Hauptstück.

Weil aber nach heutigem Gebrauche die Componisten die Triller selbst mehrentheils anzudeuten pflegen, wo sie dieselben verlangen; so hat sich ein Sänger mehr um die gute Ausführung, als um die Regeln der eigentlichen Stelle derselben zu bekümmern.

Ein langer Triller kann, so wie eine ausgehaltene lange Note, mit der Stärke und Schwäche abwechseln. Um hierinn eine Fertigkeit zu erlangen, ist es nöthig, daß man den Triller in allen Arten der Stärke und Schwäche der Stimme übe.

Wo

Von den Trillern. 109

Wo vor einer Note, wie im vorigen Hauptstücke ist gezeiget worden, kein Vorschlag statt findet; da kann man ihn auch vor dem Triller, der über einer solchen Note steht, nicht anbringen. Man muß sich dagegen bemühen, den Triller, absonderlich wenn er nach einer Pause oder im Sprunge steht, gleich vom Anfange recht scharf und egal anschlagen zu lassen. Auch nicht alle Noten nach einem Vorschlage dürfen einen Triller über sich haben.

Die im vorigen Hauptstücke beschriebenen **Nachschläge von zwo Noten**, finden bey den meisten etwas langen Trillern statt: die darauf folgenden Noten mögen aufwärts oder abwärts gehen, oder springen.

Die Tonart in welcher man sich aufhält, oder auch die vorhergehenden und nachfolgenden Noten müssen lehren, ob man den Nachschlag vom ganzen oder halben Tone nehmen muß. Die Nachschläge werden allezeit mit der folgenden Note aufs genaueste verbunden; sie werden aufs geschwindeste mit derselben zusammen geschleifet: den einzigen Fall ausgenommen, wenn sie mit ihrem Triller über einer punctireten Note stehen, auf welche die kürzere im Hinaufgehen folget. Hier muß zwischen dem Nachschlage des Trillers und der folgenden kurzen Note ein kleiner fast unmerklicher Aufenthalt seyn, welcher sich nicht ganz genau durch Noten ausdrücken läßt. Zwo punctirete Noten aber, die eine Secunde abwärts gehen, vertragen den Nachschlag gar nicht.

Ein Triller auf einer Note welche eine sogenannte halbe Cadenz machet, und auf die eine Fermate folget, leidet keinen Nachschlag: weil nämlich hier keine lebhafte Verbindung des folgenden mit dem vorhergehenden, als wobey der Nachschlag vorzüglich seine gute Wirkung thut, statt finden kann:

110   Das III. Hauptstück.

Einige wälsche Sänger versehen es in diesem Stücke, und hängen, welches noch schlimmer ist, einem solchen Triller, anstatt eines, wohl zween oder drey Nachschläge an. Vielleicht haben sie die oben vom Tosi gegebene Regel, daß man auch zu rechter Zeit mit dem Triller wieder aufzuhören wissen solle, nicht in Uebung bringen gelernet.

Der eigentliche oder lange Triller muß die völlige Zeit der Note, über der er steht, ausdauern: besonders wenn er vor einem Schlusse steht. Hier muß er lieber zu späte, als zu frühe, mit seinem Nachschlage in die Endigungsnote einfallen. Wollte man, wie einige Sänger thun, schon über der Hälfte der vorletzten Note des Schlusses mit dem Triller aufhören: so würde der ganze Schimmer, den der Triller mit seinem Nachschlage hier zur Absicht hat, verlohren gehen.

Nach einem langen Triller einer sogenannten Cadenz, kann man, besonders in einem langsamen Stücke, und wo die Instrumente erst nach der letzten Note wieder anfangen, die letzte Note des Nachschlages etwas anhalten, und die Schlußnote darauf einmal ganz kurz vorschlagen, wenn auch gleich keine Sylbe vor der letzten mehr auszusprechen wäre.

Bey einem sehr lebhaften Stücke hingegen, und wo die Begleitung über oder vor der Schlußnote eintritt, ist es dem erforderlichen Feuer der Ausführung gemäßer, wenn der Sänger seinen Triller so lange aushält, bis ihn die aufmerksamen Begleiter durch das Einfallen der Instrumente unterbrechen: sollte auch gleich der Nachschlag, mit der Schlußnote, darüber nicht deutlich zum Gehöre kommen. Wenn bey der Cadenz eines sehr lebhaften und feurigen Stückes, der Triller auf der dritten Sylbe vom Ende steht, ist es besser, den Nachschlag wegzulassen: da die noch darauf folgende kurze Sylbe, vor der Schlußnote, denselben ersetzet.

Wenn der Nachschlag des langen Trillers auch meistentheils nicht schwächer seyn kann, als der Triller selbst; so muß er wenigstens doch nicht

Von den Trillern.

nicht stärker seyn. Es ist also ein Fehler, wenn einige Sänger auf die erste Note des Nachschlags mit einer gewissen Stärke gleichsam auffallen, und den Nachschlag langsamer machen, oder wohl gar der obersten Note dieses Nachschlages noch einen unveränderlichen Vorschlag von oben beyfügen (ε).

Noch schlimmer ist es, wenn man dem Nachschlage noch eine dritte Note anhängt (ζ).

Oefters erlaubt die Zeit nicht dem Triller einen Nachschlag zuzusetzen. Kurze ausgeschriebene Noten nach der Hauptnote, welche die Stelle des Nachschlags gewisser maßen vertreten, verbieten ihn ebenfalls:

Bey zärtlichen und traurigen Stücken, und über geschleiften Noten, muß man besonders behutsam mit Anbringung der Triller umgehen: weil man, durch eine unvorsichtige Anhäufung derselben, leicht das Gegentheil von dem ausdrücken würde, was man ausdrücken sollte.

Der halbe oder Pralltriller, welchem Tosi die dritte Stelle einräumet, unterscheidet sich, ausser seiner Schärfe und Kürze, auch darinn hauptsächlich von dem ordentlichen Triller, daß er, wenn er auf einer etwas langen Note steht, nicht die ganze Geltung derselben ausdauert.

Er findet nur vor einer fallenden Secunde Platz, sie mag durch eine ausgeschriebene Note, oder durch einen Vorschlag entstehen:

Wenn

Das III. Hauptstück.

112

Wenn Vorschläge von oben vor langen Noten stehen, besonders wenn eine Pause, oder Fermate, oder ein Schluß darauf folget, so pfleget man an den lange ausgehaltenen und verstärketen Vorschlag einen Pralltriller sachte anzuschleifen.

Eigentlich verträgt der Pralltriller keinen Nachschlag: die Art davon aber, welche Nachschläge hat, wird richtiger zu den Doppelschlägen gerechnet: wovon weiter unten gehandelt wird.

Wenn bey kurzen herunter gehenden Noten, wie oben das zweyte Exempel enthält, nicht Zeit genug ist, einen solchen Pralltriller anzubringen: so kann ein unveränderlicher Vorschlag dessen Stelle vertreten.

Die verdoppelten Triller von unten und oben, kommen, außer dem vom Tosi angeführeten Exempel, beym Singen sehr selten vor. Der meiste Gebrauch des Doppeltrillers von unten ist am Ende der willkührlichen Cadenzen, wo seine beyden ersten Noten zuweilen, doch nicht gar zu oft, vorher einige male immer geschwinder wiederholet werden können. (n). Man braucht ihn aber auch in diesem besondern Falle (ɔ), wenn er vor einer Fermate steht. Bey dem letztern ist noch dieses insbesondere zu bemerken, daß man, zumal bey langsamer Tactbewegung, nach dem Nachschlage, welcher immer zu dem Doppeltriller gehöret, die zwo kurzen ausgeschriebenen Noten zwar gleich daran hängt, doch aber absonderlich auf der letzten davon sich etwas aufhält, wie hier durch Noten ausgedrücket ist, oder auch beyde zuweilen in verschiedener Langsamkeit vorträgt.

Das letztere hier angeführte Beyspiel hat Anlaß gegeben, daß man, in den kleinern Tonarten, zuweilen den Schlußtriller einer Cadenz,

anstatt

Von den Trillern. 113

anstatt in der gewöhnlichen Quinte über dem Basse, in der Sexte desselben schlägt, und auf die vorhin gezeigte Art endiget.

Es scheint auch eben hieraus noch eine kleine Verzierung vor einer Fermate, vor welcher der Sext= und Quarten und Quint= und Terzen=Accord auf einander folgen, entstanden zu seyn:

Die erste Note wird hierbey in willkührlicher Länge gehalten, und die folgenden werden sachte und matt daran geschleifet.

Der Doppeltriller von oben steht gemeiniglich auf der vorletzten Note eines Schlusses, wenn sie aus der Septime in die Quinte über dem Basse einen Terzensprung gemachet hat (*).

So häufig auch der eigentliche Mordent, derjenige nämlich, welcher den nächsten ganzen oder halben Ton unter der Hauptnote zur Hülfe hat, bey der Instrumentalmusik vorkömmt, und so gute Dienste er auf denen Instrumenten thut, welche den Ton nicht nach und nach verstärken können: so ist doch sein Gebrauch beym Singen viel eingeschränkter. Bey gewissen anschlagenden Tactgliedern, die nach einer Pause, oder nach einem Sprunge stehen, kann ein Sänger, mit mehrerer Bequemlichkeit, den Anschlag an statt des Mordenten brauchen. Am meisten kömmt der Mordent, wie schon gesaget worden, nach den Vorschlägen von unten vor.

Auf einigen Vorschlägen selbst, wenn sie vor einem Sprunge in die Höhe stehen, kann, wenn anders die Hauptnote Zeit genug dazu

P übrig

114 Das III. Hauptstück.

übrig läßt, vornehmlich im Recitativ, ein verlängerter Mordent statt finden; nur muß er nicht gar zu oft zum Vorscheine kommen.

Man pflegt den Mordenten, um ihm etwas mehr Schärfe zu geben, gemeiniglich mit dem halben Tone zu schlagen, wenn auch gleich die Tonleiter zuweilen einen ganzen erfoderte: wie das vorige Beyspiel ausweiset.

Der Mordent muß, so wie der Pralltriller, allezeit in der möglichsten Geschwindigkeit geschlagen werden. Der einzige Fall, wo er sehr langsam und matt gemachet werden kann, ist auf der Anfangsnote irgend eines Haupteinschnitts gewisser langsamer Arien, auf welche ein Sprung in die Tiefe, und auf diesen eine Fermate, oder eine Pause folget.

Ca-ro, cu-ro.   Ca-ro, ca-ro.

Der **Doppelschlag** ist noch eine den Trillern verwandte Manier, welche, ob sie gleich unser Verfasser gar nicht berühret, oder vielleicht mit unter den Mordenten begriffen haben mag, dennoch wegen ihres großen Nutzens eine besondere Aufmerksamkeit und Untersuchung verdienet.

Er besteht eigentlich aus einem unveränderlichen Vorschlage, der Hauptnote, und einem Nachschlage, welche mit einander verbunden werden. Man folgt, bey der Ausführung desselben, den Regeln des Vortrages der Vorschläge und Nachschläge, in so weit, daß man nämlich den Vorschlag schärfer anstößt, die Hauptnote aber an ihn, und an diese wieder den Nachschlag anschleifet. Die erste und zweyte Note müssen allemal geschwind auf einander folgen. Die beyden letzten
Noten

Von den Trillern. 115

Noten aber, die den Nachschlag machen, können in verschieden=licher Geschwindigkeit vorgetragen werden. Daher entstehen hauptsächlich dreyerley Arten seines Vortrages.

Sein Zeichen ist bey den Clavierspielern, welche überhaupt alle Manieren am genauesten und richtigsten bemerken, dieses: ⁊. Ausser dem Clavier behilft man sich gemeiniglich mit dem Zeichen eines Trillers, oder man schreibt ihn also aus:

Zuweilen werden die beyden ersten Noten des Doppelschlages durch ein scharfes Schnellen und in der größten Geschwindigkeit wiederholet, oder, welches einerley gesaget ist, über der Hauptnote anstatt des unveränderlichen Vorschlages, ein Pralltriller angebracht:

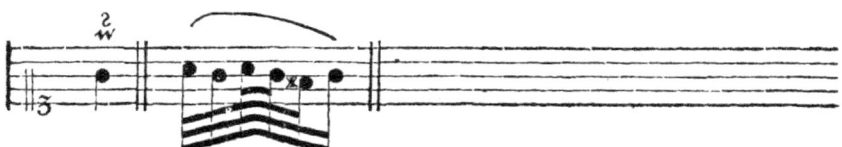

In der Geschwindigkeit stellet zwar diese Art einen Pralltriller mit einem Nachschlage vor: allein, weil die beyden letzten Noten nicht allemal in einerley Geschwindigkeit geschlagen werden, und auch an die folgende Note nicht geschwind angeschleifet werden, welches bey=des doch eine Haupteigenschaft der Nachschläge der Triller ist; so wird diese Manier von Bachen, im Versuche über das Clavier, mit mehrerer Genauigkeit unter die Doppelschläge gerechnet.

Daher entstehen also zweyerley Hauptarten der Doppelschläge: der einfache und der prallende Doppelschlag.

Ob die Klänge, aus denen die Doppelschläge überhaupt bestehen müssen, halbe oder ganze Töne seyn sollen, muß, wie es auch bey den

P 2 Trillern

Das III. Hauptstück.

Trillern und andern Manieren geschieht, vornehmlich aus der Tonleiter, und der Modulation des Stückes, beurtheilet werden.

Es ist also, wie schon gesaget worden, und auch aus der vorherstehenden Abbildung der Ausführung in Noten zu ersehen ist, eine Haupteigenschaft der Doppelschläge, daß sie ihre letzten beyden Noten nicht mit der folgenden Hauptnote verbinden, sondern allezeit einen kleinen Raum dazwischen übrig lassen. In den mehresten Fällen aber werden doch die drey ersten Noten hurtig ausgeführet, und was noch an der Geltung der Hauptnote, worüber sie angebracht werden, fehlen sollte, das wird durch das Halten auf der letzten Note des Doppelschlages ersetzet. Doch folget hieraus ganz natürlich, daß die Note, worüber man einen Doppelschlag machen will, weder zu lang noch zu kurz seyn müsse: damit weder zu viel Leeres übrig bleiben, noch auch im Gegentheile Zeit mangeln möge, den Doppelschlag rund und deutlich heraus zu bringen.

Es kann also der Doppelschlag überhaupt sowohl in langsamen als geschwinden Stücken, sowohl über geschleifeten als gestoßenen Noten, angebracht werden. Er dient nicht nur zur Ausfüllung, sondern auch sowohl zu feurigen und brillanten, als zu gelassenen und schmeichelnden Ausdrücken.

Den einfachen Doppelschlag insbesondere findet man entweder über oder nach seiner Hauptnote.

Ueber der Hauptnote findet man ihn sowohl im Gehen als im Springen; auf guten sowohl als auf schlimmen Tacttheilen:

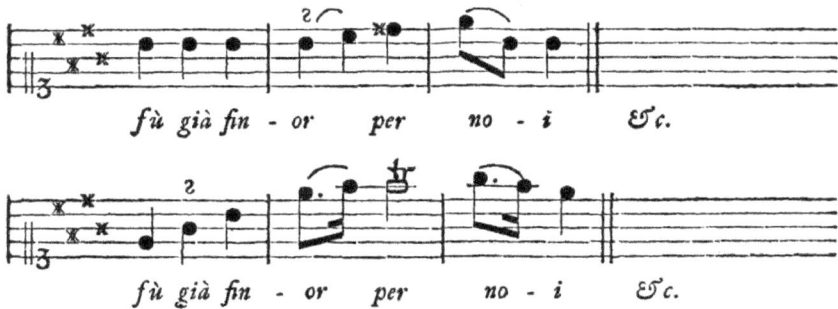

fù già fin - or   per   no - i   &c.

fù già fin - or   per   no - i   &c.

Doch liebt er überhaupt mehr eine aufwärts steigende, als eine abwärts gehende Folge von Noten.

Wenn

Von den Trillern.

Wenn drey Noten nach einander aufwärts gehen, so liebt die mittelste sehr den einfachen Doppelschlag:

Wenn eine Note im Anfange eines neuen Tacttheils oder Gliedes wiederholet wird, die nachher nicht noch einmal angeschlagen wird, aber eine aufwärts gehende Note nach sich hat; so kann ein Doppelschlag auf der wiederholeten stehen:

Geht aber die Note welche auf die wiederholete folget eine Secunde unterwärts; so ist es besser anstatt des Doppelschlags einen Anschlag darüber anzubringen. Ist die Bewegung des Tacts sehr lebhaft; so kann man an des Anschlags Stelle einen unveränderlichen Vorschlag, oder einen Pralltriller setzen. Wiewol auch die Doppelschläge hier nicht gänzlich verboten sind:

Wenn eine Note mehrmal auf einem Tone, hauptsächlich einen ganzen kurzen Tact durch, wiederholet wird; so kann öfters darauf auch der einfache Doppelschlag wiederholet werden (×): auch kann bey Noten, welche durch den Accord springen, auf jeder von diesen ein Doppelschlag vorkommen (λ).

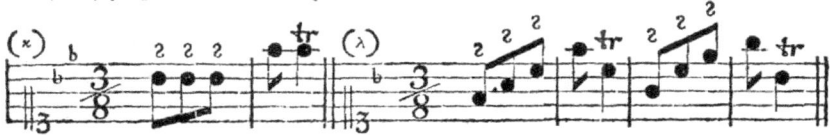

Auch über einigen nach einander aufwärts steigenden gleichen Noten, kann zuweilen über jeder ein Doppelschlag angebracht werden:

Ueberhaupt kann im Singen der geschwinde Doppelschlag sehr oft eines nicht gar zu langen Trillers Stelle vertreten. Bey der, unter den Trillern angeführten aufwärts gehen **Trillerkette**, geschieht dieses, wenn die Noten etwas kurz sind, gemeiniglich. Bey den abwärts gehenden aber schickt es sich nicht so gut. Auch bey diesem:

und sehr vielen andern ähnlichen Fällen ist es gleichgültig einen Doppelschlag oder einen Triller anzubringen; wofern nicht der Hals des Sängers sich vielmehr für den erstern als für den letztern erkläret. Ich will noch ein paar dieser gleichgültigen Stellen anführen:

Nur diejenigen Triller sind davon ausgenommen, welche entweder auf allzulangen Noten stehen, auf denen der Doppelschlag gar zu viel unausgefüllet lassen würde; oder welche keine Nachschläge vertragen: wovon wir weiter oben Beyspiele gesehen haben. Auch gehören hieher die meisten Schlußtriller, absonderlich in lebhaften und feurigen Stücken.

Nach der Hauptnote kann ein Doppelschlag angebracht werden, wenn diese entweder durch ihre Geltung, oder durch die Tactbewegung (μ) etwas lang ist; oder wenn sie durch einen Punct, im gemäßigten Tempo und bey schmeichelndem Vortrage, verlängert wird (v). Hierzu kann man noch rechnen, wenn anstatt des Puncts eine Bindung folget.

grazioso

Von den Trillern. 119

Bey ähnlicher Tactbewegung und Ausdrucke kann auch, sogar über einem aufsteigenden oder springenden Vorschlage, oder zwischen ihm und der Hauptnote, ein einfacher Doppelschlag gemacht werden.

Punctirete Schleifer leiden nicht weniger, bey gelassenem und zärtlichem Ausdrucke, Doppelschläge zwischen der ersten punctireten, und der zweyten kurzen Note.

Der prallende Doppelschlag hat, bey gemäßigter Tactbewegung, seinen Platz über einer fallenden Secunde, welche entweder durch eine ausgeschriebene Note, oder durch einen Vorschlag verursachet worden (ξ). Er steht gemeiniglich bey etwas längern Noten auf der Stelle, wo bey geschwindern ein Pralltriller stehen könnte (o).

Bey sehr langsamer Tactbewegung kann auch über der mittelsten von drey abwärts gehenden Noten, zumal wenn keine Worte darüber aus-

auszusprechen sind, und es sonst die Fertigkeit des Halses des Sängers erlaubet, ein prallender Doppelschlag mit einem Vorschlage, und nach diesem vor der letzten noch ein Vorschlag von der Terze von oben, angebracht werden.

Der letzte Vorschlag dabey gehöret, genau wie er hier ausgeschrieben ist, in die Zeit der folgenden Note; und dienet nicht nur, nach dem Doppelschlage noch einige mehrere Bewegung, als die ist welche man in den Hauptnoten findet, zu unterhalten; sondern auch die nach dem Doppelschlage meistentheils erfoderliche höhere Note darzureichen.

In langsamen und affectreichen Stücken, kann man bey den kurzen Einschnitten, auf welche eine kurze Pause folget, nach einem Vorschlage von unten, den einfachen (π), und nach einem Vorschlage von oben, den prallenden Doppelschlag (ϱ), was nämlich ihre beyden letzten Noten anbetrifft, ganz matt und langsam anbringen:

Beyde können, in zärtlichen und traurigen Stücken, oder wenn man es sonst, etwan einen schwer ansprechenden Triller zu verbergen, für gut findet, bey den Hauptschlüssen eines Stückes, mit oder ohne willkührliche Cadenz, die Stelle eines sonst erfoderlichen Schlußtrillers vertreten:

Wenn

Von den Trillern. 121

Wenn über ungeschleifeten Noten, welche frey anschlagen, und absonderlich keine herunter gehenden Secunden sind, auch sonst einen muntern Ausdruck beleben sollen, einfache Doppelschläge angebracht werden; so erhalten sie eine besondere Schärfe, wenn man die Hauptnote, in der möglichsten Geschwindigkeit, vorher angiebt, und den Doppelschlag über der geschriebenen Hauptnote unmittelbar damit verbindet:

Die Ausführung ist diese:

Bach, welcher diese Art der Auszierung zuerst mit in die Reihe der wesentlichen Manieren gesetzet hat, nennet sie, zum Unterschiede, den geschnellten Doppelschlag. Ich sehe nicht, was einen Sänger, dessen Glottis sonst elastisch genug ist, abhalten sollte, sich ihrer an gelegenen Orten auch zu bedienen.
Doch muß man sich in Acht nehmen, daß man die Ausführung dieser Manier nicht mit dem Doppelschlage der auf der zweyten Hälfte der Note vorkömmt, verwechsele; als dessen Ausführung mehr in das Schmeichelnde gehöret, und ungefähr also durch Noten ausgedrücket werden könnte:

Die **Bebung** auf einem und eben demselben Tone, welche man auf Bogeninstrumenten durch das Hin= und Herwanken eines Fingers, dessen Spitze aber doch auf dem gegebenen Tone liegen bleibt, und

Q die

die den Ton weder höher noch tiefer, sondern nur etwas schwebend machet, ist auch eine Manier, die im Singen, besonders auf Haltung langer Noten, zumal wenn man sie erst gegen das Ende dieser Noten anbringt, ihre gute Wirkung thut. Es ist nicht wohl möglich sie durch Noten eigentlich auszudrücken. Leichter kann sie aus mündlicher Unterweisung begriffen werden. Doch sind nicht alle Hälse zu Ausführung derselben geschickt.

Die in diesem und dem vorigen Hauptstücke ihrem Wesen und Gebrauche nach erkläreten Auszierungen eines Gesanges, sind nun die sogenannten **wesentlichen Manieren**, deren kein guter Ausführer, er sey Sänger oder Instrumentist, entbehren kann. Je genauer und reinlicher insbesondere ein Sänger dieselben vorträgt; je mehr Lob verdient er: da viele derselben mit der Stimme weit schwerer in Ausübung zu bringen sind, als mit irgend einem Instrumente. Sollte dieses nicht jeden, der sich der Singkunst widmet, anspornen, sich mit desto größerer Emsigkeit darinn zu üben? Wenn einer, nach Durchlesung der in diesen Hauptstücken enthaltenen Anweisung auf die wirkliche Ausführung guter Sänger genau Achtung giebt: so wird ihm vielleicht vieles noch deutlicher werden, was blos durch Worte und Noten in mehrere Klarheit zu setzen nicht möglich gewesen ist. Er muß sich dabey nicht schämen, auch guten Instrumentisten seine Aufmerksamkeit zu schenken. Indessen ist aber auch dieses gewiß, daß ein Sänger, weniger als irgend ein Instrumentist, die Auszierungen ohne Noth nicht anhäufen müsse. Er besitzt ja dasjenige Tonwerkzeug, dem auch die schmeichelhaftesten von Menschenhänden verfertigten Instrumente den Vorzug zugestehen; das Tonwerkzeug, welches die Klänge durch die Worte gedoppelt beleben kann. Ein Sänger suche also nur, vor allen Dingen, den Laut und die Stärke und Schwäche seiner Stimme recht in seine Gewalt zu bekommen; so wird er vieler Noten überhoben seyn können, mit denen andere Instrumentisten nicht allein den Mangel der Worte, sondern auch zum Theil die eingeschränkte Gewalt über die Dauer oder die Stärke und Schwäche ihres Klanges zu ersetzen suchen müssen.

Das IV. Hauptstück.
Von den Passagien.

Ob die Passagien gleich, in sich selbst, nicht die Kraft haben diejenige Anmuth hervor zu bringen, welche das Herz rühret; indem sie vornehmlich nur dazu dienen, daß sie an einem Sänger das Glück einer biegsamen Stimme bewundern machen: so ist es doch höchstnöthig, daß der Meister seinen Schüler wohl darinn unterrichte; damit dieser sie mit Leichtigkeit, Geschwindigkeit, und richtiger Intonation ausführen lerne. Denn wenn sie am gehörigen Orte gut vorgetragen werden; so verdienen sie allerdings Beyfall, und machen daß der Sänger allgemein, und in allen Setzarten zu singen fähig wird.

Wer die Stimme eines Lernenden so faul gewöhnet, daß sie sich immer muß fortschleppen lassen, der lehrt ihn nur den kleinesten Theil seiner Wissenschaft; und setzet ihn ausser Stand, den größern zu erlernen. Wer bey Stücken, die in geschwinder Tactbewegung ausgeführet werden müssen, und wohl gar bey mäßig geschwinden, nicht eine leicht bewegliche Stimme hat; der macht die Zuhörer, durch die schläfrigste Kaltsinnigkeit, bis zum Hinfallen verdrüßlich; und kömmt beständig so sehr hinten nach gezogen, daß alles, was er singt, fast immer ausser dem Tone ist.

Den allgemein angenommenen Grundsätzen nach, giebt es zweyerley Arten von Passagien: gestoßene, und geschleifete. Das Ziehen mit der Stimme verdient, wegen seiner Langsamkeit, mehr den Namen einer willkührlichen Auszierung, als einer Passagie.

Bey dem Unterrichte über die gestoßenen, muß der Meister dem Scholaren die sehr leichte Bewegung der Stimme beyzubringen suchen, vermittelst welcher die Noten, so die Passagie ausmachen,

machen, alle mit gleicher Geschwindigkeit articuliret und deutlich gemachet, und mäßig von einander abgesondert und abgesetzet werden müssen: damit die Passagie weder allzusehr an einander kleben, noch übermäßig abgestoßen werden möge (a).

(a) Um dazu zu gelangen, muß man sich bey der Uebung vorstellen, als wenn man den Selbstlauter, über welchem die Passagie gemacht wird, bey jeder Note gelinde wiederholete; Z. E. man muß so viele a nach einander geschwinde aussprechen, als Noten in der Passagie sind: so wie auf Bogeninstrumenten zu jeder Note in solchen Passagien ein eigener kurzer Strich gehöret, und wie auf der Querflöte und einigen andern Blasinstrumenten, durch den rechten, sowohl einfachen als doppelten Gebrauch der Zunge, jede Note ihren besondern gelinden Stoß bekömmt. (Siehe Quanzens Versuch ꝛc. VI. Hauptst.) Durch gedachtes gelinde Aussprechen des Selbstlauters, beym Singen, wobey aber die Zunge keine besondere Bewegung machen darf, wird die zur Passagie nöthige, aus der Lunge heraus getriebene, Luft in so viele kleine Absätze zertheilet, als Noten sind, welche denn dadurch articuliret und deutlich werden.

Man muß dabey wohl Achtung geben, daß die Luft im Munde keine unrechte Reflexion bekomme. Man muß das Ansprechen jedes Tones in der Glottis gleichsam fühlen. Einige Sänger zwar lassen die Luft oben am Gaume anstoßen, so wie man ungefähr thut, wenn man nicht gar zu laut lachet. Hierdurch können sie die Passagien etwas leichter und geschwinder heraus bringen. Absonderlich können viele Noten auf einem Tone, wenn sie sehr geschwind gehen sollen, fast nicht anders als auf diese Art ausgeführet werden: zumal wenn dabey eine gewisse und besondere Spannung der Muskeln am Kopfe der Luftröhre vorgeht, die, im Kleinen, der Spannung der Muskeln und Nerven des Arms, wenn man einen Accord vielemale, und zwar sehr geschwind, hinter einander anschlagen will, ähnlich ist: die aber im übrigen viel leichter selbst versuchet und gefühlet, als deutlich beschrieben werden kann. Allein diese Art, die Passagien auszuführen, hat erstlich diese große Unbequemlichkeit für die Zuhörer, daß sie, zumal an einem großen Orte, und vom Weiten, weil die Luft nicht ihre zum Singen natürliche Richtung bekömmt, mehr ein Meckern, und fast ein den Hühnern eigenes Gaken, (welches die Wälschen [gagateata nennen]), als einen rechten Gesang zu hören bekommen. Die Töne können zweytens

Von den Paſſagien.

tens keine Dauer haben, ſondern verſchwinden augenblicklich wieder. Deswegen können Sänger, welche ſich dieſer Art der Ausführung bedienen, die Paſſagien entweder nur in ſehr großer Geſchwindigkeit, oder gar nicht machen: da hingegen ein Sänger, der ſich an die oben beſchriebene rechte Art die Paſſagien zu ſingen gewöhnet, und ſich ſonſt gehörig geübet hat, in allerley Arten der Geſchwindigkeit fortkommen kann. Drittens verliehren dergleichen Sänger, weil die Oefnung der Luftröhre, und die daran nahe liegenden Theile des Mundes, endlich der unrechten Richtung gewohnet werden, dadurch das Vermögen ein langſames und unterhaltenes Adagio, welches nicht viele geſchwinde Noten zur Auszierung leidet, ſeiner Art gemäß, und alſo rührend auszuführen. Sänger, welche ſich auf den natürlich ſchönen Klang ihrer Stimme verlaſſen können, haben niemals ſich in dergleichen Künſte eingelaſſen. Es ſind gemeiniglich nur ſolche, welche den nicht gar zu gefälligen natürlichen Laut ihrer Stimme, durch die vielen Noten bedecken, und lieber Bewunderung als Rührung erregen wollen. Oder es ſind ſolche, welche nicht Geduld genug haben, durch fleißige Uebung, ihre Stimmen nach der rechten Methode geläufig zu machen. Weſſen Glottis überhaupt von Natur etwas weichlich iſt, wie es dergleichen viele giebt, dem ſprechen überhaupt die Paſſagien auf dieſe Art nicht ſcharf genug an. Man hat von einer gewiſſen großen Sängerinn, welche in Wälſchland, England und Deutſchland lange Zeit mit Bewunderung gehöret worden, die aber ſeit ſechs Jahren das Theater verlaſſen hat, wegen der außerordentlichen Schärfe, Deutlichkeit, und Geſchwindigkeit, mit der ſie alle Arten von geſchwinden Noten ausführete, geglaubet, daß ſie ſich dazu keines andern als des itzt beſchriebenen Kunſtgriffs bediene. Ich weis nicht in wie weit man Recht hat: ſo viel aber weis ich, daß bey dieſen Paſſagien der Klang ihrer Stimme faſt eben ſo völlig und kräftig war, als er bey andern, wenn es möglich wäre, mit der ungekünſtelten Bruſtſtimme würde heraus gekommen ſeyn. Bey einigen Perſonen, die es dieſer berühmten Sängerinn, vielleicht ohne Aufmerkſamkeit auf ihre andern vielen Verdienſte, nur in dieſem Puncte haben nachthun wollen, will man, durch den Erfolg, die Wahrheit des Satzes beſtätiget gefunden haben: Daß zwo Perſonen einerley Sache öfters mit ſehr ungleichem Ausgange unternehmen. Wer alſo nicht überzeuget iſt, daß beſonders ſein Gaum zu dieſer Art von Paſſagien ſo geſchickt gewölbet ſey, als er es aller Vermuthung nach ſeyn muß; der bleibe, nach meinem wenigen Rathe, lieber bey der ordentlichen Art die Paſſagien auszuführen. Er wird deſto weniger in Gefahr ſtehen, in Fehler zu fallen, welche bey der erwähnten Sängerinn niemals gehöret worden.

Die zweyte Art der Paſſagien wird auf eine ſolche Weiſe vorgetragen, daß die erſte Note davon alle übrigen welche auf ſie folgen, in genauer Vereinigung, und in gleicher Bewegung, ſtufenweiſe nach ſich zieht. Man ſuchet alſo hierbey eine gewiſſe ſchlüpfrige Glätte, durch die Nachahmung, im Singen auszudrücken. Die Kunſtverſtändigen nennen dieſe Art das **Schleifen**. Die Wirkungen davon ſind in der That angenehm, wenn ſich ein Sänger nur deſſelben nicht gar zu oft bedienet (b).

(b) Wenn man bey dieſer Art den Selbſtlauter nur bey der erſten Note ausſpricht, und ihn, ohne Wiederholung, bey den folgenden Noten, ſo viel ihrer nämlich geſchleifet werden ſollen, in einem Athem fortdauren läßt, anſtatt daß er bey geſtoßenen Paſſagien auf jeder Note ſanft wiederholet werden muß; ſo wird man die rechte Art der Ausführung geſchleifeter Noten treffen. Bey dergleichen Noten wiederholet auch ein Flötenist ſeinen Zungenſtoß, er ſey von welcher Gattung er wolle, und ein Violiniſt ſeinen Bogenſtrich, nicht. Doch muß ſich ein Sänger dabey wohl in Acht nehmen, daß er die Töne nicht undeutlich werden laſſe, ſondern er muß, des Schleifens ungeachtet, jeden in ſeiner richtigen Intonation dem Zuhörer zum Gehöre bringen. Denenjenigen, welche die geſtoßenen Paſſagien, auf die gegen das Ende der vorigen Anmerkung beſchriebene und widerrathene Art auszuführen bemühet ſind, wird die rechte Ausführung der geſchleifeten bey nahe unmöglich. Man hat Proben davon gehöret. Sie klingen immer geſtoßen. Beſſer gelingt ſie denen, welche ihrer natürlichen Bruſtſtimme keinen außerordentlichen Zwang anthun. Diejenigen aber, deren Glottis von Natur ſehr weichliche und leicht bewegliche Beſtandtheile hat, würden bey Ausführung der geſchleifeten Paſſagien die glücklichſten ſeyn, wenn ſie nicht im Gegentheil bey den geſtoßenen ihre Schwäche gar zu deutlich merken laſſen müßten.

Weil die geſtoßenen Paſſagien öfter vorkommen als alle andern; ſo erfodern ſie auch die meiſte Uebung.

Das

Von den Paſſagien.

Das Gebiet des Schleifens iſt beym Singen ſehr eingeſchränkt. Es erſtreckt ſich nur über ſo wenige ſtufenweiſe auf= und abſteigende Töne, daß es, wenn es nicht misfallen ſoll, nicht über vier derſelben in ſeinem Bezirke haben darf. Dem Gehöre nach, ſcheint es mir im Abſteigen gefälliger zu ſeyn, als im Aufſteigen (c).

(c) In den folgenden Zeilen wird man einige Beyſpiele der abſteigenden geſchleifeten kurzen Paſſagien, welche der Verfaſſer aller Wahrſcheinlichkeit nach hier verſteht, antreffen.

Wegen

128 Das IV. Hauptstück.

Wegen der aufsteigenden geschleifeten Passagien aber, kommen sonderlich im Adagio zuweilen Ausnahmen von solis Gedanken vor, als wo man bisweilen wohl eine ganze Octave und drüber in geschleifeten Noten durchlaufen kann. Z. E.

m'ingan   ni.

Wer diesen Vortrag recht lernen will, muß erst anfangen immer zwo und zwo Noten zusammen schleifen zu lernen: so wird er auch zu mehrern geschickt werden. Z. E.

Das Ziehen endlich besteht in der Ausführung gewisser Noten, welche mit der besten Kunst, mit abwechselnder Stärke und Schwäche, langsam und angenehm, nach einander gleichsam fortgeschleppet werden (d). Von der darinn liegenden Schönheit will ich anderwärts reden.

(d) Das Ziehen unterscheidet sich vom Schleifen hauptsächlich durch die Langsamkeit; und daß man zuweilen, wenn man von einem Tone zum andern geht, die Stimme gleichsam unvermerkt, und nach und nach, immer so lange höher oder tiefer werden läßt, bis man den höher oder tiefer liegenden Ton, in den man gehen will, erreichet hat.

Wenn der Meister, indem der Scholar die Passagien singt, die Tactbewegung dabey gleichsam unvermerkt immer etwas geschwinder nimmt, so wird er sehen, daß kein kräftiger Mittel ist, des Schülers Stimme leicht, und zur geschwinden Bewegung geschickt zu machen. Doch muß man sich hüten, daß diese unvermerkte Aenderung der Tactbewegung nicht mit der Zeit zur übeln Gewohnheit werde (e).

(e) Daß

Von den Passagien.

(e) Daß die Schüler nämlich nicht dadurch eilen lernen. Man muß überhaupt die Passagien in verschiedenen Graden der Geschwindigkeit üben, damit man sie in allerley Arten der Tactbewegung gleich gut ausführen könne. Viele Sänger haben nur einerley Maaß ihrer Geschwindigkeit, in welches sich alle Passagien schicken müssen, wenn sie gelingen sollen. Ein großer Vortheil nicht nur zur Deutlichkeit, sondern auch zu desto sicherer Beobachtung einer gleichen Bewegung des Tacts, ist es, wenn man von vier oder drey geschwinden Noten, allemal der ersten einen kleinen Nachdruck giebt, welchen ich hier durch Strichelchen andeuten will:

Der Meister lehre die Passagien mit eben der Fertigkeit im Aufsteigen als im Absteigen schlagen. Ob gleich der Unterricht hierinn nur eigentlich für Anfänger gehöret; so ist doch die Ausführung nicht allen Sängern gemein.

Nach den stufenweise gehenden Passagien, lasse er diejenigen, welche durch allerley schwere Sprünge unterbrochen werden, mit der möglichsten Sicherheit, in Uebung bringen: denn wenn dergleichen Passagien rein, genau und sicher angestimmet werden, so verdienen sie mit Recht eine besondere Achtung. Der Fleiß der hierauf zu wenden ist, erfodert mehr Zeit und Mühe, als irgend einige andere Lection: nicht allein wegen der ausschweifenden Schwierigkeit, sondern auch wegen der nothwendigen Folgen die eine solche Bemühung nach sich zieht. Ein Sänger hat in der That nicht Ursach über irgend einer Schwierigkeit zu stutzen, wenn er sich mit den gefährlichsten Sprüngen bekannt gemacht hat (f).

(f) Hierbey ist noch zu bemerken, daß bey Ausführung springender Passagien hauptsächlich auch auf die gleiche Stärke der Noten gesehen werden muß. Je tiefer ein Ton ist; je weiter muß die Luftröhre eröfnet werden; je mehr Luft geht auch also heraus. Folglich muß ein Sänger, der die tiefsten Töne, die ihm sonst nach seinem

R Stimm=

Das IV. Hauptstück.

Stimm=Umfange möglich sind, angiebt, bey den tiefen Tönen alle Mühe anwenden, so viel Luft in Bewegung zu setzen als er ohne großen Zwang thun kann. Je höher hingegen die Töne sind, je mehr muß er den Athem sparen.

Man unterlasse nicht dem Schüler Anleitung zu geben, wie bisweilen in den Passagien das Starke mit dem Gelinden, und geschleifete Noten mit gestoßenen abwechseln können; und wie absonderlich auf punctireten Noten, wenn sie nicht gar zu geschwind gehen, zu Zeiten ein kurzer Triller angebracht werden kann: damit dem Lernenden keine Verschönerung der Kunst verborgen bleibe.

Eine sehr gute Uebung ist es auch bey den Passagien, wenn man von Zeit zu Zeit den Mordenten dabey anzubringen lernet: wenn nämlich der Schüler ihn durch Natur oder Kunst in der Gewalt hat, und der Meister Einsicht genug besitzet, die rechte Stelle anzuzeigen, wo er besonders schöne Wirkung thut. Da dieses aber eine Lehre ist, welche sich nicht wohl für den, der in den ersten Gründen unterrichtet, noch weniger für den, der sie zu lernen anfängt, schicket: So würde es vielleicht besser gewesen seyn, sie an einen andern Ort zu versparen: wie ich auch würde gethan haben, wenn ich nicht wüßte, daß es Scholaren von so feiner Unterscheidungskraft giebt, daß in wenigen Jahren die bravsten Sänger aus ihnen werden; und daß es nicht an Lehrern fehlt, deren Wissenschaft und Einsichten sich gut für den fähigen Kopf ihrer Schüler schicken. Ueber dieses hätte es mich unanständig zu seyn gedünket, wenn ich in einem Hauptstücke von Passagien nichts vom Mordenten erwähnet hätte, welcher doch eine der schönsten Zierrathen derselben ist (g).

(g) Was hier der Verfasser Mordenten nennet, besteht, wie schon oben gesaget worden, in unveränderlichen Vorschlägen, welche man, bey nicht allzu geschwinden Passagien, auf manchen anschlagenden Noten anbringen kannn (α). In den ganz geschwinden haben sie größtentheils nur, wenn eine längere vor zwo kürzern Noten steht, vor

Von den Paſſagien.

vor der längern ſtatt: und da werden ſie mehrentheils von den Componiſten ſelbſt angedeutet (β).

Man geſtatte nicht, daß der Untergebene die Paſſagien in ungleicher und unordentlicher Tactbewegung ſinge: und verweiſe es ihm wenn er ſie mit der Zunge ſchlägt, oder mit dem Kinn oder dem Kopfe oder dem ganzen Leibe Grimaſſen dabey macht.

Ein jeder Meiſter weis, daß auf dem dritten und fünften Selbſtlauter, (dem i und u) die Paſſagien ſehr häßlich klingen. Nicht alle aber wiſſen, daß man ſie, in guten Schulen, nicht einmal auf dem e und o erlaubet, wenn dieſe beyden Vocale dunkel ausgeſprochen werden (h).

(h) Wer der wälſchen Sprache mächtig iſt, wird wiſſen, daß in derſelben das e und das o zuweilen heller oder offener, zuweilen dunkler ausgeſprochen werde. Im Deutſchen gehören die Paſſagien, auſſer den Vocalen auf welchen ſie auch im Wälſchen nicht verboten ſind, auf diejenigen Doppellaute, welche von einem hellen Vocal, beſonders aber dem a oder e anfangen; wobey denn der erſte Vocal bis ans Ende der Paſſagie gehalten, und der zweyte alsdenn erſt ausgeſprochen wird. Ein gleiches iſt, und zwar in allen Sprachen, bey Ausſprache der Mitlauter welche die mit der Paſſagie verſehene Sylbe endigen, zu beobachten. Denn dieſe müſſen ebenfalls erſt am Ende der Paſſagie ausgeſprochen werden; widrigenfalls würde der Mund zur Unzeit geſchloſſen, und der ganze Laut der Stimme dumpfig und häßlich werden.

Um einer Paſſagie willen einen dunkeln Selbſtlauter in einen hellen zu verwandeln, iſt allemal ein Fehler der Ausſprache: weil die Vocale im Singen eben ſo wie im Reden ausgeſprochen werden müſſen, wenn man verſtanden ſeyn will.

Das IV. Hauptstück.

Bey den Passagien finden sich viele Fehler, welche man kennen muß, um nicht darein zu fallen. Außer denen die von der Nase und der Kehle herkommen, und einigen andern schon bekannten, sind auch die Fehler derer sehr häßlich, welche die Passagien weder stoßen noch schleifen: denn alsdenn singt ein Sänger nicht, sondern er heulet (i). Noch viel lächerlicher aber ists, wenn sie ein Sänger zu stark, und mit so gewaltigem Hauche stößt, daß, wenn wir z. E. eine Passagie auf dem a vernehmen sollen, es uns scheint als wenn er immer ga, ga, ga spräche (k). Eben so gehts auch auf den andern Selbstlautern. Der schlimmste von allen Fehlern aber, ist endlich der, wenn man die Passagien nicht rein anstimmet (l).

(i) Der Fehler des Schleifens der Passagien, wo man sie stoßen sollte, ist absonderlich in Wälschland, zu itzigen Zeiten, bey vielen Sängern aus den neuesten Schulen sehr eingerissen. Sie wollen fast alle, auch die lebhaftesten Passagien schleifen: und wenn sie sogar zur Erlernung dieses Schleifens nicht die gehörige Geduld und Mühe anwenden; so kann man leicht erachten, wie weit sie öfters vom Heulen entfernet seyn.

(k) Dieser Fehler ist vornehmlich den übel unterrichteten deutschen Bassisten noch eigen, deren viele nicht im Singen, sondern im Brüllen ihren Ruhm suchen; absonderlich auf den höchsten Tönen. Wenn sie ja Passagien singen wollen, so setzen sie vor jede Note ein h, welches sie denn mit solcher Gewalt heraus drücken, daß ausser der Unannehmlichkeit, welche es dem Gehör giebt, sie auch viel Luft dadurch vergeblich verlieren, daß sie fast alle halbe Tacte von neuem Athem schöpfen müssen.

(l) Noch ein Fehler ist, wenn man den Vocal unter währender Passagie verwechselt, und etwan aus einem a ein o u. s. w. machet. Eben derselbe Vocal, der die Passagie angefangen hat, muß auch unverändert bis ans Ende derselben dauern.

Der Lehrer merke sich wohl, daß wenn eine gute Stimme, welche nach und nach zur Geschwindigkeit angeführet wird, nachdem sie sich erst in Haltungen wohl geübet hat, besser wird; sie hingegen, wenn sie sich gleich über die geschwindesten Läufe hermacht,

Von den Paſſagien.

macht, wobey ihre Werkzeuge nicht Zeit haben, in die gehörige Richtung zu kommen, ſich in eine ſchlechtere verwandelt, und bisweilen aus Nachläßigkeit des Meiſters, zum großen Schaden des Schülers, eine der ſchlimmſten wird (m).

(m) Dieſes können ſich einige unſerer deutſchen Sanzmeiſter, die keine genugſame Erfahrung haben, laſſen geſaget ſeyn.

Im Siciliano ſind die Paſſagien und Triller Fehler; das Schleifen und Ziehen aber Schönheiten (n).

(n) Dieſe Regel iſt nach heutiger Setzart nicht allgemein. Es giebt Stücke im Siciliano, in welchen das Brillante mit dem Schmeichelnden auf die ſchönſte Art verbunden iſt. Doch wird der Tonſetzer nicht ermangeln, die Triller, wo er ſie verlangt, anzudeuten.

Die ganze Schönheit der Paſſagien beſteht darinn, daß ſie vollkommen rein intoniret, geſtoßen, rund und deutlich, egal, articuliret, und geſchwind ſind (o).

(o) Der beſte Probierſtein der Ausführung einer Paſſagie, iſt, wenn man es haben kann, ein Echo, welches nicht gar zu geſchwind wieder antwortet, ſondern wenigſtens 8 geſchwinde Sechzehntheile ausſingen läßt. Dieſes verräth auf das genaueſte, wo nur im geringſten ein Ton ungleich, oder ſchwächer als der andere, angegeben worden: ſollte man es auch an dem Sänger ſelbſt nicht haben bemerken können.

Die Paſſagien haben mit den Trillern einerley Schickſal. Beyde machen Vergnügen, wenn ſie an der rechten Stelle ſtehen. Allein wenn man ſie nicht auf bequeme Gelegenheiten verſparet; ſo erzeuget die allzu große Menge derſelben Ekel, der Ekel aber Verachtung, und endlich gar Haß.

Ich will hier noch einige beſondere Figuren bemerken, bey deren Ausführung nicht ſelten Fehler begangen werden; und ihre rechte Ausführung beſchreiben.

Die kurzen Noten, welche hinter einem Puncte ſtehen, abſonderlich Sechzehntheile oder Zwey und dreyßigtheile, auch im Alabreve die Achttheile, werden allezeit, es ſey in langſamer oder geſchwinder Tactbewegung, es mag ihrer eine oder mehrere ſeyn, ſehr kurz, und ganz am äußersten Ende ihrer Geltung ausgeführet: die vor dem Puncte stehende wird dagegen desto länger gehalten. Z. E. diese:

werden ausgeführet, als wenn sie so geschrieben wären:

Die Note vor dem Puncte wird verstärkt, die nach dem Puncte aber schwächer angegeben.

Wenn die kurze Note voran, und der Punct hinter der zweyten steht, so ist die erste Note so kurz als möglich, das übrige wird der Note zugelegt, die den Punct hinter sich hat. Z. E.

Bey diesen Figuren aber wird die erste Note stark, und die vor dem Puncte, welche allezeit an jene geschleifet wird, schwächer angeben, aber wohl ausgehalten, und wenn Zeit dazu ist wieder verstärket.

Die drey Noten einer Triole müssen allezeit einander an Länge just gleich seyn: damit man sie von drey andern Noten anderer Figuren, deren erste länger oder kürzer ist als die übrigen, unterscheide. Z. E.

Die

Von den Paſſagien. 135

Die Triolen müſſen auch auf jeder Note einen beſonders gleichen Stoß mit der Bruſt bekommen, nicht aber die erſte Note geſtoßen, die andern geſchleifet werden. Dieſe Gleichheit des Stoßens muß, ſo lange eine Paſſagie von Triolen währet, fortgeſetzet werden, damit man ja keine andere Figur oder irgend einen Abſatz dazwiſchen bemerke. Vielen Sängern wird die rechte Ausführung der Triolen überhaupt ſchwer; vielen aber nur einige Arten derſelben.

Die Triolen, deren mittelſte Note einen Ton höher ſteht, die letzte aber wieder in den vorigen Ton fällt (γ), müſſen, wenn die Tactbewegung ſehr geſchwind geht, wo nicht gar geſchleifet, doch auch ja nicht hart geſtoßen werden. Doch muß man ſich dabey hüten, daß die mittelſte Note, wie öfters geſchieht, nicht kürzer werde. Die erſte Note aber iſt beſonders wohl zu markiren. Bey denen Triolen hingegen, deren mittelſte Note einen Ton tiefer ſteht (δ), muß jede Note ihren eigenen Stoß bekommen. Wiedrigenfalls würden dieſe zu weichlich, jene aber zu hart klingen; welches ein jeder leicht ſelbſt wird verſuchen können.

Einige nicht gar geſchwinde Noten, auf einem Tone nach einander, über denen ein Bogen, und unter dem Bogen Strichelchen ſtehen (ε), müſſen nicht abgeſetzet, auch nicht geſtoßen, ſondern nur, und zwar jede, durch einen gelinden Druck mit der Bruſt markiret werden.

Bey der Figur unter (ζ) müſſen die beyden letztern Sechzehntheile nicht geſchleifet, ſondern ſehr egal und deutlich geſtoßen werden. Die erſte Note aber wird an den unveränderlichen Vorſchlag angeſchleifet.

Noten, die an eine andere durch einen Bogen angebunden ſind, dürfen weder von neuem angegeben, noch markiret werden.

Den

Das IV. Hauptstück.

Den zweyten Theil einer sinkopireten Note (*η*) darf man nicht, wie einige, um den Tact desto besser zu bemerken thun, besonders markiren, sondern man muß die Note ohne einiges neues Anstoßen aushalten.

Einige Noten müssen nothwendig geschleifet werden, und diese haben wir bisher hier und da, absonderlich bey jeder Art der Auszierung, bemerket. Bey andern ist das Stoßen oder Schleifen, nach Beschaffenheit der Verbindung in welcher sie stehen, oder der Leidenschaft die sie ausdrücken sollen, willführlich. Diese ist der Componist verbunden durch eigene Bogen anzudeuten. Was nun in den angeführten Regeln vom Schleifen nicht begriffen, und durch den Componisten nicht besonders angedeutet ist, muß eigentlich gestoßen werden. Etliche Fälle aber sind der Empfindung des Ausführers selbst zu überlassen. Denn in einem feurigen oder lebhaften Stücke viele geschleifete Passagien anzubringen, würde ein eben so großer Fehler seyn, als ein langsames und trauriges Stück mit vielen gestoßenen geschwinden Läufen anzufüllen.

Wenn sich der Scholar des Trillers und der Passagien völlig bemächtiget hat: so muß ihn der Meister die Worte recht lesen und aussprechen lehren; und zwar ohne die lächerlichen Fehler, mit welchen viele ein Wort seiner doppelten Mitlauter berauben, um ein anders, welches nur einfache haben sollte, damit zu beschenken.

Ist die Aussprache verbessert, so sey der Meister besorget, daß der Untergebene die Worte auf so eine Art ausspreche, daß sie, ohne einige Affectation, so deutlich können vernommen werden, daß man auch nicht eine Sylbe verliert (p). Denn wenn man die Worte nicht verstehen kann; so beraubt der Sänger die Zuhörer eines großen Theils der Anmuth, welche der Gesang von den Worten erhält. Wenn man die Worte nicht höret; so schließt der Sänger die Wahrheit von der Kunst aus. Wenn man endlich die Worte nicht versteht; so unterscheidet sich die Menschenstimme nicht von einem Zinken oder einer Hoboe. Dieser Fehler,

Von den Paſſagien.

ob er gleich ſehr häßlich iſt, ſo fehlt doch heutiges Tages ſehr wenig dran, daß er nicht faſt allgemein ſey; zum merklichen Schaden der Sänger und der Singkunſt. Man ſollte doch wohl wiſſen, daß die Worte das einzige ſind, welches Sängern vor Inſtrumentiſten einen Vorzug verſchaffet: wenn anders beyde in ihrer Wiſſenſchaft gleich ſtark ſind. Der neumodiſche Meiſter mache ſich dieſe Nachricht zu Nutz. Eine Verbeſſerung in dieſem Puncte iſt niemals ſo nöthig geweſen als heut zu Tage. Man ſuche hiernächſt dem Schüler immer mehr und mehr zu der Sicherheit zu verhelfen, welche beym Ausſprechen der Sylben unter den Noten gefodert wird; damit er nicht anſtoße oder ungewiß ſey.

(p) Der Verfaſſer des Buches: l'art du Chant, dedié à Madame de Pompadour, par Mr. Berard, à Paris MDCCLV. hat ſich weitläuftige Mühe gegeben, die rechte Ausſprache der franzöſiſchen Wörter im Singen, durch Veränderung oder Zuſetzung einiger Buchſtaben, welche man ſonſt nicht mitſchreibt, recht deutlich zu machen. Ich überlaſſe es Kennern der franzöſiſchen Ausſprache und Singkunſt, zu beurtheilen, ob er es überall glücklich getroffen habe. In der deutſchen und wälſchen Sprache, welche lange ſo ſchwer nicht auszuſprechen ſind als jene, bedarf es, deucht mich, für einen der recht leſen gelernet hat, (das ſoll aber ein Sänger gelernet haben,) ſo großer Umſtände nicht. Indeſſen iſt es eine ausgemachte Wahrheit, daß die rechte Ausſprache der Mitlauter zur Deutlichkeit der Rede überhaupt ein Großes beyträgt, ja gar die Urſache und der Grund davon iſt. Bey den Selbſtlautern bleiben die Theile des Mundes in der Lage die ſie zu jedem annehmen müſſen, unbewegt liegen; und ſo lange alſo aus der Luftröhre Luft heraus geſtoßen wird; ſo lange kann man auch eben denſelben Selbſtlauter immer fort vernehmen. Die Mitlauter hingegen entſtehen nicht von einer fortdauernden einförmigen Lage der Theile des Mundes, und dem Austreiben der Luft aus der Luftröhre, ſondern von einem augenblicklichen neuen Stoße oder Drucke oder Zittern eines oder des andern Sprachgliedes in und an dem Munde als der Zunge, des Gaums, der Zähne u. ſ. w. durch welche die aus der Luftröhre fortdauernd ausgetriebene Luft, auf einen Augenblick eine andere Modification oder Richtung beköm̃t. Man kann deswegen den Laut der Selbſtlauter mit dem fortdauernden Laute einer Flöte oder

S   einer

einer Orgelpfeife, den Laut der Mitlauter aber, mit dem Schalle, den ein Hammer auf dem Amboße erreget, welchen man nur einen Augenblick höret, vergleichen. Durch die verschiedenen augenblicklichen Richtungen nun, welche die Luft bey Aussprache der verschiedenen Mitlauter bekömmt, wenn diese vor einem oder dem andern Selbstlauter hergehen, oder auf ihn folgen, entstehen nun die so verschiedenen Sylben, und die so verschiedenen Wörter, womit wir jedem Begriffe sein eigenes Zeichen geben. Die Sylben werden durch die Mitlauter articuliret, deutlich gemacht, und von einander unterschieden: da man sonst nicht mehr verschiedene Sylben haben würde, als Selbstlauter erfunden, und aus diesen Doppellaute zusammen gesetzet werden könnten. Hieraus kann man also sehen, wie sorgfältig ein Sänger um die rechte Aussprache, nicht allein der Selbstlauter, sondern auch der Mitlauter bekümmert seyn müsse. Widrigenfalls, wenn er entweder in dem einen oder dem andern fehlet, entsteht allemal eine Undeutlichkeit: und zwar im Singen um so viel mehr als im Reden, je mehr dasselbe schon wegen der immer abwechselnden Höhe und Tiefe des Tones, wegen länger ausgehaltener Sylben, wegen verschiedener Töne über einer Sylbe, u. s. w. zur Undeutlichkeit Gelegenheit geben kann.

Die Mitlauter insbesondere müssen, (wie schon Prinz in seiner manierlichen Singkunst angemerket hat,) in großen Gebäuden, oder offenen Orten, schärfer als in gemeiner Rede, ja fast übermäßig scharf ausgesprochen werden; doch aber mit genauer Beobachtung der ihnen eigenen Härte oder Weichheit. In der Nähe würde zwar eine so scharfe Aussprache nicht sonderlich angenehm zu hören seyn, und etwas affectiret klingen: doch thut sie ihre Wirkung desto besser in der Ferne, bringt den Zuhörern alle Worte deutlich zum Gehör, und verliert dabey alle Unannehmlichkeit. Einen Sänger der sich an diese Art der scharfen Aussprache der Mitlauter gewöhnet hat, wird man in der Ferne allezeit besser verstehen können, wenn er auch gleich nicht allzulaut singt, als einen andern, der aus Leibeskräften schreyt, dabey aber die Mitlauter nicht scharf und deutlich genug ausspricht. Wo ich mich nicht irre, habe ich diese Art der scharfen Aussprache der Mitlauter an der **Faustina**, mehr als an vielen andern Sängern, wahrgenommen.

Einige haben den Fehler daß sie gewissen Selbstlautern einen Mitlauter, oder einigen Mitlautern einen Selbstlauter vorsetzen, der nicht zum Worte gehöret. Sie singen z. E. **Lamen** oder **Namen** anstatt **Amen**:

Von den Paſſagien. 139

Amen: oder áſollen, áſchwert, anſtatt ſollen, Schwert, u. d. gl. Solche üble Angewohnheiten muß ein ſorgfältiger Meiſter gleich im Anfange zu verhüten oder zu verbeſſern ſuchen.

Da die Natur ſchon einen jeden Aufmerkenden ſelbſt lehret, daß die verſchiedenen Affecten einen verſchiedenen Laut der Stimme erfodern: da aber die ſo mannigfaltigen Erhebungen und Erniedrigungen der Stimme, durch die Noten von dem Componiſten ſchon vorgeſchrieben ſind; und dem Sänger alſo nichts willführliches weiter übrig bleibt, als den Affect durch den verſchiedenen Laut ſeiner Stimme auszudrücken, wenn es nämlich Gelegenheit und Ort nicht erlauben, daß er die Geberdenkunſt damit verbinde: ſo halte ich zwar für unnöthig, weitläuftig und beſonders zu beſchreiben, wie man heftige, abgebrochene, majeſtätiſche, dumpfige, ꝛc. Töne ſingen ſolle: dieſes aber iſt höchſtnöthig, daß ein Sänger, aus der Redekunſt, oder durch mündliche Anweiſung guter Redner wenn er ſie haben kann, oder doch durch genaue Bemerkung ihres Vortrags lerne, was für eine Art des Lautes der Stimme zur Ausdrückung jedes Affects oder jeder Figur der Rede nöthig ſey; wie ſolches Gottſcheds Redekunſt, im Hauptſtücke vom guten Vortrage eines Redners vorzüglich gründlich und ausführlich lehret (λ): daß er ferner ſich, nach gedachten Regeln, fleißig im Leſen oder Declamiren affectreicher Stellen aus guten Rednern und Dichtern übe: kurz daß er gut leſen lerne. Wird er damit, wenn er ſingt, die Regeln, welche vom Gebrauche der Stimme weitläuftig gegeben worden, ſorgfältig aufmerkſam verbinden: ſo wird es ihm an guter Ausſprache in den Arien ſowohl als im Recitative nicht fehlen können.

(λ) Wer der franzöſiſchen Sprache mächtig iſt, kann auch des *Grimareſt* Traité du Recitatif hiebey nachleſen, und das Weſentliche davon auf die Sprache in der er ſingen will anwenden.

Eins aber, wozu ſonderlich das Singen leicht verleiten kann, hat ein Sänger, zumal wenn er eines lebhaften Temperaments iſt, mit großem Fleiße zu verhüten, nämlich, daß er die ſtarken Leidenſchaften nicht übertreibe, und z. E. einen heftigen Ton in Schreyen oder Heulen, einen traurigen oder gedämpften Laut aber, in Winſeln und Wehklagen verwandele. Iſt dieſes einem Redner unanſtändig: ſo iſt es gewiß an einem Sänger noch zehnmal häßlicher.

Deutſche, welche, wie es die itzige Mode des Landes mit ſich bringt, in der wälſchen Sprache ſingen wollen, müſſen unumgänglich, wo nicht dieſe ganze Sprache aus dem Grunde, doch wenigſtens die

Das IV. Hauptstück.

rechte reine Aussprache und den wahren Accent derselben lernen. Es klingt nicht fein, wenn mancher deutscher Sänger, der nicht wälsch lesen kann, eine Arie, oder wohl gar ein Recitativ in dieser Sprache so sehr radbrechet und verstümmelt, daß auch ein Wälscher selbst kein Wort davon würde verstehen können. Und doch ist nichts gemeiners als dieses.

Eine nothwendige Regel der wälschen Aussprache im Singen ist diese: wenn ein Wort sich mit einem Selbstlauter endiget, und das folgende mit einem andern anfängt, und kein Unterscheidungszeichen (kein Punct nämlich, oder kein Komma, u. d. gl.) dazwischen statt hat; welche beyde Sylben, nach den Regeln der Mechanik der wälschen Poesie, in der Musik größtentheils nur eine Note bekommen: so muß man nicht den letzten Selbstlauter des ersten Wortes verschlucken, und nur den erstern vom zweyten Worte hören lassen; sondern man muß beyde geschwind, aber doch deutlich, hinter einander auf eben derselben Note aussprechen. Ist die Note worunter die zween Selbstlauter zusammen kommen lang, so muß man auf demjenigen am längsten sich aufhalten, welcher im Lesen der längste seyn würde. Ist dieser in der ersten Sylbe befindlich, so muß man die zweyte Sylbe erst am Ende der Note aussprechen. Im vorigen Hauptstücke kann man unterschiedene Beyspiele davon finden. Z. E. S. 61. in den untersten Zeilen bey gli affetti a moderar, hält man beyde male auf dem a am längsten. S. 62. bey Se il mio duol se i mali miei &c. hält man die Sylbe se, und in farei das e länger. Das übrige, was zur guten wälschen Aussprache gehöret, überlasse ich geschickten Sprachmeistern.

Man muß dem Schüler verbieten mitten in einem Worte Athem zu holen: denn aus einem Worte zween zu machen, ist ein Fehler, den die Natur nicht verträgt: der Natur aber muß man nachahmen, wenn man nicht ausgelachet werden will. Bey einer unterbrochenen Bewegung der Noten, oder einer langen Passagie, ist diese Regel nicht so streng, wenn man eines oder das andere nicht in einem Athem ausführen kann. Vor alten Zeiten gehörete diese Lection nur für die ersten Anfänger. Heut zu Tage ist der Misbrauch aus den neuern Schulen mit herausgekommen, und wurzelt auch bey denen, welche für was besonders angesehen seyn wollen, gar zu sehr ein. Der Meister kann den Schüler davor bewahren, wenn er
ihn

Von den Paſſagien. 141

ihn lehret von dem Athem guten Gebrauch zu machen, ſich immer mit mehrerm zu verſehen, als es nöthig ſcheint, und, wenn die Bruſt nicht ſtark genug iſt, ſich nicht in allzulange Paſſagien einzulaſſen (q).

(q) Man muß ſich gleich im Anfange bemühen, ſo viel Athem einzuziehen, als man, ohne ſich Gewalt zu thun, faſſen kann. Ferner muß man ſich befleißigen, wieder ſo lange in einem Athem fortzuſingen, als ohne großen Zwang möglich iſt; und zwar bisweilen mit ſchwacher, bisweilen mit gemäßigter, bisweilen mit ganz ſtarker Stimme. Dabey aber muß man die Luft, ſonderlich bey den geſtoßenen Paſſagien, nicht mit Gewalt und häufig, ſondern nur ſo viel davon, als nach dem Verlangen der Stärke oder Schwäche zu einem deutlichen Tone nöthig iſt, herausſtoßen; das übrige aber ſo viel als es ohne dem Klange Tort zu thun geſchehen kann, zurück halten. Hierdurch wird die Lunge nach und nach fähig, mehrere Luft zu faſſen, und aufzubehalten, als ſie ſonſt würde thun können: und man wird nach und nach immer länger in einem Athem ſingen können. Die Luft muß auch nicht gar zu geſchwind und heftig, noch mit Geräuſch, ſondern gelaſſen und langſam eingezogen werden, wodurch man noch einmal ſo viel einbekommen kann. Zu dem Ende muß man die Stellen des Geſanges, wo zum Athemholen Zeit iſt, wozu ein erfahrner und vorſichtiger Componiſt vermuthlich Gelegenheit gegeben haben wird, nicht leicht vorbey gehen laſſen: damit man nicht aus Noth an einem unbequemern Orte allzu geſchwind den Athem ſchöpfen dürfe, welcher alsdenn freylich auch nicht gar lange dauern kann.

In allen muſikaliſchen Stücken muß der Meiſter dem Untergebenen die Stellen kennen lehren, wo er, und zwar ohne Mühe, Athem holen kann (r). Einige Sänger thun ſo ängſtlich wie die Engbrüſtigen, und nehmen alle Augenblicke ſo mühſam Athem, daß dem Zuhörer ſelbſt darüber Angſt wird; oder ſie kommen nicht anders als ganz außer Athem zu den letzten Noten (s).

(r) Es wird nicht nöthig ſeyn zu ſagen, daß man bey einer Pauſe, oder nach einer langen Note, am bequemſten Athem holen könne. Wo aber keine Pauſen oder lange Noten ſind, da muß man dieſes allemal nach der anſchlagenden, nicht aber nach der durchgehenden Note thun. Folglich darf man nicht nach der letzten Note

Das IV. Hauptstück.

des Tacts, oder eines Haupttheils desselben, wenn sie nämlich nicht länger ist als die vorhergehenden und folgenden, dem Athem schöpfen; sondern man muß allemal die anschlagende des folgenden Tacts mit dazu nehmen, und alsdenn erst Luft einziehen. Doch sind hiervon die stufenweise auf= oder abgehenden sehr geschwinden Triolen ausgenommen; nach deren letzten Note man im Nothfalle den Athem nehmen kann. Bestehen die Triolen aber aus Sprüngen, so kann es zwischen dem Sprunge geschehen: wie sich denn auch überhaupt zwischen großen Sprüngen das Athemholen am besten schicket; im Fall es sonst nirgend anders geschehen könnte.

Wenn an eine lange Note eine kürzere gebunden ist, so kann man nach, oder gar über der kürzern den Athem einziehen; ohne die kurze angebundene Note wieder anzuschlagen.

Wenn öfters kurze Pausen vorkommen, wie z. E. in diesem Satze:

so wird ein jeder leicht einsehen, daß man nicht bey jeder dieser Pausen Athem holen dürfe.

Zwischen einem Vorschlage und der Hauptnote, zwischen einem langen Triller und seinem Nachschlage, oder zwischen diesem Nachschlage und der drauf folgenden Note Athem zu holen, ist ein großer Fehler, welcher die Verbindung des Gesanges, so durch diese Manieren erreichet werden soll, aufhebt.

Wenn mitten im Gesange eine lange auszuhaltende Note von einem oder mehrern Tacten vorkömmt, und keine Pause vorhergeht, so kann man vor derselben Athem holen: doch, wenn die lange Note auf der letzten Sylbe eines Worts steht, und nicht auf eine Passagie folgt; so ist es immer besser daß man vor der ersten Sylbe des Worts den Athem nimmt: welches seine Dauer eben nicht viel ver= kürzen wird.

Vor einer willkührlichen Schlußcadenz hat der Componist gemei= niglich zum nöthigen Athemholen Zeit gegeben. Hat der Sinn der Worte dieses nicht erlaubet; so muß der Sänger entweder vor dem letzten Worte, nicht aber mitten in demselben, oder, wenn die Cadenz auf der ersten Sylbe des Worts vorkömmt, auf der ersten Note des Tacttheils, wo die Instrumente überhaupt die Note, nach welcher sie ruhen, stark
anschla=

Von den Passagien.

anschlagen, dem Athen schöpfen. Einige der neuesten wälschen Sänger lassen, bey dergleichen Fällen, wohl gar einige Sylben aus dem vorletzten Tacte weg, und stellen es der Einbildung der Zuhörer frey, dieselben zu ersetzen. Sie räuspern sich unter dieser Zeit ein paarmal, und denn holen sie, wie ein Blasebalg, aus allen Leibeskräften Athem, und geben damit das Signal zu dem Wunder welches gleich darauf erscheinen soll. Einige machen es noch schlimmer. Wenn z. E. die Arie sich mit den Worten: il lido guarda e il mar endigte, und vor diesen Worten eine Pause von einem ganzen Tacte vorhergienge, unter welcher sie Zeit genug hätten, sich in Positur zu setzen: so warten sie doch so lange bis die Instrumente zur Ruhe gekommen sind; alsdenn stoßen sie die Sylben il lido guar-, welche noch unter dem Spiele der Instrumente, doch schon nach der Pause, in Viertheilsnoten zu singen waren, mit solcher Geschwindigkeit und Ungestüm heraus, als wenn sie aus dem Schlafe aufführen; darnach folgt erst, bey einem allgemeinen Stillschweigen, die Hauptluftschöpfung, und auf diese ‒ ‒ eine lange Cadenz. Zu Tosis Zeiten soll diese Mode noch nicht eingeführet gewesen seyn.

Das Sparen des Athems muß man absonderlich gleich nachdem man ihn genommen hat wohl beobachten. Denn bey der ersten Note nach dem Athemholen, vornehmlich wenn sie nicht eine der geschwindesten ist, will gemeiniglich zu viel Athem auf einmal wieder heraus fahren; welches denn einen rauhen und harten Anschlag verursachet.

Wenn im übrigen ein Sänger auf das was er vorträgt aufmerksam ist; so wird er leicht fühlen können, welche Noten bedürfenden Falls ein wenig von einander getrennet, und welche gar nicht getrennet werden können. Seine eigene Empfindung wird ihm sagen, welche Note er, bey einer langen Passagie von lauter geschwinden Noten, im Fall er das Athemholen am rechten Orte versäumet hätte, gleichsam unvermerkt weglassen könne: wozu denn die erste Note des Tacts, absonderlich wenn ein Sprung vorher geht, mehrentheils die bequemste ist.

(s) Einige kommen gar über dem Athemholen aus dem Tacte, und fangen an zu schleppen.

Einem Scholaren, welcher schwerlich etwas begreift oder im Gedächtnisse behält, suche der Meister Gelegenheit zu einer edeln Nacheiferung zu verschaffen: damit er ihn anreize, aus Eifersucht, (welche manchmal mehr Kraft hat als das Genie) zu studiren. Denn wenn er, anstatt einer Lection, deren zwo höret, und sich sonst durch den guten Fortgang des andern nicht niederschlagen läßt; so wird er vielleicht erst die Lection seines Mitgesellen, und darnach erst seine eigene lernen.

Er erlaube ihm niemals unter dem Singen das Papier vor das Gesicht zu halten; damit er den Schall seiner Stimme nicht verhindere, oder furchtsam klingend mache.

Er gewöhne den Scholaren, oft in Gegenwart von solchen Personen zu singen, die wegen ihres Standes, oder wegen ihrer Einsicht in die Musik in Ansehen stehen: damit derselbe nach und nach die Furchtsamkeit verliere, und also dreust, aber ja nicht unverschämt und frech werde. Eine edle Kühnheit ist die erstgebohrne Tochter des Glücks, und an einem Sänger wird sie zum wirklichen Verdienste. Im Gegentheil, wer furchtsam ist, ist sehr unglücklich. Unterdrückt von der Beschwerlichkeit des Athemholens, zittert ihm die Stimme beständig. Fast bey jeder Note muß er schlucken, und verliert dadurch die Zeit. Es kränkt ihn, daß er seine Geschicklichkeit nicht an andere Orte ausser dem Hause mit sich nehmen kann. Er machet die Zuhörer verdrüßlich; und verderbt die Compositionen dergestalt, daß man sie nicht mehr für das, was sie sind, erkennen kann. Ein furchtsamer Sänger ist unglücklich wie ein Verschwender, welcher auf eine elende Art arm ist.

Der Meister vergesse nicht dem Schüler begreiflich zu machen, wie groß der Irthum derjenigen ist, welche auf synkopireten oder gebundenen und gezogenen Noten Triller schlagen, passagiren, oder Athem holen: welch eine angenehme Wirkung es hingegen thut, wenn man die Stimme über dergleichen Noten nach und nach verstärket, und so zu reden aufschwellen läßt. Anstatt daß die Compositionen hierdurch etwas verlieren sollten, so gewinnen sie vielmehr desto größere Schönheit.

Er unterrichte ihn wohl, was stark und was schwach ausgeführet werden muß, (t), und wie man dieses bewerkstelligen müsse: doch mit dem Bedinge, daß er die Stärke mehr als die Schwäche in Uebung bringe. Es ist leichter einen der stark singt schwach, als

Von den Paſſagien.

als einen der ſchwach ſingt ſtark ſingen zu machen. Die Erfahrung lehret, daß man dem Piano nicht trauen darf: denn es leckt an, um zu betrügen: und wer die Stimme verlieren will, der laſſe ſich nur oft damit ein. Bey dieſer Gelegenheit erinnere ich mich einer unter den Sängern herſchenden Meynung, daß es ein künſtliches Piano gebe, welches ſich ſo gut hören und vernehmen laſſe als das Forte. Aber dieſes iſt eine Meynung, das iſt, eine Mutter aller Irthümer. Das Piano deſſen, der gut ſingt, höret man nicht wegen irgend einer dabey angebrachten Kunſt, ſondern wegen des tiefen Stillſchweigens derer, ſo ihm aufmerkſam zuhorchen. Zum Beweiſe deſſen, gebe man Achtung: wenn auch der mittelmäßigſte Sänger auf dem Theater nur den vierten Theil einer Minute ſtill ſchweigt, wenn er ſingen ſollte; ſo werden alsdenn die Zuhörer, aus Begierde die Urſach dieſer ſo unerwarteten Pauſe zu erfahren, dergeſtalt ſtill werden, daß wenn der Sänger in dem Augenblicke ein Wort ganz leiſe vorbringen wird, ihn doch auch die entfernteſten gewiß verſtehen werden.

(1) Es muß überhaupt mit der Stärke und Schwäche eine angenehme Abwechſelung getroffen werden. Welche Noten bey Anbringung der Manieren ſtark oder ſchwach ſeyn ſollen, iſt ſchon an ſeinem Orte mit beygebracht worden. Jede Note, die von irgend einer beträchtlichen Länge iſt, muß ſchwach angefangen, darauf nach und nach verſtärket, oder aufſchwellend gemacht, und denn wieder ſchwach geendiget werden. Hiervon ſind nur diejenigen ausgenommen, welche einen heftigen Ausdruck oder Ausruf enthalten, oder welche mit Abſtoßungszeichen verſehen ſind, als welche man freylich ſogleich ſtark angeben muß. Gewiſſe Erhebungen oder Erniedrigungen der Stimme, werden einem der, wie ich oben verlangt habe, recht und mit Affect leſen kann, ſich gleichſam von ſich ſelbſt darbieten. Die zunehmende Stärke und das verlierende Piano ſind Zwiſchenfarben der Ausführung: doch müſſen beyde, ohne ganz beſondere Urſachen, nicht bis auf den äußerſten Grad getrieben werden. Einige geſchwinde Noten nach einer längern, oder nach einem Puncte, ſind ſchwächer als die längere. Bey vielen geſchwinden Noten muß allezeit, wie ſchon geſaget worden, die erſte von vieren etwas markiret werden. Iſt die Bewegung nicht gar zu geſchwind, ſo können einige,

beſon=

besonders wenn sie nach einem Sprunge herunter gehen, und sonst schmeichelnd sind, etwas schwächer werden. Bey gar feurigen und lebhaften Läufen oder Sprüngen aber, ist die Schwäche nicht anzubringen. Ueberhaupt müssen die anschlagenden Noten, bey welchen die Harmonie sich ändert, kräftiger und nachdrücklicher zum Gehör gebracht werden, als die dazwischen vorkommenden kurzen durchgehenden. Bey einem geschwinden Laufe in die Höhe, es sey im Adagio oder Allegro, müssen die anfangenden tiefen Noten besonders kräftig und stark vorgetragen werden. Die darauf folgenden höhern aber können etwas abnehmen. Gehen etliche lange gezogene Noten stufenweise in die Höhe; so können sie nach und nach immer stärker werden. Absonderlich muß man darunter diejenigen stärker angeben, welche ein zufällig Erhöhungszeichen vor sich haben. Bey stufenweise herab gehenden gezogenen Noten kann man einige verstärkt, einige wieder abnehmend vortragen.

Wer alle geschwinden Passagien ganz piano singen, die Stärke seiner Stimme aber nur hier und da bey längern Noten hören lassen wollte; der würde zwar den Vortheil haben, daß er viele Fehler der Stimme bedecken, und auch die Passagien viel geschwinder als gewöhnlich ausführen könnte. Ob aber die Zuhörer, wenn sie, zumal an einem großen Orte, wenig oder gar nichts von den Passagien höreten, damit zufrieden seyn würden: daran zweifele ich.

Es ist aber überhaupt nicht möglich alles und jedes Zu- und Abnehmen der Stärke des Tones in mechanische Regeln zu bringen. Vieles hängt immer noch von der Willkühr oder der Empfindung des Ausführers, und besonders von dem im ganzen Stücke herschenden Hauptaffecte ab. Das wenige was ich angeführet habe, kann indessen einem Aufmerksamen zu weiterm Nachdenken Anlaß geben. Ohne fleißiges Anhören guter, und mit Geschmack ausführender Sänger und Instrumentisten, wird ohnedem keiner in diesem Puncte zu einiger Vollkommenheit gelangen können.

Denen, welche sich aus abstracten Regeln, ohne die Beyspiele gleich vor Augen zu sehen, keine hinlängliche Begriffe zu machen wissen, zu Gefallen, hat sich Herr Quanz, in seinem Versuche über die Flöte, die rühmliche Mühe gegeben, bey vielen einzelnen Sätzen, auch bey einem ganzen Adagio, die Stärke und Schwäche fast jeder Note aufs genaueste vorzuschreiben. Man findet dieses daselbst S. 145 u. f. Es ist zwar alles eigentlich für die Flöte eingerichtet: allein ein angehender Sänger wird doch großen Nutzen davon haben,

wenn

Von den Paſſagien.

wenn er dieſe Exempel durchgeht, und das was ſeiner Stimme möglich iſt, nach der Vorſchrift in Ausübung zu bringen ſuchet. Wobey es ihm leichter werden wird, wenn er ſich die Mühe nimmt, die Exempel aus den Tabellen weitläuftig abzuſchreiben, und die Grade der Stärke und Schwäche, welche in den Tabellen nur durch Buchſtaben, die ſich auf das Hauptſtück im Buche ſelbſt beziehen, angedeutet ſind, aus dem Buche, mit den daſelbſt befindlichen abgekürzten Wörtern, ſelbſt über die Noten zu ſetzen. Ich beziehe mich um ſoviel mehr auf dieſes Quanziſche Werk, weil ein Sänger ſonſt noch ungemein vieles daß für ihn gehöret darinn antreffen wird; zumal wenn er ſich nicht verdrüßen läßt, das ganze Buch, nicht zu durchblättern, ſondern mit Aufmerkſamkeit zu durchleſen.

Die Stärke und Schwäche des Tones, muß auch, abſonderlich auf langen und ernſthaften Noten, ſo gar von denen wohl beobachtet und angebracht werden, welche Chöre, und darinne Verſtärkungsſtimmen ſingen. Es klingt ungemein ſchön, wenn eine lange Note, von allen Sängern und in allen Stimmen zugleich verſtärket und wieder abgenommen wird. Freylich kann bey einer Ripienſtimme nicht alle Feinheit des Sologeſangs angebracht werden. Indeſſen muß man ſich doch bemühen ſo viel davon anzuwenden, als ſich immer thun läßt. Nur mit dem Unterſchiede, daß man dabey vor allen Dingen die Kraft und den Nachdruck der Töne vor Augen habe. Die Ausführung eines Chors muß ſich von der Ausführung einer Arie ſo unterſcheiden, wie ſich die Züge und Pinſelſtriche eines Gemäldes, das in der Entfernung ſeine Wirkung thun ſoll, von den feinen Zügen eines Cabinetsſtücks unterſcheiden. Nachdrücklich und kräftig iſt im geringſten nicht plump und tölpiſch. Nachdrücklich und kräftig ſingen heißt deswegen noch lange nicht brüllen oder ſchreyen. Ich will hierbey die Vermahnung, welche einer unſerer alten deutſchen Sangmeiſter, der aber Wälſchland auch geſehen hatte, nämlich Prinz, in der Muſica modulatoria vocali, S. 8. den Chorſängern ſeiner Zeit giebt, mit ſeinen eigenen, obgleich etwas poſſierlichen Worten, herſetzen:

„Es ſoll auch der Præfectus, (Vorgeſetzte des Chors) ſonderlich Acht „haben, daß keiner von den Sängern übermäßig ſchreye. Maſſen es „nicht allein ſchändlich ſtehet, wenn die Vocaliſten das Maul ſo weit „auſſperren, daß man mit einem Fuder Heu hinein fahren möchte, und „ſo ſtark ſchreyen, daß ſie erſchwartzen, und die Augen verkehren wie „ein geſtochener Bock, ſondern auch überaus häßlich lautet, und ehe für

T 2 „ein

Das IV. Hauptstück.

„ein Geschrey bezechter Bouren, oder heulender Hunde als eine zier=
„liche Music gehalten werden möchte.„

Ich will nicht hoffen, daß diese Erinnerung noch zu unserer Zeit
bey einigen deutschen Chören nöthig seyn werde.

Der Meister erinnere sich, daß derjenige, welcher nicht in der
strengsten Richtigkeit des Tactes singt, unmöglich die Hochachtung
verständiger Leute verdienen könne. Deswegen gebe er beym Unter=
richten wohl Achtung, nicht allein daß jede Note ihre gehörige Gel=
tung bekomme, sondern auch daß die Tactbewegung überhaupt ja
nicht verändert oder verrücket werde; will er anders recht unterwei=
sen, und einen guten Scholaren erziehen.

Wenn in gewissen Schulen die garstigen alten Bücher mit den
großen Noten im Capellstyle, und die Fugen und gebundenen
Stücke (u) im Staube vergraben lägen: so suche sie ein guter Leh=
rer wieder hervor, denn diese sind die kräftigsten Mittel den Scho=
laren ton= und tactfest, und im Notentreffen sicher zu machen.
Wenn man nicht fast immer auswendig sänge, wie man heutiges
Tages thut; so wüßte ich nicht, ob und wie manche Sänger den
Namen großer Virtuosen würden behaupten können.

(u) In der Urschrift steht Madrigali. Die Wälschen pflegen
überhaupt vielstimmige gebundene und fugirete Sätze, über kurze,
aus freyen und meist ungleichen Versen bestehende Poesien, für Sing=
stimmen ohne Instrumente, mit dem Namen der Madrigale zu benen=
nen. Man hat deren besonders vom Lotti, welche sehr gelobet wer=
den. Der berühmte Francesco Gasparini, hat auch, und zwar in
seinem hohen Alter noch, deren einige recht schöne, in welchen das Ge=
fällige so starck herschet als die Kunst, verfertiget. Diese sind aber so
viel ich weis, zum wenigsten in Deutschland, nicht öffentlich be=
kannt worden.

Der Meister suche seinen Schüler aufzumuntern wenn er
zunimmt; er demüthige ihn aber, ohne ihn doch zu schlagen, wenn
er anhaltend hartlernig ist. Strenger verfahre er bey der Nachläßig=
keit. Er endige niemals eine Lection ohne Nutzen.

Die

Von den Paſſagien.

Die jungen Mannsperſonen, müſſen zu der Zeit, wenn ſie die Stimme verändern, nicht zu vielem, viel weniger ſtarken Singen angeſtrenget werden; bis die erlangte tiefere Stimme wieder anfängt in Ordnung zu kommen. Ein gleiches iſt bey jungen Frauenzimmern, faſt in eben dem Alter, da ſich bey dem männlichen Geſchlechte die Stimme verändert, und zwar bey gewiſſen Umſtänden, welche die Frau Mama am beſten wird bemerken können, zu beobachten. Widrigenfalls können bey beyden Geſchlechtern, die ſonſt guten Stimmen leicht, wo nicht gar verlohren, doch wenigſtens verderbet werden.

Eine Stunde Uebung des Tages, iſt beym erſten Anfange, auch für den fähigſten Kopf, nicht genug. Der Meiſter bedenke alſo wie viele Zeit er bey einem anwenden müſſe, der nicht ſo gelehrig iſt, und wie viel die Schuldigkeit ſich nach des Lehrlings Fähigkeiten zu bequemen von ihm fodere. Von einem der nur ums Brod unterrichtet, kann man ſich dieſe nothwendige Herablaſſung nicht verſprechen. Die andern Scholaren warten auf ihn; er iſt verdrüßlich über die tägliche Mühe; die Noth treibt ihn; er denkt: der Monat iſt noch lang; er ſieht nach der Uhr, und geht fort. Wenn er für einen leidlichen Preiß unterrichtet: ſo wünſchen wir ihm guten Weg.

Das V. Hauptstück.
Vom Recitativ.

Es giebt dreyerley Arten des Recitativs: und dreyerley verschiedene Arten davon, muß auch der Meister seinen Untergebenen lehren.

Die erste Art ist das Kirchen-Recitativ, und zwar mit Recht. Es wird so vorgetragen, wie es der Heiligkeit des Ortes gemäß ist. Es leidet nicht das Scherzhafte einer freyern Schreibart. Es fodert vielmehr hie und da eine lange Aushaltung, viele Vorschläge, und eine beständig unterhaltene edle Ernsthaftigkeit. Die Kunst, mit welcher es auszudrücken ist, lernet man nicht anders, als aus einer überzeugenden Empfindung der Wahrheit: daß man zu GOtt redet.

Die zweyte Art ist das theatralische Recitativ. Dieses, weil es mit der Action des Sängers unzertrennlich verbunden ist, nöthiget den Meister, den Schüler in einer gewissen der Natur gemäßen Nachahmung zu unterrichten, welche nicht schön seyn kann, wenn sie nicht mit der erhabenen Anständigkeit ausgeführet wird, mit welcher Fürsten, und diejenigen die mit Fürsten umzugehen wissen, reden.

Die dritte Art ist, nach dem Urtheile der verständigsten Männer, mehr als die andern, den natürlichen Empfindungen des menschlichen Herzens fühlbar, und heißt das Kammer-Recitativ. Dieses erfodert fast immer seine besondere Kunst in Ansehung der Worte; welche, da sie größtentheils der Ausdrückung der stärksten Empfindungen des Herzens gewidmet sind, den Lehrmeister verbinden, seinen Schüler diejenige lebhafte Theilnehmung zu lehren, die da glauben machen kann, daß der Sänger, das was er vorträgt, wirklich empfinde. Ist der Schüler nachgehends der Unterweisung entgangen: so wird es mehr als zu leicht seyn, dieser Lection zu entbehren.

Vom Recitativ. 151

ren. Das außerordentliche Vergnügen, welches Musikübende daran finden, entsteht aus der erlangten Einsicht in diejenigen Kunstgriffe, welche, ohne die Beyhülfe der gewöhnlichen Zierrathen, für sich selbst, alle Belustigung zu erwecken im Stande sind. Und gewiß, wo die Leidenschaft redet, da müssen Triller und Passagien schweigen, und der Kraft eines mit dem Gesange vereinigten schönen Ausdrucks allein die Ueberredung des Herzens einräumen.

Das Kirchen=Recitativ läßt den Sängern mehr Freyheit als die andern beyden, und befreyet sie ganz von einer genauen Beobachtung des Tacts (a), zumal in den Cadenzen am Ende. Nur müssen sie sich derselben als Sänger, nicht aber als Violinisten bedienen (b).

(a) Es könnte also auch, wenn es anders recht ausgeführet würde, viele Vorgesetzte deutscher Kirchenchöre von der Mühe befreyen, den Tact dazu zu schlagen.

(b) Das ist, es verträgt zwar, bey affectreichen Stellen, zuweilen eine mit willkührlichen Auszierungen etwas ausgefüllete Aufhaltung: nur müssen diese Auszierungen nicht so weitläufig oder wohl gar ausschweifend seyn, als sie in den Arien noch gedultet werden. Die kürzesten und leichtesten sind, anstatt des gewöhnlichen Recitativschlusses welcher ausgeschrieben ist (α), die S. 113. bey Gelegenheit der Doppeltriller gezeigte Auszierung vor der Fermate (β), oder ein mit einem lang auszuhaltenen verstärkten Vorschlage versehener, matt ausgeführter prallender Doppelschlag, s. S. 119. auf der Secunde von oben vor der letzten Note des Recitativs, welche an der Stelle der darüber liegenden ausgeschriebenen Quarte, oder der zweymal geschriebenen Endigungsnote, angeschlagen wird (γ).

152   Das V. Hauptstück.

Man kann auch den Schluß ganz simpel vortragen, und dagegen eine andere der kurz vorhergehenden Noten mit einer willkührlichen Haltung versehen; z. E. im vorigen Beyspiele die Sylbe *men* vom Worte *pentimento*, welches auch hier eigentlich der Sinn des Verfassers gewesen zu seyn scheint.

Es können nicht weniger bey dergleichen Schlüssen, oder Aufhaltungen, noch mehrere, doch größtentheils langsam gezogene Noten, nach Gutbefinden des Ausführers angebracht werden. Bisweilen werden sie von dem Componisten, vielleicht um die Gelegenheit zu Ausschweifungen zu beschneiden, selbst vorgeschrieben: wie aus folgendem Beyspiele erhellet (δ), auf dessen vorletzter Note allenfalls auch die zwo vorhin angeführeten Manieren (β) und (γ), würden angebracht werden können.

Das theatralische Recitativ leidet keine dergleichen willkührliche Auszierungen, um der natürlichen Erzählungskunst nichts in den Weg zu legen. Ausgenommen wenn etliche Sätze in mancher Rede für sich allein (Soliloquio) (c), vorkommen, die nach Art des Kammerstyls gesetzet sind.

(c) Diese

Vom Recitativ. 153

(c) Diese werden entweder ganz, oder zum Theil, mit einer Begleitung von mehrern Instrumenten versehen, da die übrigen größtentheils nur die Grundstimme zur Begleitung haben. Ein solcher Satz wird in einem besondern Verstande ein Accompagnament genennet. Doch ist es nicht die Folge, daß alle Recitative, die einer allein auf der Bühne singt, Accompagnamente seyn müßten; so wenig als es verwehret ist, auch andere Stellen des Recitativs, welche besondere Empfindungen ausdrücken, mit einer Begleitung verschiedener Instrumente zu versehen.

Das dritte hat nicht alle die Ernsthaftigkeit des erstern, und begnügt sich, mehr mit dem zweyten gemein zu haben (d).

(d) Was der Verfasser oben vom Kirchen-Recitativ saget, daß es nicht nach dem Tacte gesungen werde; das haben alle drey Arten mit einander gemein. Man muß sich dabey mehr nach der Länge und Kürze welche die Sylben in der gemeinen Rede haben, als nach der Geltung richten, in welcher jede Note des Recitativs geschrieben ist. Zwar müssen diese Noten auch schon von dem Componisten der Quantität der Sylben gemäß eingerichtet seyn: doch giebt es Fälle, wo man die Noten bald länger bald kürzer hält, als ihre vorgeschriebene Geltung erfodert. Absonderlich klingt es abgeschmackt, wenn etliche deutsche Chorsänger drey Sechzehntheile nach einer kurzen Pause, dergleichen sehr oft im Recitative aufstoßen, so ängstlich und geschwind herpoltern, daß niemand daraus eine Nachahmung der gemeinen Rede, welche doch das Recitativ mehr als die Arien seyn soll, erkennen wird. Die kurzen Sätze zwar, welche die Instrumente zwischen dem accompagnireten Recitativ spielen, müssen nach dem Tacte ausgeführet werden. Doch ist der Sänger in seiner Stimme hieran nicht gebunden, sondern muß nur die kurzen Sätze auswarten, wenn er nicht schon unter denselben eintreten soll; so wie hingegen die Instrumentisten wieder auf ihn warten müssen. Wenn aber, wie zuweilen geschieht, ariose, oder andere Sätze im Recitativ vorkommen, welche nicht anders als nach dem Tacte ausgeführet werden können und sollen; wie solches der Componist gemeiniglich durch die Wörter: a tempo, oder nach dem Tacte, anzuzeigen pflegt: so ist auch der Sänger, er mag auswendig oder vom Blatte singen, verbunden, solchen genau zu beobachten.

Der Gebrauch bringt mit sich, daß in allen dreyen Arten des Recitativs einige Noten verändert werden, einige hingegen einen kleinen

154   Das V. Hauptstück.

Zusatz bekommen: welches aber doch im Kirchen= und Kammer=Recitativ häufiger als im theatralischen angebracht werden kann.

    1) Die Recitativcadenzen werden gemeiniglich so ausgeschrieben (ε): man singt aber die vorletzte Note eine Quarte höher, und wiederholet also die vorhergehende (ζ). Einige Componisten pflegen sie auch so zu schreiben wie man sie singt. Endiget sich aber eine solche Cadenz mit einer einzigen langen Sylbe; so macht man vor der letzten Note nur einen Vorschlag aus der Quarte von oben (η).   2) Vor einer Note die einen anschlagenden Terzensprung herab macht, absonderlich wenn ein kurzer Einschnitt, der ein Komma oder anderes Unterscheidungszeichen ausdrücket, darauf folget, pflegt man zuweilen entweder einen Vorschlag aus der Secunde von oben anzubringen, denselben auch wohl, in zärtlichen Stellen, mit einem leisen Prralltriller zu begleiten (ϑ): oder man setzet, zumal wenn noch eine Note nachkömmt die auf eben demselben Tone bleibt, an Stellen die nicht affectuos sind, anstatt der ersten Note nur den Vorschlag (ι). Ein gleiches kann man, in ähnlichen Fällen, auch anbringen, wenn die zwo Noten anstatt der Terze nur eine Secunde fallen (κ).

come

Vom Recitativ.

3) Zuweilen kann man, wenn einige Noten auf einem Tone wiederholet werden, zwischen der anschlagenden und durchgehenden derselben, einen eigentlichen Mordenten anbringen. Hier sind Beyspiele davon:

156　　　　　Das V. Hauptstück.

Ueber (λ) (μ) (ν) und (ξ) sind dergleichen Stellen, wo man diese Mordenten auf folgende ausgeschriebene Art anbringen könnte:

Doch da so viel Manieren von einerley Art ekelhaft werden würden: so dürfen sie nicht allemal angebracht werden. 4) Man kann auch über springenden Vorschlägen von unten den verlängerten Mordenten anbringen. Man setze unter die, S. 114. in den zween obersten Notenplanen ausgeschriebenen Mordenten, die Worte · mio ben, oder andere dergleichen; so hat man das Beyspiel davon; welches besonders im Kirchen= und Kammer=Recitativ bisweilen angebracht werden kann.

Wer das itzt beschriebene gelesen hat, und darnach gute Sänger fleißig und mit Aufmerksamkeit höret; der wird sich einen desto deutlichern Begriff von dem im Recitativ vorkommenden kleinen Manieren machen, und sie desto leichter nachahmen können. Denn ohne alle lebendige Beyspiele, wird man, auch in diesem Puncte, nicht ganz vollkommene Einsichten erlangen können.

Die

Vom Recitativ.

Die Fehler, und die unerträglichen Misbräuche, welche im Recitativ gehöret, und doch von denen so sie begehen nicht eingesehen werden, sind fast unzählig. Ich will einige, die besonders auf dem Theater vorkommen, hier anmerken; damit sie der Meister verbessern könne. (e).

(e) Man wird leicht einsehen, daß sich ein guter Gebrauch dieser Verbesserungen auch bis in die Kammer und die Kirche erstrecket.

Einige singen das Recitativ auf der Bühne so, wie das in der Kirche oder in der Kammer: es ist ein beständiger leyernder Gesang, wobey einem übel werden möchte. Einige bellen, weil sie allzusehr in den Affect eingehen. Einige sagen es gleichsam in Geheim; andere verworren. Einige dehnen, oder zwingen die letzten Sylben heraus; andere verschweigen sie. Einige singen es, als wenn sie keine Lust hätten; andere als wenn sie in tiefen Gedanken wären. Einige verstehen es nicht; andere lassen es nicht verstehen. Einige thun als wenn sie bettelten; andere als wenn sie die Zuhörer nur über die Achsel ansähen. Einige schleppen es; andere poltern es heraus. Einige singen es durch die Zähne; andere affectiret. Einige sprechen es nicht recht aus; andern fehlt es am gehörigen Ausdrucke. Einige lachen es; andere weinen es. Einige reden, andere pfeifen es. Einige kreischen; andere heulen; und wieder andere intoniren nicht. Und unter den Fehlern derer, die sich von der Natur entfernen, ist dieser noch der größte, daß sie nicht an die Schuldigkeit denken, die ihnen obliegt, sich zu bessern.

Mit allzuschädlicher Nachläßigkeit versäumen die neumodischen Lehrmeister, ihre Scholaren in allen Arten der Recitative zu unterrichten: denn heut zu Tage hält man den auf den Ausdruck zu wendenden Fleiß entweder nicht für nöthig, oder man verachtet ihn als was altväterisches. Und doch könnten sie täglich gewahr werden, daß es nicht nur unumgänglich nöthig ist die Recitative singen zu können, sondern daß man sie auch zu recitiren wissen muß. Wenn sie dieses etwan nicht glauben, so dürfen sie nur ohne

Das V. Hauptstück.

Schmeicheley der Eigenliebe untersuchen, ob sich unter denen die sie erzogen haben ein Acteur befindet, welcher die Lobeserhebungen eines Cortona im Zärtlichen, und eines Baron Ballerini im Feurigen verdienet; oder der verschiedenen andern wegen ihrer Action berühmten Leuten gleich kömmt, welche gegenwärtig die musikalische Schaubühne betreten; von denen ich zwar keinen, er mag in seiner Kunst noch so vollkommen seyn, in diesen meinen Anmerkungen mit Namen nennen, doch aber nicht unterlassen will, ihnen diejenige Hochachtung zu bezeugen welche sie verdienen, und welche ich ihnen schuldig bin (f).

(f) Der Verfasser versteht, wenn ich recht rathen kann, hierunter ohne Zweifel vorzüglich den zum venezianischen Cavalier erhobenen Nicola Grimaldi, welcher insgemein unter dem Namen Nicolini bekannt ist; ferner den berühmten Francesco Bernardi, Senesino genannt, und von Frauenzimmern unstreitig die eben so große Actrice als Sängerinn, Madame Faustina Hasse. Vom Nicolini schreibt selbst der den wälschen Opern sonst nicht sonderlich gewogene Addison im 13ten Stück des Zuschauers, folgendes: „Es entsteht ein gerechter „Unwille bey mir, wenn ich sehe, daß eine Person, (Nicolini nämlich) „deren Vorstellung den Königen eine neue Majestät, den Helden Herz, „und den Liebhabern Zärtlichkeit giebt, von der Hoheit ihrer Auffüh„rung also herab sinkt, und bis auf den Charakter eines Londonschen „Lehrjungen erniedriget wird (o). Ich habe oft gewünschet, daß „sich unsere Tragödienspieler nach diesem großen Meister in der Vor„stellung richten möchten. Könnten sie ihre Arme und Beine eben so „brauchen, und ihr Gesicht zu eben den nachdrücklichen Blicken und „Leidenschaften gewöhnen; wie herrlich würde nicht ein englisches „Trauerspiel mit derjenigen Vorstellung erscheinen, welche vermögend „ist, den gezwungenen Gedanken, kalten Einfällen und unnatürlichen „Ausdrückungen einer italiänischen Oper (π) ein Ansehen zu geben.

(o) Nicolini hatte damals, wie es seine Rolle in einer gewissen Londoner Oper mit sich brachte, mit einem Löwen kämpfen müssen, welcher erst durch einen cholerischen Lichtputzer, hernach durch einen sanftmüthigen Schneider, und endlich durch einen lustigen Dorfjunker zum Zeitvertreibe, war vorgestellet worden; bey welchem Kampfe der Löwe, unter dem Pöbel, mehr Bewunderer gefunden hatte, als Nicolini selbst.

(π) Man

Vom Recitativ. 159

(π) Man sieht leicht, daß Addison hier nicht von der Musik, sondern nur von der Poesie der damaligen Londoner Opern redet. Und hierinn hat er vollkommen Recht. Metastasio, und andere seiner glücklichen Nachfolger, schrieben damals noch keine Singspiele.

Wer den Vortrag des Recitativs nicht lehren kann, der versteht, allem Ansehen nach, die Worte nicht: wer nun aber den Sinn derselben nicht einsieht, wie kann doch der immermehr dem Schüler denjenigen Ausdruck beybringen, welcher die Seele des Gesanges ist, und ohne welchen man unmöglich gut singen kann.

Ihr schwachen Herren Meister, die ihr, ohne auf den äussersten Schaden, welchen ihr der Musik durch Erschütterung ihrer Hauptgrundsäulen zufüget, zu denken, Schüler unter eure Zucht nehmet; wenn ihr nicht wißt, daß die Recitative, vornehmlich die in eurer Muttersprache, so gelehret werden müssen, wie es dem Nachdrucke der Worte gemäß ist: so wollte ich euch rathen, den Namen und das Amt eines Meisters denen zu überlassen, welche, zum Nutzen der Sänger und der Musik, dem einen und dem andern gewachsen sind (g). Sonst ist es kein Wunder, wenn eure Schüler, die ihr eurer Unwissenheit aufopfert, das Lustige von dem Traurigen, und das Feurige von dem Zärtlichen nicht unterscheiden können, und also auf der Bühne dumm, und in der Kammer ohne Sinnen und Empfindung erscheinen. Ich sage es wie ichs einsehe: eure und ihre Schuld ist unverantwortlich: denn die Marter die man hat, wenn man auf dem Theater die Recitative im Geschmacke des Choralgesanges der Capuciner absingen höret, ist nicht auszustehen.

(g) Porpora insonderheit, hat beständig, bey seinen Unterweisungen, den richtigen Vortrag und Ausdruck der Worte, im Recitativ sowohl als in den Arien, mit Ernst vor Augen gehabt und eingeschärfet: so wie er auch die so seltene, und vielen Sangmeistern, wo nicht gar Componisten, beynahe unbekannte Gabe besitzet, die Fähigkeit seiner Schüler genau einzusehen und sich darnach genau zu richten; und keinen anders singen läßt, als es die Beschaffenheit und das Vermögen seiner Stimme mit sich bringt. Ich glaube daß kein unpartheyischer

Musik-

Das V. Hauptſtück.

Muſikgelehrter ihm, auch in Anſehung ſeiner Compoſition, dieſe Gerechtigkeit verſagen wird. Bey vielen andern Sangmeiſtern und Tonſetzern ſind diejenigen immer die glücklichſten geweſen, deren Stimme mit der Stimme ihres Lehrers die meiſte Aehnlichkeit hatte.

Doch iſt die Urſach, warum das Recitativ nicht mehr nach der Art der berühmten Alten ausgedrücket wird, nicht allemal, weder in der Untauglichkeit der Meiſter, noch in der Nachläßigkeit der Sänger zu ſuchen. Sie rühret vielmehr von der gar zu geringen Einſicht gewiſſer neumodiſcher Componiſten her, welche, (den wohlverdienten wird hierdurch nichts zu nahe geredet,) die Recitative ſo unnatürlich und ohne Geſchmack abfaſſen, daß man dieſelben weder lehren, noch mit der rechten Action begleiten, noch ſingen kann. Zur Rechtfertigung der Lehrmeiſter ſowohl als der Sänger, reichet die geſunde Vernunft ſelbſt die Hand. Die Componiſten zwar zu tadeln, und mich in eine Materie einzulaſſen, die für meine geringe Einſicht zu hoch iſt, verbietet mir eben dieſe Vernunft; und befiehlt mir ſehr weislich, auf meine wenige und nicht gar zu gründliche Erkenntniß, welche kaum für einen Sänger, oder höchſtens für einen der eine Note gegen die andere ſetzen will, zureichend iſt, beſſer zurück zu ſehen. Wenn ich aber wieder auf der andern Seite die Nothwendigkeit, den Sängern verſchiedene Vortheile an die Hand zu geben, in welche ich mich durch Herausgabe dieſer Anmerkungen geſetzet habe, bedenke, und von der Verfertigung der Recitative nichts zu denen reden wollte, die es doch ſo nothwendig brauchen; ſo würde ich einen gedoppelten Fehler begehen. Die Verwirrung würde mich in einem ſehr verwickelten Irrgarten zweifelhaft und unentſchloſſen ſtehen laſſen; wenn nicht der eben zur rechten Zeit ſich meldende Einfall, daß die Recitative mit dem künſtlichen Contrapuncte nichts zu ſchaffen haben, mir glücklich daraus hölfe. Iſt es wahr, daß die Kunſt Fugen zu ſetzen nicht ins Recitativ gehöret: ſo möchte ich gern den Sänger kennen, der nicht wiſſen ſollte, daß viele theatraliſche Recitative unverbeſſerlich ſeyn würden, wenn man darinn nicht eines mit dem

Vom Recitativ.

dem andern verwirret hätte; wenn es möglich wäre sie auswendig zu behalten; wenn ihnen nicht der Nachdruck der Worte und der Musik fehlete; wenn sie nicht den der singt, und den der zuhöret, mit den gefährlichsten Sprüngen vom Weißen zum Schwarzen, erschrecketen: wenn sie nicht das Ohr und die Regeln durch die schlechtesten Modulationen beleidigten; wenn sie nicht den guten Geschmack durch eine beständige Aehnlichkeit quäleten; wenn sie durch die widerwärtigsten Wendungen der Töne nicht Herzensstiche gäben: und endlich, wenn die Perioden nicht verrenket würden, von Leuten die weder Puncte noch Beystriche kennen. Ich erstaune, daß gewisse Herren nicht die Recitative derjenigen Verfasser nachzuahmen und sich zu Nutzen zu machen suchen, welche uns, durch den Ausdruck gewisser Noten, die von sich selbst singen, als wenn sie sprächen, das Wahre aufs lebhafteste vor Augen malen. Aber wozu dient es daß ich mich beunruhige? Kann ich wohl verlangen daß alle diese Gründe, so handgreiflich sie auch immer seyn mögen, für gut erkannt werden sollen; da ja die gesunde Vernunft selbst (h) bey der Musik aus der Mode zu kommen anfängt? Was für Stärke hat doch der eingeführte Gebrauch! Er entbindet, durch eine unrechtmäßige Gewalt, seine Anhänger von den wahren Regeln, um ihren Fleiß nur einzig und allein auf künstliche Ritornelle und Begleitungen (i) zu richten. Er will nicht daß sie die kostbare Zeit über den Recitativen verderben sollen; als welche seinen Grundsätzen nach, nur aus der Feder, nicht aber aus dem Kopfe, so hinfallen sollen. Ob es Unwissenheit oder Nachläßigkeit sey, weis ich nicht; dieses aber weis ich sehr wohl, daß die Sänger ihre Rechnung im geringsten nicht dabey finden.

(h) Der Verfasser schrieb dieses im Jahre 1723. Wie es itzo in Wälschland in diesem Puncte beschaffen sey, kann ich, aus Mangel hinlänglicher Nachrichten, nicht eigentlich sagen.

(i) Diese Klage würde ganz gewiß wegfallen, wenn Tosi die Ritornelle vieler heutigen Componisten von der wälschen Nation itzo sehen sollte.

Das V. Hauptstück.

Ich weis nicht, ob er nicht vielmehr über das Gegentheil sich zu beschwehren Ursach finden würde. Wie weit aber die meisten seiner neuesten Landsleute seit der Zeit mit der Besserung im Recitativstyle gekommen sind, überlasse ich andern zu beurtheilen.

Ueber die Composition der Recitative überhaupt wäre noch viel zu sagen: zumal bey Gelegenheit der verdrüßlichen Einförmigkeit, welche das Gehör in jeder Oper zum wenigsten mit tausend abgebrochenen Cadenzen (k) beleidiget. Diese Art der Cadenzen hat zwar der Gebrauch eingeführet; allein sie sind größtentheils ohne Geschmack und Kunst. Wollte man sie alle abschaffen: so würde das Heilungsmittel ärger seyn als das Uebel selbst. Lauter Endigungscadenzen (l) einzuführen, würde Abscheu erwecken. Wenn allenfalls zwischen diesen beyden Ausschweifungen ein Mittel getroffen werden müßte; so glaube ich, daß unter hundert abgebrochenen Cadenzen, zehn ganz geendigte, über Puncten, welche eine Periode schließen, nicht übel angewendet seyn würden. Doch die Verständigen sprechen nicht davon, und ihr Stillschweigen räth mir auch an, nicht weiter zu reden.

Ich kehre wieder zum Lehrmeister zurück, um ihn nur noch zu erinnern, daß er schuldig ist die Musik zu lehren: und wenn der Scholar, ehe er seiner Zucht entlaßen wird, nicht seiner Wissenschaft gewiß ist; so fällt der Schaden auf den Unschuldigen, und wer daran Ursach ist, kann ihn nicht wieder ersetzen.

Befindet aber der Meister wirklich, daß er nach vollendeten bisherigen Lectionen noch Fähigkeit genug übrig hat, dem Schüler wichti=

wichtigere Dinge, die zu seinem fernern Wachsthume gereichen, beyzubringen; so muß er denselben sofort zu Kirchenarien anführen, in welchen man allen theatralischen und weibischen Schmuck bey Seite setzen, und als ein Mann singen muß. Deswegen soll er ihn mit verschiedenen Moteten (m) versehen, welche natürlich, und mit edler Anmuth gesetzet sind, mit dem Muntern und Pathetischen abwechseln, und sich für des Schülers Fähigkeiten schicken. Diese muß er so oft mit ihm durchgehen, bis dieser sie mit Sicherheit und Lebhaftigkeit ausführen kann. Zu gleicher Zeit trage er Sorge, daß die Worte gut ausgesprochen, und noch besser verstanden werden mögen: daß die Recitative mit Nachdruck und ohne Affectation, wohl unterhalten ausgeführet werden: daß in den Arien die Richtigkeit der Tactbewegung nicht fehlen, dargegen die Anlage zum feinern und schmackhaftern Singen schon hervor leuchten möge: und vor allen Dingen, daß die Passagien welche das Motet endigen, wohl abgestoßen, intoniret, und geschwinde vorgetragen werden.

(m) Moteten sind bey den Wälschen gewisse geistliche lateinische Cantaten, für eine Singstimme, mit Instrumenten, welche in der Kirche, bey der Messe, zwischen dem Credo und Sanctus gesungen werden. Sie bestehen ordentlich aus zwo Arien und zween Recitativen, und schließen sich mit einem Halleluja, worinn gemeiniglich viele Passagien vorkommen. Im übrigen schicken sich alle hierüber gegebenen Lehren des Tosi auch vortrefflich auf die deutschen Kirchencantaten der Protestanten.

Hierauf unterrichte man den Scholaren auch in der Singart welche der Geschmack der Kammer=Cantaten erfodert: damit er durch die Uebung den Unterscheid kennen lerne, der sich zwischen der einen und der andern Schreibart befindet.

Sollte der Meister auch gleich mit dem Zunehmen des Schülers zufrieden seyn, so bilde er sich doch ja nicht ein, daß er ihn öffentlich hören lassen könne; wenn er nicht vorher das weise Gutachten solcher Männer darüber vernommen hat, welche mehr zu

X 2   singen

singen als Schmeicheleyen zu sagen wissen. Denn diese werden ihm nicht nur diejenigen Compositionen vorschlagen, mit denen er die meiste Ehre einlegen kann; sondern sie werden ihm auch die Mängel, und vielleicht gar die Fehler entdecken, welche, aus Nachsicht oder Unwissenheit des Lehrers, nicht verbessert oder erkannt worden waren.

Wenn alle diejenigen, die sich mit Unterweisen beschäftigen, bedächten, daß es von unserm ersten Vortritte in die große Welt abhängt, ob wir einen guten Namen und nöthige Herzhaftigkeit verlieren oder gewinnen wollen; so würden sie ihre Scholaren nicht so blindlings, und aufs Gerathewohl, der Gefahr aussetzen, bey dem ersten Schritte zu fallen.

Hat endlich der Meister nicht mehr Einsichten als diese, welche allenfalls zureichend seyn könnten, die bis hieher vorgetragenen Regeln in Uebung zu bringen; so ist er in seinem Gewissen verbunden, sich nicht weiter zu wagen: er soll vielmehr selbst dem Scholaren anrathen, sich, zu seinem eigenen Vortheile, gelehrterer Anweisung zu untergeben. Ehe es aber noch so weit kömmt; so wird es vielleicht nicht ganz ohne Nutzen seyn, wenn ich mit dem Scholaren selbst ein paar Worte spreche. Und wenn etwan ein zu zartes Alter ihm nicht erlaubet mich zu verstehen: so höre mich der, der über ihn die Aufsicht hat, oder sonst Fürsorge für ihn trägt, in den folgenden Hauptstücken.

Das

Das VI. Hauptstück.
Anmerkungen für den Musikstudierenden insbesondere.

Ehe man die so weitläuftige und schwere Bemühung, so auf den feinern und künstlichern Gesang gewendet werden muß, unternimmt; ist nöthig, daß man zuvor seinen eigenen Beruf wohl untersuche, ohne welchen aller Fleiß vergeblich seyn würde. Es ist nicht möglich der hartnäckigen Widersetzung unserer natürlichen Neigung zu widerstehen, wenn sie uns, durch eine verborgene Kraft, anders wohin zieht. Wo sie aber ihre Schmeicheleyen anwendet, da überredet sie unmittelbar, und ersparet dem Anfänger die Hälfte der Mühe.

Ich setze also voraus, daß der Scholar ängstlich begierig sey, sich eine so schöne Wissenschaft zu erwerben; und schon in den bisher gelehreten mühsamen Anfangsgründen, wovon vielleicht noch einige meinem schwachen Gedächtnisse entgangen seyn mögen, hinlänglichen Unterricht erhalten habe. Nun muß er sich vornehmlich nach dem Besitze sittlicher Tugenden bestreben; das übrige seines Fleißes aber auf die Kunst gut zu singen wenden: damit er durch einen guten Fortgang in beyden, zu der Glückseligkeit gelangen möge, die edelsten Gemüthseigenschaften mit den sonderbaresten Gaben des Genies in sich vereiniget zu haben.

Wenn ein Lernender das Singen zu seinem Hauptwerke macht; so bedenke er, daß von seiner Stimme sein Glück oder Unglück unumgänglich abhange. Er muß also, um dieselbe nicht zu verlieren, sich in keine Ausschweifungen, und in keine heftigen und gewaltsamen Ergetzlichkeiten einlassen.

Er lerne recht vollkommen lesen, um nicht die Schande zu haben, daß er die Worte erbetteln muß; und um nicht in die Ungereimtheiten zu verfallen, welche aus der schändlichsten Unwissenheit entspringen. O wie viele hätten noch nöthig das ABC=Buch in die Hand zu nehmen!

Hätte sein Meister etwan die Fehler der Aussprache nicht zu verbessern gewußt: so bemühe er sich selbst vor sich die beste zu erlernen: denn die Entschuldigung, daß man nicht in Toscana gebohren ist, reichet nicht zu, die Unwissenheit damit zu bedecken.

Er suche auch mit eben so emsigen Fleiße sich von allen den andern Fehlern zu reinigen, welche die Nachläßigkeit des Meisters noch übersehen haben könnte.

Nebst der Musik lerne er zum wenigsten noch etwas von der lateinischen Sprache, damit er die Worte verstehen könne, welche er in der Kirche zu singen hat; und damit er ihnen diejenige Kraft geben könne, welche in der einen und der andern Sprache nöthig ist. Bey nahe möchte ich glauben, daß verschiedene Sänger nicht einmal ihre Muttersprache, geschweige denn das Latein verstünden (a).

(a) Unsere deutschen Sänger belieben bey diesem Absatze die Anmerkung (p) S. 137. u. f. noch einmal nachzulesen.

Er übe die Stimme vor sich selbst unermüdet in der Geschwindigkeit der Bewegung; damit er sie bey allen Vorfällen gehorsam finde; wofern er anders mehr Gebieter als Sclave derselben seyn, und nicht den Namen eines pathetischen Sängers führen will.

Er unterlasse nicht von Zeit zu Zeit lange schwellende Aushaltungen (b) mit der Stimme zu machen; damit dieselbe immer zu dem einem und dem andern geschickt bleibe.

(b) Siehe vorn, S. 47.

Er wiederhole seine Lection zu Hause so lange, bis er sie recht sicher weis, und präge sie dem Gedächtnisse wohl ein; damit er dem Meister den Verdruß, sie wieder vorzunehmen, und sich die Mühe, sie von Neuem zu lernen, ersparen möge.

Anmerkungen für den Musikstudierenden insbesondere.

Das Singen verlangt die Anwendung eines so großen Fleißes, daß man so gar in Gedanken studiren muß, wenn man mit der Stimme nicht kann.

Eine unermüdete Bemühung junger Leute hat den gewissen Nutzen, daß sie alle Hindernisse, die sich ihnen entgegen setzen, überwindet, und wenn es auch gleichsam mit der Muttermilch eingesogene Fehler wären. Diese meine Gedanken zwar sind starken Einwürfen ausgesetzet: doch wird die Erfahrung, wenn sie nur mit der folgenden Bedingung verbunden wird, daß man sich bey Zeiten recht zu bessern wisse, für mich reden. Denn wenn die Ausrottung der Fehler immer aufgeschoben wird; so wachsen sie mit den Jahren, und werden um so viel häßlicher, ie tiefer sie einwurzeln.

Ein junger Anfänger in der Singkunst suche, so oft als es ihm möglich ist, die berühmtesten Sänger, und auch die besten Instrumentisten zu hören. Denn aus der Aufmerksamkeit auf ihren Vortrag kann man mehr Nutzen ziehen, als aus irgend einer Unterweisung.

Er suche hierauf die einen und die andern zu copiren, um durch den Fleiß anderer unvermerkt selbst in den guten Geschmack zu kommen. Diese Lehre aber, ob sie gleich einem Studirenden sehr nützlich ist; so bringt sie doch dagegen einem schon zur Reife gekommenen Sänger unendlichen Schaden. An einer andern Stelle dieses Buchs will ich die Ursach davon angeben.

Er singe oft die schmackhaftesten Arbeiten der besten Verfasser: denn dieses sind süße Anreizungen, sich immer weiter mit dem guten Geschmacke bekannt zu machen; und gewöhnen das Ohr an das was wirklich gefällig ist. Wer die Musik studiret, der wisse, daß durch die vorhin angerathene Nachahmung, und durch den Reiz guter Compositionen, der Geschmack mit der Zeit zur Wissenschaft, und die Wissenschaft zur andern Natur wird.

Er lerne sich selbst mit dem Claviere begleiten, wenn er Lust hat gut singen zu lernen. Das Clavicimbal locket mit so kräftiger Reizung

Reizung zum Fleiße an, daß dadurch die verstockteste Nachläßigkeit besieget werden kann; die Einsicht in die Musik aber wird dadurch immer gründlicher. Der augenscheinliche Nutz, welchen sich Sänger mit diesem angenehmen Instrumente verschaffen können, überhebt mich der Mühe weitere Ueberredungskünste anzuwenden. Ausser diesem wiederfährt es denen, die das Clavier nicht spielen können, sehr oft, daß sie ohne eines andern Beyhülfe sich nicht hören lassen, und wohl gar, zu ihrem großen Schaden, und noch größerer Beschämung, nicht einmal Befehlen hoher Standespersonen gehorsam seyn können.

So lange ein Sänger sich nicht selbst gefällt, wird er auch andern gewiß niemals gefallen können. Man erwäge also: wenn Sänger von mehr als gemeiner Einsicht dieses Vergnügens beraubet sind, weil sie noch nicht genug gelernet haben; was soll wohl ein Anfänger thun? Studieren, und immer studieren, und sich nicht schon für gelehrt genug halten, wenn er kaum einige gefällige Kleinigkeiten begriffen hat.

Ich möchte beynahe behaupten, daß aller auf das Singen gewendete Fleiß ganz gewiß vergeblich ist, wenn er nicht von einiger Einsicht in die Composition begleitet wird. Wer componiren kann, der kann Rechenschaft von dem geben was er machet; wer aber nichts von der Composition versteht, der arbeitet im Finstern, und kann nicht lange singen ohne in Fehler zu fallen. Die berühmtesten Alten erkannten den innerlichen Werth dieses Grundsatzes aus seiner Wirkung: und ein Schüler guter Art muß ihnen nachfolgen; ohne bekümmert zu seyn, ob die Lection die ich hier gebe nach der Mode sey oder nicht. Man höret wohl heut zu Tage hier und da schöne Einfälle, die ein glückliches Naturell vorbringt: allein sie kommen doch alle nur von ungefähr, und erwarten den Beyfall der Zuhörer nur aufs Gerathewohl. Wenn man hingegen die übrigen Erfindungen mancher Sänger genau betrachtet, so sind sie, wo nicht ganz unerträglich, doch zum wenigsten schlecht genug. Denn da das Glück nicht immer die Mängel bedecken kann; so werden sie öfters weder mit dem Tacte

Tacte noch mit der Grundstimme übereintreffen. Ob nun wohl eine Einsicht in die Tonsetzkunst dem Sänger unentbehrlich ist; so kann sie mich doch nicht dahin bringen, daß ich ihm rathen sollte, sich allzutief in dieselbe einzulassen: denn ich würde ihm damit den leichtesten Weg zeigen, wie er die Stimme verlieren könnte. Ich ermahne ihn aber doch inständig, wenigstens die vornehmsten Gründe des musikalischen Satzes zu erlernen: damit er nicht blindlings hin singe.

Sehr viel studieren, und doch die Stimme in ihrer völligen Schönheit beybehalten, sind zwo Sachen, die beynahe gar nicht in Verbindung mit einander stehen können. Einige Freundschaft kann wohl unter ihnen Statt finden; sie dauert aber ohne Eigennutz und Neid schwerlich lange. Wenn man aber bedenket, daß die Vollkommenheit in der Stimme eine freye Naturgabe, in der Kunst aber, ein mit vieler Mühe erworbenes Gut ist; so erfolgt der Ausspruch, daß die Kunst der Natur, sowohl in Ansehung des Verdiensts, als des Lobes, vorgehe.

Ein Studierender suche immer das Beste, und suche es wo es zu finden ist; ohne sich daran zu kehren, ob es sich in der vor funfzehn oder zwanzig Jahren nach der Mode gewesenen, oder in der ganz neuesten Schreibart antreffen lasse. Das Gute, so wie das Schlimme, hält sich in allen Zeitaltern auf: wenn man es nur zu suchen, zu erkennen, und Nutzen daraus zu ziehen weis.

Zu meinem unwiderbringlichen Schaden bin ich schon alt. Wäre ich noch jung; so wollte ich, so viel als möglich, im Sangbaren und Gefälligen denen nachahmen, welche mit dem garstigen Namen der Altväterischen beleget werden. In geschwinden Sachen aber wollte ich denen folgen, welche den so schönen Charakter der Neumodischen (c) führen. Ist mein Verlangen, in den Jahren in welchen ich mich itzo befinde, vergeblich: so wird doch ein kluger Anfänger keinen Schaden davon haben, wenn er sich in der einen und der andern Art Geschicklichkeiten zu erwerben suchet; denn das ist der einzige Weg zur Vollkommenheit. Wenn er aber nur eine von beyden Arten erwählen wollte: so würde ich ihm, ohne Furcht von

Das VI. Hauptstück.

der Partheylichkeit hintergangen zu werden, rathen, sich mehr an den Geschmack der erstern zu halten (d).

(c) Wie sehr haben itzo, in diesem Puncte, die Zeiten in Wälschland sich zu ändern angefangen!

(d) Man erinnere sich hierbey, anstatt aller andern Erläuterungen, dessen, was der Verfasser weiter oben gesaget hat: Man muß die alten Trockenheiten mit eben so großer Sorgfalt vermeiden, als die neuern Ausschweifungen. Indessen ist es gewiß, daß in den vorigen Zeiten, ein Sänger in denen Jahren kaum für einen mittelmäßigen Scholaren gehalten wurde, in welchen itzo mancher schon auf einigen Schaubühnen herum brilliret hat. Die Alten wendeten mehr Zeit auf die Erlernung richtiger Grundsätze.

Jede Art zu singen hat ihren eigenen Rang. Man unterscheidet die männliche von der kindischen, so wie die erhabene von der pöbelhaften.

Ein Studierender mache sich niemals Hoffnung Beyfall zu verdienen; wenn ihm die Unwissenheit nicht ein Abscheu ist.

Wer nicht mit allem Fleiße darnach strebet, den ersten Platz in seiner Wissenschaft zu ersteigen; der fängt schon an den zweyten abzutreten; und nach und nach begnüget er sich mit dem letzten.

Wenn man auch gleich so vielen schwachen Sängerinnen, kraft der Freyheiten die ihnen einmal zugestanden sind, es allenfalls nicht übel nimmt, wenn sie sich die willkührlichen Veränderungen von andern aufschreiben lassen: so darf doch ein Studierender, der ein guter Sänger werden will, ihrem Beyspiele hierinn nicht folgen. Wer sich einmal gewöhnt, sich alles, was er verändern soll, wie einen Brey in den Mund einstreichen zu lassen, der wird trocken und unfruchtbar, und macht sich zum Sklaven seines Gedächtnisses.

Hätte ein Scholar etwan noch Fehler, absonderlich der Nase, oder der Kehle, oder des Ohres; so singe er ja niemals, wenn nicht sein Meister, oder sonst jemand der das Singen versteht,

und

und ihn verbessern kann, zugegen ist. Sonst werden die Fehler immer stärker, und man verliert die dagegen dienlichen Mittel.

Wenn er zu Hause seine Lectionen für sich durchsingt; so stelle er sich bisweilen vor einen Spiegel. Nicht etwan um seine Schönheit mit bezaubertem Selbstgefallen zu bewundern; sondern nur um sich vor den convulsivischen Bewegungen des Leibes, oder des Gesichts, (mit diesem Namen pflege ich alle Grimassen eines lächerlich gezwungenen Sängers zu belegen,) zu hüten, oder davon zu befreyen. Denn wenn diese einmal festen Fuß gefasset haben; so wird man ihrer nimmermehr wieder los.

Die bequemsten Stunden zur Uebung im Singen sind die Frühstunden. Die übrigen, diejenigen ausgenommen welche zur Pflege des Leibes gehören, sind für das geschickt, was ein Sänger ausser dem Singen noch in seiner Profession zu erlernen hat.

Wenn ein Anfänger nun die reine Intonation, die Aushaltungen, die Triller, die Passagien, und die wohl ausgedrücketen Recitative lange geübet, und vollkommen in seine Gewalt gebracht hat; wenn er hierauf bedenket, daß der Meister ihn nicht die ganze vollkommene Ausführung welche zur feinesten Kunst der Arien erfodert wird lehren, ihm auch nicht unaufhörlich zur Seite seyn kann: alsdenn, sage ich, wird er anfangen einzusehen, wie nöthig er derjenigen Art des Fleißes habe, in welchem auch der beste Sänger von der Welt noch immer sein eigener Schüler und sein eigener Meister seyn muß. Ist die Beurtheilungskraft reif genug dazu: so rathe ich ihm, zu der ersten Erweiterung seiner Einsichten, das folgende Hauptstück zu lesen; um sich in den Stand zu setzen, hernach von denen, welche Arien singen und lehren können, desto größern Nutzen zu ziehen. Ist sie noch nicht reif: so würde die Furcht davon nur desto herber und bitterer seyn.

Das VII. Hauptstück.
Von den Arien.

Wenn derjenige, welcher zuerst den Gebrauch, die Arien von vorn zu wiederholen, eingeführet, die Absicht gehabt hat, den Sängern Gelegenheit zu geben, ihre Geschicklichkeit im Verändern der schon einmal gesungenen Sätze zu zeigen: so kann ein Liebhaber der Musik diese Erfindung nicht tadeln: doch ist dem Nachdrucke der Worte dadurch ein Großes entgangen (a).

(a) Hier kömmt es hauptsächlich darauf an, daß ein geschickter und der Musik geneigter Dichter die Arien so einrichte, daß sie, ohne dem Sinne und der Kraft der Worte Eintrag zu thun, noch einmal von vorne gesungen werden können. Vielleicht kann man es so gar so weit bringen, daß die Arien, durch die Wiederholung von vorn, noch eine neue Stärke bekommen. Wenn der Dichter, zu der Zeit da er musikalische Gedichte verfertiget, bedenket, daß er nicht für sich allein, sondern mit der Musik, in genauer Einigkeit und Verbindung, gemeinschaftlich Gedanken und Empfindungen ausdrücken will; so wird es ihm so gar sauer nicht ankommen, der Musik allenfalls auch, wenn es ja nicht anders seyn kann, in den Arien und Chören, welche ohnedem nur aus wenigen Zeilen bestehen, einige poetische Schönheiten aufzuopfern: da die Musik im Gegentheil, in den viel weitläuftigern Recitativen, ihm ungebundene Hände läßt; und ausser einigen ganz unbequemen Versarten, sonst wenig oder nichts verbittet. Haben die wälschen Operndichter zu Tosis Zeiten hierwider verstoßen: so ist deswegen der Musik die Schuld nicht beyzumeßen. Haben aber, in unsern Tagen, nicht schon einige Deutsche sowohl durch Regeln als durch Ausübungen dargethan, daß poetische und musikalische Schönheiten einander nicht nothwendig aufheben?

Von den berühmten Alten wurden auch die Arien auf dreyerley verschiedene Arten gesungen. Auf der Schaubühne war die Singart lebhaft und vermischt; in der Kammer mehr ausgekünstelt und feiner; in der Kirche aber affectvoll und ernsthaft. Dieser Unterschied ist einer großen Menge der Neuern unbekannt.

Von den Arien.

Ein Sänger ist verbunden, auf nichts größern Fleiß zu wenden als auf die Arien. Denn diese sind das, was seinen guten Namen entweder festsetzen oder zerstören kann. Den Weg zu einem so kostbaren Schatze zu zeigen, würden einige wenige mündliche Unterweisungen genug seyn. Es würde aber einem Anfänger nicht einmal zu besonderm Nutzen gereichen, wenn er auch gleich eine Menge von Arien besäße, in welchen die vortrefflichsten willkührlichen Auszierungen auf tausenderley Art ausgeschrieben wären. Denn diese würden dessen ungeachtet nicht zu allen Arien hinreichend seyn; und es würde ihnen doch immer der angenehme Vortrag mit der eigenen Stimme des Verfassers fehlen, wodurch ohne Streit Natur und Kunst sich am besten ausdrücken können. Alles was ich thun kann, ist meines Erachtens dieses, daß ich einen Anfänger überrede, den schönen Plan aufmerksam zu beobachten, den die besten Sänger, nach Anleitung des Basses und der Harmonie, in der Ausführung darlegen. So wie des Anfängers Kräfte wachsen, so wird er auch nach und nach immer mehr die darinn liegende Kunst und Einsicht entwickeln können. Wüßte er allenfalls nicht den Plan dieser braven Leute abzumerken; so wird ihn dieses das Beyspiel eines meiner vertrautesten Freunde lehren, welcher niemals in die Opern gieng, ohne alle die Arien, die der beste Sänger zu singen hatte, in Partitur bey sich zu führen. Hier betrachtete er die über die Harmonie angebrachten ausgesuchtesten feinesten Griffe der Kunst, welche doch den strengsten Gesetzen der Tactbewegung auf das genaueste angemessen waren, mit Verwunderung; und es gereichte ihm zu einigem Vortheile.

Unter andern anmerkungswürdigen Dingen, wird sich ihm, in dem gedachten Plane, gleich beym ersten Anblicke die Ordnung darbieten, mit welcher alle Arien, die in drey Haupttheile eingetheilet sind, ausgeführet werden müssen. Im ersten Theile verlanget man nichts als ganz einfache Auszierungen, welche aber schmackhaft, und ihrer wenig seyn sollen (b); damit die Arbeit des Verfassers in ihrer natürlichen Schönheit zum Gehör komme. Im andern Theile

will man, bey der edeln Einfalt, noch etwas mehr von Auszierungs=
kunst hören: damit ein Verständiger merken könne, daß die Wissen=
schaft des Sängers einen weitern Umfang habe. Wer endlich beym
Wiederholen vom Anfange, nicht alles das, was er vorher gesun=
gen hat, durchs Verändern noch schöner und besser macht, als es
aufgeschrieben ist, der ist gewiß kein großer Held.

(b) Hierzu können die im II. und III. Hauptstücke beschriebenen und
erkläreten Auszierungen, wenn man unter ihnen eine gute Wahl trifft,
bey nahe hinreichend seyn.

Ein Studierender bemühe sich also, die Arien vor sich allein sehr
oft, und zwar immer verändert, durchzusingen. Ein an allerley
kleinen Wendungen reicher, obgleich sonst nur mittelmäßiger Sän=
ger, verdienet, (wo ich mich nicht irre), viel mehr Hochachtung, als
ein besserer, der aber einen trockenen Kopf hat. Denn dieser kann
die Kenner nicht mehr als nur das erste mal belustigen. Jener
aber, wenn er auch gleich nicht allemal durch die Seltenheit seiner
Erfindungen in Erstaunen setzet; so unterhält er doch wenigstens
die Aufmerksamkeit, durch die Mannigfaltigkeit seiner Einfälle.

Die besten Sänger unter den Alten hatten den Eigensinn, alle
Abende, in der Oper, nicht nur alle langsamen Arien, sondern auch
eine und die andere von den geschwinden, zu verändern. Ein Stu=
dierender welcher sich nicht in den innersten Gründen der Singkunst
recht fest zu setzen suchet, wird die schwere Last eines so wichtigen
Beyspiels unmöglich ertragen können.

Wenn keine Veränderungen in den Arien gemacht werden dürf=
ten, würde man niemals die Einsicht der Sänger entdecken können.
Man erkennet hingegen aus der Güte dieser Veränderungen leicht,
wer unter zween Sängern vom ersten Range der beste sey.

Ich komme von dieser kleinen Ausschweifung zu dem Plane
der Veränderungen in den Arien zurück. Ein Anfänger wird darinn
sowohl die Regeln der Kunst, als die geschickte Austheilung und
Anwendung der Erfindungen bemerken. Jene lehren, daß die
Beobachtung des Zeitmaaßes, der Geschmack, und die Einsicht, dessen

ungeach=

ungeachtet noch für einen, dessen Kopf nicht von unvorauszusehen= den Verschönerungen überfließt, beynahe unbrauchbare Hülfsmittel seyn können. Die Kunst sich seiner Erfindungen recht zu bedienen, erlaubet hingegen nicht, daß der Ueberfluß guter Einfälle dem vorge= schriebenen Stücke nachtheilig werde, und auf das Gehör bis zur Verwirrung losstürme.

Ein Studierender bemühe sich erstlich eine weitläuftige Kennt= niß musikalischer Schönheiten zu erlangen: wenn er sie aber nun besitzet, so suche er auch sie klüglich anzuwenden. Zu mehrerer Ueberzeugung hiervon, bemerke er, daß die berühmtesten Sänger niemals alle ihre Gaben nur in wenigen Arien auskramen. Wenn ein Vocalist, an einem einzigen Tage, alles das, was er in seiner Bude hat, dem Volke zur Schau darleget; so steht er in der grösten Gefahr bankerot zu werden.

Auf die Ausführung der Arien, (ich habe es schon gesaget), kann man niemals zu viel Fleiß wenden. Wenn man gewisse Dinge, die von geringer Erheblichkeit entweder zu seyn scheinen, oder wirklich sind, vernachläßiget; wie will doch da die Kunst vollkommen seyn; so lange immer noch etwas an ihr fehlet?

Bey denen Arien, welche nur für die Singstimme und den Baß allein gesetzet sind, muß die Aufmerksamkeit eines Kunstbe= flissenen zwar nur vornehmlich auf den Tact und die Grundstimme gerichtet seyn. In denen Arien aber, welche noch andere Instru= mente zur Begleitung haben, ist es nöthig daß man auch dieser ihre Bewegung genau beobachte: um die Fehler vermeiden zu können, welche diejenigen, so sie nicht haben kennen lernen, häufig begehen.

Um nicht bey öffentlichen Vorstellungen in den Arien Fehler zu begehen, geben zween starke Vortheile einem Nachdenkenden großes Licht. Der erste erinnert durch einen weisen Rath, daß man, (wenn es nicht anders seyn kann), es lieber tausendmal vor sich selbst zu Hause unrecht machen solle, wenn man nur da= durch sicher wird öffentlich nicht zu fehlen. Der zweyte befiehlt mit

Bewe=

Bewegungsgründen, wider welche keine Einwendung statt findet, daß man die Arien, bey dem ersten öffentlichen Versuche, mit keinen andern als nur wesentlichen Manieren vortrage; doch mit dem festen Entschlusse, zu gleicher Zeit zu überlegen, wo man ungefähr, das zweyte mal, willkührlichere Auszierungen anbringen könne. Also wird man, von Probe zu Probe, und durch beständiges immer Bessermachen, endlich unvermerkt ein großer Sänger.

Eine der nothwendigsten und allerschweresten Bemühungen, bey vorhabender vollkommen guter Ausführung der Arien, ist diese, daß man das Leichte, und zwar in der Schönheit der Einfälle, suche. Wem es gelingt, so seltene Gaben mit einem angenehmen Vortrage der Stimme zu vereinigen, der ist der glücklichste unter allen Sängern.

Wer einer nicht gar zu günstigen Erfindungskraft gleichsam zum Trotze doch die Singkunst studieret, der bedenke, daß eine reine Intonation, ein den Worten angemessener Ausdruck, wohl gezogene Aushaltungen der Stimme, gut geschleifete Vorschläge, scharfe Triller, deutliche Passagien, und endlich das Vermögen, sich selbst mit dem Claviere begleiten zu können, zwar sehr nothwendige Eigenschaften eines Sängers, doch aber nicht unüberwindliche Schwierigkeiten sind. Ich weis wohl daß alles dieses nicht hinreichet um recht gut zu singen; und daß man sehr thörigt seyn müßte, wenn man sich damit begnügen wollte, daß man nur nicht schlecht singt. Dessen ungeachtet pflegen doch die oberwähnten Vortheile die Kunst auf die freundschaftlichste Weise zur Hülfe einzuladen; welche denn auch selten gänzlich aussen bleibt, vielmehr sich oft gar von sich selbst und ungerufen einstellet. Man werde nur des Studierens nicht müde.

Man fliehe alle die Misbräuche, welche sich bey dem Gesange der Arien zeither eingeschlichen und fest gesetzet haben: wenn man der Musik ihr gesetztes und züchtiges Wesen erhalten will.

Ein jeder Sänger, (geschweige Anfänger), muß sich hüten, anderer ihre Singart auf eine lächerliche und übertriebene Weise nach=

nachzuäffen. Er wird sonst gar zu schlimme Folgen daraus zu erwarten haben. Wer die Leute lachen macht, wird sich schwerlich Hochachtung erwerben. Dergleichen Nachäffungen beleidigen jeden, der nicht gern lächerlich werden, oder für unwissend angesehen seyn will. Sie entstehen größtentheils aus einem falschen Ehrgeize, der uns antreibt, anderer ihre Fehler anzumerken, um nur mit unserer eigenen Wissenschaft groß zu thun. Wollte der Himmel daß sie nicht von giftigem Neide und Misgunst noch mehr Nahrung bekämen! Die Beyspiele bestätigen es nur gar zu sehr, daß sie nicht allemal ohne Wirkung sind. Sie werden aber durch das Recht der Wiedervergeltung billig gezüchtiget, und die Strafe verdient kein Mitleiden; denn solche Nachäffungen der Arien anderer Sänger, haben mehr als einen um den Credit gebracht.

Ich besitze nicht Ueberredungskunst noch Worte genug, um, wie ich wollte und sollte, einem Studierenden die strenge Beobachtung einer richtigen Tactbewegung einzuschärfen. Und wenn ich mehr als einmal davon spreche; so halte ich es bey mehr als einer Gelegenheit für nothwendig: denn auch unter den besten Sängern giebt es sehr wenige, welche nicht zuweilen die Tactbewegung gleichsam unvermerkt verrücken, und entweder zögern oder forteilen sollten. Ob man dieses gleich beym Anfange der Arien kaum gewahr werden kann: so wird doch die Aenderung im Fortgange des Stückes je länger je größer; und am Ende bemerket man erst recht den Unterschied, und mit dem Unterschiede den Fehler.

Wenn ich einem Studierenden nicht anrathe, gewissen Neuern, in ihrer Art die Arien auszuführen, nachzuahmen; so ist nur die genaue Beobachtung des Tactgewichts Schuld daran. Diese, da sie von der Einsicht und Erfahrung zu einem Grundgesetze der Singkunst gemachet worden, verbietet mir ernstlich einen solchen Rath zu geben. In Wahrheit, die Geringschätzung, welche viele der neuern Sänger gegen den Tact hegen, indem sie ihn dem ungereimten Geschmacke, den sie an ihren geliebten Passagien finden, gänzlich

gänzlich aufopfern, ist zu ungerecht, als daß man dazu stillschweigen könnte.

Die Schwachheit gewisser Sänger ist unerträglich, welche verlangen, daß ein ganz Orchester in dem schönsten Laufe der regelmäßig bestimmten Bewegung der Arien sich aufhalten solle, um ihnen Zeit zu lassen, ihre übel gegründeten Einfälle auszupacken, welche sie doch wohl nur auswendig gelernet haben mögen, um sie von einem Theater zum andern zu tragen: oder welche sie vielleicht mancher mehr glücklichen als gelehrten Sängerinn, die darüber den Beyfall des Pöbels erhalten, und bey der man es mit dem Tacte nicht gar so genau nimmt, abgestohlen haben. Gemach, gemach mit der Kritik, höre ich hier einen den Zwang hassenden Sänger sagen: Dieses, wenn ihr es nicht wißt, heißt nach der Mode singen. Nach der Mode singen?.. antwortete ich; Ihr irret euch. Das Aufhalten in den Arien über jeder Secunde oder Quarte, und über allen Septimen und Sexten der Harmonie, war die unnütze Bemühung der alleraltesten Sänger, welche schon vor mehr als funfzig Jahren vom Rivani, Ciecolino (c) genannt, verworfen worden; als welcher mit unwidersprechlichen und unumstößlichen Gründen, die man für immer aufbehalten sollte, dargethan hat, daß wer nur singen kann, auch bey der richtigsten Tactbewegung, doch noch bequeme Stellen genug finden wird, Zierrathen der Kunst anzubringen; ohne daß er nöthig habe Pausen zu erfinden, oder zu erbetteln. Ob dieses eine Lehre gewesen, welche verdienet in Ausübung gebracht zu werden, hat man an denen gesehen, die sich dieselbe zu Nutzen gemachet haben; unter welchen der Herr Pistocchi (d), der berühmteste Sänger unserer und aller Zeiten, der erste gewesen. Dieses sein Name hat sich unsterblich gemacht, weil er der einzige Erfinder eines geendigten und vollkommenen Geschmacks gewesen; und weil er alle Schönheiten der Kunst anzubringen gelehret, ohne dem Zeitmaaße zuwider zu handeln. Dieses einzige Beyspiel, welches so gut ist als tausend, mein Hochgeehrter Herr nach der

neuesten

Von den Arien. 179

neuesten Mode, sollte genug seyn, euch aus dem Irrthume zu ziehen. Wenn ihr mir aber doch noch nicht glauben wolltet, so sage ich weiter, daß Siface (e) bey seinem rührend fließenden Gesange, sich seiner Unterweisung bedienet: daß **Buzzoleni** (f), mit einer unvergleichlichen Einsicht, seine Lehren gleichsam angebetet hat: daß darauf **Luigino** (g) mit seiner angenehmen und reizenden Singart, in seine Fußstapfen getreten ist: daß die Frau **Boschi** (h), zur Ehre ihres Geschlechts, hat hören lassen, daß ein Frauenzimmer, welches Lust zu studieren hat, auch Männer von Ansehen die seltensten Feinheiten der Kunst lehren kann: daß die Frau **Lotti** (i), unter Handleitung eben dieser Regeln, und einer durchdringenden Lieblichkeit, im Singen uns das Herz abfoderte, und daß man ihr dasselbe auch nicht versagen konnte. Wenn so hochgeschätzte Personen, zu denen ich auch, wofern ich nicht unwissend oder boshaft seyn will, zum wenigsten in Gedanken, (wenn ich mit der Feder nicht kann), verschiedene sehr berühmte Sänger zählen muß, deren Namen sich gegenwärtig, ohne daß ich sie zu nennen brauche, in ganz Europa bekannt gemacht haben; wenn alle diese, sage ich, nebst noch verschiedenen, welche die Singkunst nur zu ihrem Vergnügen treiben, aber die geschicktesten Sänger von Profession eifersüchtig zu machen fähig sind, nicht hinreichend wären, euch begreifen zu machen, daß man ohne Tact nicht singen kann, noch darf; so solltet ihr doch zum wenigsten einsehen, daß ihr bey dem Irthume, den ihr über die Beobachtung des Zeitmaaßes heget, noch in einen andern, und vielleicht noch größern fallet. Ihr wisset nämlich nicht, daß wenn die Stimme gar keine Begleitung hat, sie auch aller Harmonie beraubet ist, und man folglich wenig von eurer vermeynten Kunst wird einsehen können. Verständige werden vielmehr dabey zu jähnen anfangen. Ihr werdet mir vielleicht, mehr euch zu entschuldigen als zu rechtfertigen, einwenden, daß wenige Zuhörer so viel Unterscheidungskraft haben; daß es aber deren eine große Menge giebt, welche blindlings alles das, was einigen Schein der Neuigkeit hat, mit Lobeserhebungen über-

Z 2 schütten,

schütten. Aber, wer hat denn hier Unrecht? Die Zuhörer, welche wohl die Schande selbst loben würden, bedecken eure Fehler nicht, wenn sie gleich ihre Unwissenheit an den Tag legen. Euch kömmt es zu, sie aus dem Irthume zu ziehen. Ihr solltet eure übel gegründete Hartnäckigkeit verlassen, und lieber frey gestehen, daß die Freyheiten, welche ihr euch nehmet, mit der Vernunft streiten, und ihren Vorschriften widerstehen. Euer Trotz macht mit euch auch alle diejenigen Instrumentisten, als Mitgenossen eures Verbrechens zugleich strafbar, welche euch nachgeben, und auf euch warten, zum Nachtheile ihrer eigenen Würde. Denn das Gehorchen ist nur die Handlung eines Unterthanen; schickt sich aber für denjenigen nicht, welcher euer Mitgeselle, eueres Gleichen ist, und, in diesem Stücke, keinen andern Gebieter als das Zeitmaaß über sich erkennen kann. Bedenket endlich, daß die oben angeführten Lehren euch immer vortheilhaft seyn werden. Denn wenn ihr itzo, da ihr doch Unrecht habt, so glücklich seyd das Beyfallsgeschrey des Pöbels zu erhalten: so werdet ihr alsdenn, mit Recht, auch die Einstimmung der Verständigen verdienen, und der Beyfall wird allgemein werden.

(c) Von diesem, wer er eigentlich gewesen, habe ich keine Nachricht auftreiben können.

(d) Sein Vorname war Francesco Antonio. Er war zwar ein Castrat, doch bey seiner großen Geschicklichkeit im Singen zugleich auch ein guter Componist seiner Zeit. Es sind mir von seiner Arbeit nicht nur viele Cantaten, sondern auch Opern, unter andern Il Narciso, 1697. bekannt. Auch hat er vier Cantaten, als 2 italiänische, 2 französische, und 2 NB. deutsche Arien von seiner Composition, in Kupfer stechen lassen, welche Rotger in Amsterdam verleget. Ums Jahr 1697. u. f. war er Markgräflicher Capellmeister in Anspach. Ihm hat die Singkunst unstreitig viele Verbesserungen zu danken. Die meisten nach ihm in Wälschland berühmt gewordenen Sänger und Sangmeister sind seine Schüler gewesen. Auch er besaß das Geheimniß, einen jeden nach seiner Fähigkeit, und den besondern Eigenschaften seiner Stimme singen zu lassen. Daher ist die Singart vieler seiner Scholaren zwar sehr von einander unterschieden, doch dabey immer

gut

Von den Arien. 181

gut gewesen, weil er das zufällige von dem wesentlichen Schönen in der Singkunst wohl zu unterscheiden wußte. Einer seiner berühmtesten Schüler ist der noch lebende große Sänger, gute Acteur, und geschickte Sangmeister, Antonio Bernacchi.

(e) Von diesem ist, ausser dem, daß er ein guter Sänger gewesen, bekannt, daß er ohnweit Ferrara von einigen vermummeten Personen, wahrscheinlicher Weise wegen einer ausgeübten groben Impertinenz, auf der Reise umgebracht worden.

(f) Er war ein Tenorist.

(g) Von diesem habe ich keine Nachricht erhalten können.

(h) Sie führete noch die Namen Francesca Vanini. Sie hat im Jahre 1710 in der Händelischen Oper Rinaldo, in London mitgesungen.

(i) Diese war die Ehegattinn des berühmten Capellmeisters Lotti, und hat noch in den Jahren 1718 und 1719, in Dresden in den Opern recitiret.

Doch die Fehler wider das Zeitmaaß, sind noch nicht die gerechten Bewegungsgründe alle, welche einem Studierenden anrathen, in den Arien, der Singart der Herren Neuern nicht nachzuahmen. Man sieht ja offenbahr, daß dieser ihre ganze Bemühung nur dahin geht, die Arien auf so eine Art zu zerreissen, und zu zerstückeln, daß es nicht mehr möglich ist, Worte, Gedanken, oder Modulationen zu hören, vielweniger eine Arie von der andern zu unterscheiden: denn die Gleichheit der Veränderungen welche sie überall einflicken ist so groß, daß wenn man eine gehöret, man deren tausend gehöret hat. Und die Mode behält doch die Oberhand? Man glaubte noch vor wenigen Jahren, daß in jeder Oper, für den Sänger welcher die fertigste Kehle hatte, zu Stillung seiner Begierden Passagien zu machen, aufs höchste eine mit Läufen versehene Arie genug wäre. Allein die heutigen Sänger sind nicht dieser Meynung. Gleich als wenn sie nicht zufrieden seyn könnten, daß sie eine Arie ganz und gar auf eine ungeheure Art in lauter Passagien verwandeln: so eilen sie zügelloß ihren Endigungscadenzen zu, um dieselben mit verstärkter Gewalt losbrechen zu lassen, und die Zeit wieder einzubringen, welche sie währender Arie noch verlohren zu haben sich einbilden. Im Hauptstücke von den Cadenzen werden wir kürzlich sehen, ob diese Mode dem guten Geschmacke gemäß sey. Indessen kehre ich wieder zu den Misbräuchen und den Fehlern bey den Arien zurück.

Ich weis nicht eigentlich, wer unter den Neuern der undankbare Componist oder Sänger gewesen ist, welcher das Herz gehabt, das affectreiche pathetische Wesen von den Arien zu verbannen; gleich als wenn dasselbe, nach einer langen und gefälligen Dienstbarkeit, nicht mehr der Ehre seiner Befehle würdig wäre. Er sey nun wer er wolle; so ist doch gewiß, daß er die Singkunst, des Besten was sie besaß, beraubet hat. Meine schwache Einsicht reichet nicht zu, die Ursachen davon zu entdecken: um so vielmehr, da, wenn ich alle Sänger überhaupt frage, was sie vom Pathetischen (k) halten, sie mir mit allgemeiner Uebereinstimmung (in welcher sie doch sonst sehr selten stehen) antworten: es sey die größte Wollust des Gehörs, die süßeste Rührung des Herzens, und die stärkste Grundsäule der Harmonie. Und gleichwohl soll man von allen diesen Schönheiten keine Note mehr zu hören bekommen; und zwar ohne einmal zu wissen warum? . . . . Ißo begreife ichs. Ich muß nicht die Sänger darum fragen, sondern den närrischen Eigensinn des Volks, des unbeständigen Beschützers der Mode. Dieses wird vielleicht das Pathetische nicht ausstehen können . . . . Allein, könnte dieses nicht ein Betrug meiner eigenen Einbildung seyn? Mit der Mode und mit dem Volke geht es wie mit dem Wasser ausgerissener Ströhme, welches, so bald es aus den Ufern getreten, seinen Laufgraben sehr oft verändert, und endlich doch, bey dem ersten warmen Tage, wieder in sein Nichts zurück kehrt. Das Uebel rühret zwar von der Quelle her; die größte Schuld liegt aber dennoch an den Sängern. Diese loben das Pathetische, und singen das Lustige. Der müßte gar wenig Verstand haben, wer ihre Gedanken nicht erriethe. Sie erkennen das erstere für das beste; weil sie aber wissen, daß es viel schwerer ist als das zweyte; so lassen sie es bey Seite gesetzet.

(k) Patho-

Von den Arien.

(k) Pathetisch heißt zwar, in seinem allgemeinen Verstande, alles was voll starker Leidenschaften ist. Also könnte auch eine geschwinde, ja gar furiöse Arie in gewisser Art pathetisch genennet werden. Der Gebrauch hat aber, zumal in Wälschland, eingeführet, daß man, in besonderm Verstande, die langsamen Arien, welche gemeiniglich Ausdrücke in hohem Grade zärtlicher oder trauriger, oder sonst sehr erhaben ernsthafter Empfindungen sind, und mehrentheils durch die Beywörter adagio, largo, lento, mesto, grave, u. d. g. den Ausführern ihren Charakter beym ersten Anblicke zu erkennen geben, mit dem Namen pathetischer Arien beleget. Und diese versteht der Verfasser hier.

In vorigen Zeiten hörete man auf dem Theater bisweilen Arien nach dieser angenehmsten Art, welche mit harmoniereichen und wohl modulireten Ritornellen, und Begleitungen verschiedener Instrumente, gesetzet waren, und die Empfindung aller derjenigen entzücketen, welche die Kunst und den Gesang verstanden. Wurden diese Arien vollends von denen fünf oder sechs berühmten Personen, welche ich genennet habe, gesungen: so war es gar nicht mehr möglich, daß die Menschlichkeit sich, bey so gewaltiger Bewegung der Leidenschaften, der Zärtlichkeit oder gar der Thränen enthalten konnte. O starker Beweis zur Beschämung der als ein Götze verehreten Mode! Wird etwan heutiges Tages, auch bey dem besten Gesange, jemand bis zum Weinen gerühret? Nein, sagen alle Zuhörer, nein: denn das beständige Allegro das die Neuern singen, ob es schon in seiner Stärke und Vollkommenheit, wenn es einmal dazu gelanget, Bewunderung verdienet, geht nicht weiter als bis an das äußerliche eines zarten Gehörs. Der Geschmack der genannten Alten war eine Vermischung von Lustigem und Zärtlichem, dessen Abwechselung nothwendig ergötzen mußte. Der heutige ist so sehr für sich selbst eingenommen, daß er, wenn er sich nur von dem vorigen entfernet, sich gern damit begnügen läßt; und sollte er auch den größten Theil seiner Anmuth verlieren. Pathetische Arien zu studieren war die liebste Beschäftigung der vorigen, die Uebung der schweresten Passagien aber, ist der einzige Entzweck der itzigen Sänger. Jene giengen mit mehr Gründlichkeit zu Werke: diese

aber

Das VII. Hauptſtück.

aber führen mit mehr Fertigkeit und Feuer aus. Aber, da nun meine Kühnheit ſchon bis zur Vergleichung der berühmteſten Sänger, in der einen und der andern Art, ſich hervor gedränget hat: ſo halte man ihr auch noch die Frechheit zu gute, dieſe Vergleichung zu endigen, und zu ſagen: daß die Neuern unnachahmlich ſind, wenn ſie für das Gehör ſingen; und daß die Kunſt der Alten nicht zu erreichen war (l), wenn man für das Herz ſingen wollte (m).

(l) Wer die pathetiſchen Arien eines Haſſe, oder eines Graun, von einem Salinbeni, einem Careſtini, (anderer geſchickter Sänger und Sängerinnen zu geſchweigen), abſingen gehöret hat; wer endlich ſo glücklich geweſen, einen Graun ſeine rührenden pathetiſchen Arien ſelbſt ausführen zu hören; der wird, wenn er anders eine empfindliche Seele beſitzet, nicht in Abrede ſeyn, daß alles, was Toſi, in den Jahren darinn er dieſes Buch ſchrieb, am Geſchmacke der Singkunſt vermiſſete, einige Jahre darauf, und zwar in einer viel verbeſſerten Geſtalt, ſich wieder eingefunden habe.

(m) Das Herz und das Ohr ſind in der Muſik zween noch zur Zeit ſehr unbeſtimmte Begriffe. Wie ſehr muß nicht mancher Weltweiſer lachen, wenn er in gewiſſen muſikaliſchen Büchern immer das Ohr und das Herz einander als halbe Feinde entgegen geſetzet ſieht. Giebt es etwan einen andern Weg, die Regungen der Zärtlichkeit in unſerer Seele, durch muſikaliſche Töne, in neue Bewegung zu bringen, als das Gehör? Sitzet vielleicht die Herzhaftigkeit, die Kühnheit und andere ähnliche Leidenſchaften, nur in unſern Ohren? oder billigen dieſe etwan, ohne die Seele, ein von allem Ausdrucke entblößetes, oder zur Unzeit angebrachtes muſikaliſches Tongeräuſch?

Man läugnet deswegen nicht, daß die beſten unter den heutigen Sängern, den Geſchmack der vorigen Zeiten, in gewiſſer Art, verbeſſert und ins feinere gebracht haben ſollten, und zwar durch Erfindungen, welche würdig ſind, nicht allein von einem Studierenden, ſondern auch von einem ſchon reifen Sänger nachgeahmet zu werden. Ich muß ſo gar, zu einem augenſcheinlichen Beweiſe meiner Hochachtung öffentlich bekennen, daß wenn dieſe Neuern das Pathetiſche und den Ausdruck ein wenig mehr, die Paſſagien hingegen etwas weniger

Von den Arien.

niger liebten; sie sich rühmen könnten, die Singkunst auf den höchsten Grad der Vollkommenheit gebracht zu haben.

Es könnte auch seyn, daß die ausschweifenden Einfälle welche man itzo in vielen Compositionen höret, den mehrmals erwähnten Sängern die Gelegenheit benähmen, das Sangbare, ihrer Einsicht gemäß, zuweilen mit anzubringen. Denn dergleichen Arien wie itzo Mode sind, setzen sie in so gewaltige Hitze, und legen ihnen gleichsam so scharfe Sporne an, daß sie dadurch ganz ausser Athem gebracht werden; geschweige denn, daß sie Gelassenheit genug behalten sollten, ihre feine und durchdringende Beurtheilungskraft an den Tag zu legen. Aber, gütiger Himmel! da es nun so viel neue Componisten giebt, (unter welchen mehr als einer sich befindet, der einen eben so guten, ja vielleicht bessern Kopf hat als die berühmtesten Alten;) aus was für Ursachen, aus welchen Bewegungsgründen schließen sie denn immer, von ihren so ausserordentlichen Erfindungen, das so sehr gewünschte Adagio aus? Warum werden sie denn von ihren so schönen Einfällen niemals darauf gebracht? Was für eine Sünde würden sie denn begehen, wenn sie ihr hitziges Blut in etwas zurück hielten? Da es sich ja doch nicht schicket immer in den Arien gleichsam den Courier zu reuten; warum denken sie nicht auf irgend eine, welche uns ein wenig zur Ruhe kommen ließe; oder zum allerwenigsten nur auf eine einzige, welche einem unglücklichen Helden, wenn er weinen, oder gar auf der Schaubühne sterben soll, mitleidig beystehen könnte? = = =. **Nein, mein Herr, der allgemeine Gebrauch verlangt, daß dieser Held weine und sterbe, und doch dabey geschwind und lustig singe** (n).

(n) Ich will nicht hoffen, daß einer unter meinen Lesern seyn werde, welcher diese Gedanken des Tosi so auslegen wollte, als suchte er hiermit alles Singen bey dem Sterben eines theatralischen Helden zu verlachen. Zum wenigsten würde es hier nicht der Ort dazu seyn, die Schriftsteller anzuführen, welche durch Gründe bewiesen haben, daß man, ohne ungereimt zu werden, bey gewissen Vorstellungen auf der Schaubühne, auch singend befehlen, sich unterreden, fechten, sterben könne. Unser Verfasser tadelt nur hier einige junge Sänger seiner Zeit, welche, weil

Das VII. Hauptstück.

sie ihr ungemein fertiger Hals dazu antrieb, immer was geschwindes zu singen haben wollten; er tadelt diejenigen Zuhörer, welche über dieser Sänger ihren Passagien alle andere Schönheiten des Gesanges, aus Liebe zu Neuerungen, vergaßen; er tadelt endlich diejenigen Componisten, welche sich dem Eigensinne der Sänger und der Zuhörer, zur Unzeit, dem guten Geschmacke und der gesunden Vernunft zum Trotze, bequemeten. Sie hätten jene zwar sollen singen lassen, aber doch nur auf so eine Art, als es die Umstände, in welchen sie sich auf dem Theater befanden, mit sich brachten. Wer diese Sänger waren? = = = Das kann ich so gar eigentlich nicht sagen. So viel aber weis ich, daß sie alle mit der Zeit einen gesetztern und ernsthaftern Geschmack angenommen haben. Das übermäßige Feuer der Jugend verfliegt endlich.

Aber wie? der Zorn des neuern Geschmacks läßt sich nicht einmal durch die Aufopferung des Pathetischen, und seines untrennbaren Freundes des Adagio, versöhnen. Er geht noch viel weiter, und fodert sogar, daß die Arien, welche nicht die größere Terze bey sich führen, als wenn es der Schluß einer allgemeinen Zusammenverschwörung wäre, auf immer verbannet seyn sollen. Kann man auf der Welt wohl was ungereimters erdenken? Meine Herren Componisten, (zu den berühmten unter Ihnen rede ich nicht anders, als mit schuldiger Ehrerbietigkeit), so lange ich gedenken kann, hat sich die musikalische Schreibart dreymal geändert. Die erste welche auf der Schaubühne und in der Kammer gefiel, war die vom Peter Simon und vom Stradella (o). Die zweyte ist die Schreibart der besten Componisten welche noch am Leben sind: ob diese jung und nach der Mode sind, überlasse ich andern zu beurtheilen. Von Ihrer Schreibart hingegen, meine Herren, welche in Wälschland noch nicht festen Fuß gefasset hat, jenseits der Berge aber gar nicht gefällt, werden in kurzer Zeit die Nachkommen reden: denn die Moden dauern ohnedem nicht gar lange. Wenn aber ja die Singkunst bis ans Ende der Welt dauern soll: so werden Sie entweder selbst noch klüger werden: oder Ihre Nachfolger werden eine andere Schreibart aufbringen. Wollen Sie wissen wie? = = =. Sie werden die Misbräuche abschaffen;
sie

Von den Arien. 187

sie werden den ersten, zweyten und dritten Kirchenton zurück berufen, um den schon zu sehr abgematteten funften, sechsten und achten abzulösen. Sie werden den vierten und siebenten, die durch Ihre Schuld ganz erstorben und mit ihren Finalen in der Kirche begraben sind, wieder zu erwecken suchen (o).

(o) Diese Gedanken des Verfassers von den Kirchentönen, in wie weit sie gegründet sind oder nicht, zu erklären, dienet nicht zu unserm Vorhaben. Es kann einem Sänger gleichgültig seyn, aus welcher Tonart er singt. Wenn nur die Arie seiner Stimme bequem ist; so kann er das übrige den Componisten verantworten lassen. Die Liebe zum Alten scheint den Tosi hier übernommen zu haben.

Zum Vergnügen der Sänger und der Kenner, wird man das Allegro bisweilen mit dem Pathetischen vermischet hören. Die Arien werden nicht durch das allzu starke Geräusch der Instrumente gleichsam ersticket werden, welches oft die künstlichen feinen Züge des Piano, die zarten Stimmen, und auch wohl diejenigen welche stark genug sind, aber doch nicht Lust zu schreyen haben, bedecket (p).

(p) Wenn dieses geschieht, ist öfters nicht so sehr die Composition, als vielmehr die Ausführung derer Instrumentisten zu tadeln, welche sich nicht an das Leisespielen gewöhnen können.

Man wird in künftigen Zeiten nicht mehr leiden, daß die Instrumente mit der Singstimme beständig im Einklange spielen; welches eine Erfindung der Unwissenheit ist, um vor dem Volke die Schwäche so mancher Sänger und Sängerinnen zu verstecken. Die Arien werden die fast verlohrne Harmonie der Begleitung wieder bekommen: sie werden mehr für die Sänger, als für die Instrumentisten gesetzet seyn. Die Singstimme wird nicht mehr den Verdruß haben, ihren Platz den Violinen einzuräumen: die Soprane und die Altstimmen, werden nicht alle Arien wie die Bässe zu singen bekommen, tausend auf einander folgenden Octaven zum Trotze (q).

(q) In wie weit die Art der Begleitung, da die Instrumente im Einklange oder in der höhern Octave die Noten der Singstimme mitspielen, gute Wirkung thue, oder nicht; ist nicht allein von Heinchen in seinem Generalbasse in der Composition S. 60. u. f. gründlich untersuchet, sondern auch durch die Ausübung großer Componisten hinlänglich bestätiget worden. Zu Tosis Zeiten war freylich die Begleitung der Instrumente, wenn sie mit der Stimme im Einklange giengen, zu wenig ausgearbeitet, und zu einförmig. In unsern Tagen aber pflegt man die Instrumente, bey gewissen Stellen der Arie, sich mit der Stimme zwar vereinigen, in andern aber sich wieder von ihr entfernen zu lassen: wodurch denn eine große Mannigfaltigkeit erhalten wird. Weiter in diese Materie sich einzulassen schickt sich nicht für den Sänger.

Endlich, man wird Arien hören lassen, welche schmackhafter und einander weniger ähnlich seyn, welche natürlicher und sangbarer, mehr ausgearbeitet und doch weniger mühsam seyn werden. Sie werden um soviel erhabener und edler seyn, je mehr sie sich von dem Geschmacke des Pöbels entfernen. Aber ich höre sagen, „daß die Freyheit des Theaters groß ist, daß die Mode gefällt, „daß aber meine Verwegenheit immer zunimmt.„ Und ich sollte nicht antworten: daß der Misbrauch noch größer Unheil anrichtet, als die an sich selbst schon schädliche Erfindung; und daß es sehr viele giebt, welche meiner Meynung beypflichten. Bin ich etwan der einzige unter den Sängern, welcher nicht wissen sollte, daß eine schöne Composition gut singen macht; daß aber eine schlimme dem Sänger sehr nachtheilig ist? Haben wir nicht mehr als einmal gehöret, daß die Beschaffenheit der Composition vermögend gewesen ist, in wenigen Arien einem mittelmäßigen Sänger einen guten Namen zu machen; einen andern hingegen, der durch wirkliche Verdienste sich denselben schon erworben hatte, wieder darum zu bringen? Musik die von Männern gesetzt ist, welche Einsicht und Geschmack besitzen, unterrichtet einen Studierenden, macht einen der schon was versteht noch vollkommener, und ergötzt den der sie höret. Da ich einmal auf diese Materie gekommen bin, so muß ich vollends alles heraus sagen.

Wer

Von den Arien.

Wer die Musik zuerst auf die Schaubühne geführet hat, hat vermuthlich die Absicht gehabt, sie in einem Triumphe aufzuführen, und auf den Thron zu setzen. Wer hätte sich aber jemals einbilden sollen, daß nach nicht allzu langen Jahren, sie selbst zum traurigen Schauspiele ihres eigenen Untergangs dienen würde? Ihr prächtigen Gebäude der Theater! wer euch, ohne zornig zu werden ansieht, der bedenket nicht oder weis nicht, daß ihr auf den kostbaren Ruinen der Harmonie errichtet seyd. Ihr seyd der Ursprung der Misbräuche und der Irthümer. Von euch kömmt die itzige Schreibart, und die Menge der Liederchenmacher her. Ihr seyd die einzige Ursache, daß die Zahl der recht gründlichen Musikgelehrten, welchen der ansehnliche Titul eines Capellmeisters mit Rechte zukömmt, heut zu Tage so klein ist. Denn da der arme Contrapunct von dem verderbten Zeitalter verdammet worden, ein Stück Brod in der Kirche zu betteln, da doch zu gleicher Zeit die Unwissenheit auf vielen Theatern triumphiret; so hat sich der größte Theil der Componisten, entweder durch die Begierde nach Gelde, oder durch das gar zu harte Gesetz der Dürftigkeit, gezwungen gesehen, dergestalt das gründliche Studieren zu verlassen, daß zu befürchten ist, (wenn nicht der Himmel durch gewisse große Geister, oder durch diejenigen wenigen, welche, zu ihrem Ruhme, sich noch an die wahren Grundsätze halten, zu Hülfe kömmt,) es stehe die Musik, nachdem sie die Namen einer Wissenschaft und Begleiterinn der Weltweisheit verlohren, auch noch dazu in augenscheinlicher Gefahr, für unwürdig erkläret werden, sich in der Kirche hören zu lassen: um dem Aergernisse zu wehren, das diejenigen daran nehmen, welche Giquen, Menuetten, und Furlanen im Tempel finden. In der That, wer würde an manchen Orten, wo der Geschmack verderbet ist, die Kirchencomposition von der theatralischen unterscheiden können; wenn man an der Kirchthüre für den Eingang bezahlete.

Ich weis, daß die Welt gewisse wenige große Meister, die sowohl der einen als der andern Schreibart vollkommen mächtig sind, mit gerechtem Beyfalle ehret. An diese weise ich den, der gut singen lernen will. Wäre ihre Zahl etwan nicht so gar klein, als man glaubt, und als ich vermuthe: so bitte ich diejenigen um Verzeihung, welche ich vielleicht mit Unrecht davon ausgeschlossen haben könnte. Ich hoffe desto eher Vergebung zu erhalten; da ja ein nicht freywilliger Irthum nichts beleidigendes an sich hat; und ein großer Geist keine andere Eifersucht besitzet als die, welche eine Tugend ist. Die Unwissenden hingegen pflegen nicht gern zu verzeihen. Ja, da sie vielmehr alles das verachten und anfeinden, was sie nicht verstehen; so werden sie just diejenigen seyn, von denen ich mir keinen Pardon zu versprechen habe.

Ich fragte, zu meinem Unglück, einsmals einen von diesen Herren, von wem er die Composition gelernet hätte. Vom Claviere antwortete er mir sogleich. „Gut. Aus was für einer Tonart, „fuhr ich fort, habt ihr den Anfangssatz eurer Oper gemacht?„ Was Tonart? was Tonart? unterbrach er mich trotzig, warum wollt ihr mir den Kopf mit solchen alten verschimmelten Fragen warm machen? Man höret wohl aus was für einer Schule ihr kommt. Die neuere, wenn ihr es etwan nicht wisset, bekümmert sich nicht um Tonarten; und man lachet mit Recht über die närrische Einbildung derer, welche glauben, daß es deren zwo gäbe; da hingegen diejenigen, welche behaupten, daß sie in Authentische und Plagalische, (Haupt- und Nebentonarten) eingetheilet werden müßten, und daß ihrer acht, (im Falle der Noth auch noch mehr) wären, ganz weislich einem jeden in sein freyes Belieben stellen, zu componiren, wie es ihm selbst recht und gut dünket. Zu euern Zeiten schlief die Welt, und ihr dürfet es nicht übel nehmen, wenn unsere itzige ausnehmend sonderbare Art, durch die Lustigkeit, die ans Herz geht, und den Fuß zum Tanzen anreizet, sie wieder aufgewecket hat. Wachet auch ihr auf, ehe ihr sterbet, und erhebet den harten, von der Last so vieler verkehrter Grillen gebeugten Nacken. Laßt sehen, daß das Alter dasjenige

nige nicht misbilliget, was die Jugend erfindet: sonst werdet ihr erfahren, daß euch eure eigenen Worte selbst treffen, und euch sagen werden, daß die Unwissenheit alles anfeindet was gut ist. Die schönen Künste werden immer mehr ins Feinere gebracht: und wenn man mir wird widersprechen wollen, so werde ich mit dem Degen in der Faust beweisen, daß die Musik nicht höher steigen kann, als sie itze ist. Wacht auf, sage ich, und wenn ihr noch nicht ganz alle Beurtheilungskraft verlohren habt, so höret mir zu. Ihr werdet gestehen müssen, daß ich aufrichtig rede. Zum Beweise dessen bemerket folgendes:

Daß unsere so ungemein angenehme Schreibart erfunden worden, um durch den schönen Namen der neuen Mode, die gar zu schweren Regeln des Contrapuncts zu unterdrücken: ist nicht zu läugnen.

Daß unter uns ein unwiderrufliches Gesetz sey, das Pathetische auf immer zu verbannen, ist sehr wahr; denn wir hassen die Schwermuth.

Daß aber alte vermoßte Graubärte sagen sollten, wir eiferten mit einander um die Wette, wer die ärgsten und die meisten noch nie gehöreten Ausschweifungen hervor bringen könnte, damit wir uns nur für schöpferische Geister ausgeben könnten: das ist ein boshafter und schwarzer Betrug von denen, die da mit Widerwillen ansehen, wie sehr wir erhöhet sind. Es sterbe der Neid! Ihr seht ja wohl, daß die Achtung, welche wir uns nach allgemeiner Uebereinstimmung erworben haben, entscheidend ist: und wenn ein Sänger es nicht mit unserer Zunft hält; so findet er gewiß keinen Beschützer, der ihn auch nur ansähe, oder im geringsten achtete. Aber, (da wir doch im Vertrauen, und mit der Aufrichtigkeit auf der Zunge reden,) sagt mir: wer kann wohl gut singen, wer kann wohl gut componiren, ohne unsern

Beyfall schon zuvor erhalten zu haben? Er mag noch so viel Verdienste besitzen, (ihr wißt es,) so fehlet es uns doch nicht an Mitteln ihn zu stürzen. Ja, alle seine Verdienste niederzuschlagen, dazu gehören nur diese wenigen Sylben: Er ist altväterisch.

Berichtet mich doch, ich bitte euch, wer würde iemals ohne uns die Singkunst auf den höchsten Gipfel der Glückseligkeit gebracht haben, und zwar durch das einzige so leichte Mittel, daß wir aus den Arien den verdrüßlichen Wettstreit der ersten und zweyten Violine, und der Bratsche, abgeschaffet haben? Getrauet sich wohl jemand uns diesen Ruhm ab zu disputiren? Wir, wir sind diejenigen, welche durch die Kraft unsers Witzes die Freyheit der Sänger auf den höchsten Grad der Vollkommenheit haben steigen lassen, da wir die Arien auch so gar von dem rauschenden Getöse der Grundstimmen los gemachet haben; so daß = = = = = (höret und lernet es wohl,) wenn auch in einem Orchester hundert Violinisten wären, wir doch vermögend sind, so zu setzen, daß alle, zu gleicher Zeit, eben dieselbige Stimme spielen können, welche der Sänger ausführet. Was saget ihr davon? habt ihr wohl das Herz uns zu tadeln?

O wie schön ist doch unsere allerliebste Setzart! sie zwinget keinen von uns zur verdrüßlichen Erlernung der Regeln; sie beunruhiget das Gemüth nicht durch Nachdenken, und täuschet uns nicht mit der falschen Einbildung, welche alles, worauf man etwan durch weitläuftiges Grübeln einmal gefallen seyn könnte, auch gleich in wirkliche Ausübung bringen will; sie schadet unserer Gesundheit nicht; sie bezaubert die neumodischen Ohren; sie findet Liebhaber genug, welche sie zu schätzen und reichlich zu bezahlen wissen. Und ihr wolltet euch unterstehen sie zu tadeln?

Von den Arien.

Was können wir hingegen nicht von den finstern und höchstwiderwärtigen Ausarbeitungen dererjenigen Leute sagen, welche ihr als die ersten unter allen Menschen ausposaunet, ob ihr gleich nicht einmal Ehre zu reden habt? Merket ihr denn nicht, daß das verlegene Zeug dieser alten Murrköpfe uns Uebelkeiten zuzieht. Wir würden große Narren seyn, wenn wir uns krumm und lahm studieren wollten, um die Harmonie, die Fugen, ihre Umkehrungen, den doppelten Contrapunct, viele zu verbindende Hauptsätze, auszufinden; um sie enge zusammen zu bringen, um Canons und anderes dergleichen trockenes Zeug heraus zu klauben, welches nicht mehr nach der Mode ist, und, was noch schlimmer ist, wenig gelobet, und noch schlechter bezahlet wird. Was saget ihr ißo Herr Kunstrichter? Habt ihr mich wohl verstanden? „Ja mein Herr?„ Nun was antwortet ihr mir denn? „Nichts.„

Ich erstaune, ihr Sänger, meine werthesten Freunde, über die tiefe Schlafsucht, in welcher ihr zu euerm so großen Schaden, gleichsam begraben liegt. Ihr solltet endlich einmal aufwachen; es ist die höchste Zeit; und solchen Componisten, wie der der sich gleich ißo hat hören lassen, unter die Augen sagen, daß ihr singen, nicht aber tanzen wollet.

Bb

Das VIII. Hauptstück.
Von den Cadenzen.

Die Endigungscadenzen der Arien sind von zweyerley Art. Die eine wird von den Componisten, die von oben, die andere die von unten genennet. Um einem Studierenden desto verständlicher zu werden, will ich sagen, daß wenn eine Cadenz z. E. im C dur zu machen wäre, so würden die Noten der erstern **La Sol Fa**, (e d c) der zweyten aber **Fa mi Fa** (c h c) seyn (a). In den Arien für eine Stimme allein, oder in Recitativen, kann ein Sänger diejenige erwählen, welche ihm am besten gefällt. Wenn aber andere Singstimmen oder Instrumente die Cadenz mit machen: so darf er nicht eine für die andere nehmen, sondern muß genau bey der vorgeschriebenen bleiben (b).

(a) S. 97. sind die verschiedenen Arten der Cadenzen schon in Noten vorgestellet worden. Die heut zu Tage in den Arien gewöhnlichste Cadenz ist diese: c d c.

(b) Weil alsdenn beyde Singstimmen, oder die Singstimme und das Instrument, welche die Cadenz und den Triller, entweder in Terzen oder in Sexten mit einander machen sollten, zusammen in den Einklang fallen würden. Was hier von Instrumenten gesaget wird, ist von einem mit der Stimme concertirenden Instrumente zu verstehen. Denn wenn es nur begleitende Violinen sind, welche, wie es doch selten geschieht, den Schluß mitspielen, so steht es dem Sänger auch frey, absonderlich den Schlußtriller, von oben oder von unten zu machen. Denn eines der Instrumente spielt doch einen von beyden immer im Einklange mit ihm.

Es würde überflüssig seyn, wenn ich von den abgebrochenen Cadenzen reden wollte (c). Diese sind zwar sehr gemein worden; sie sind aber nur im Recitative brauchbar.

(c) Siehe S. 162.

Die

Von den Cadenzen.

Die Cadenzen welche eine Quinte abwärts springen, wurden in den alten Zeiten für einen Sopran, welcher Arien allein oder mit Instrumenten sang, nicht eher gesetzet, als wenn die Nachahmung irgend eines Wortes den Componisten dazu nöthigte. Diese, ob gleich das ihr einziges Verdienst ist, daß sie die leichtesten sind, sowohl für den der schreibt, als für den der singt, sind heut zu Tage die herschenden (d).

(d) Zu unsern Zeiten nicht mehr so sehr für den Sopran und für den Tenor. Doch wenn auch diese Stimmen etwan einmal mit den Instrumenten und dem Basse im Einklange schliessen; so würde es lächerlich seyn, wenn man ihnen ihre eigene Cadenz, der Pracht des Unisons zuwider, geben wollte. Ueberhaupt können trotzige und andere dergleichen Schlüße, durch diese bassirende Cadenz, in allen Stimmen gut ausgedrücket werden.

Im Hauptstücke von den Arien habe ich einen Studierenden ermahnet, sich vor dem reissenden Strohme der neumodischen Passagien in Acht zu nehmen: ich habe mich auch anheischig gemacht, meine geringe Meynung über die itzo üblichen Auszierungen auf den Cadenzen zu entdecken (e). Ich thue dieses hiermit; doch mit dem gewöhnlichen Vorbehalte, daß ich sie, wie alle meine übrigen Gedanken dem entscheidenden Richterstuhle des Verstandes und des Geschmacks vorstelle: damit diese, als oberste Richter der Musik, entweder die Misbräuche der neumodischen Cadenzen, oder den Betrug meiner Einbildung, verdammen können.

(e) In den alten Zeiten wurden die Hauptschlüsse welche man in eigentlichem Verstande Cadenzen nennet, nur so ausgeführet, wie sie, dem Tacte gemäß, geschrieben werden. Auf der mittelsten Note wurde ein Triller gemacht. Hernach fieng man an, auf der Note vor dem Triller eine kleine willkührliche Auszierung anzubringen; wenn nämlich, ohne den Tact aufzuhalten, Zeit dazu war. Darauf fieng man an den letzten Tact der Singstimme langsamer zu singen, und sich etwas aufzuhalten. Endlich suchte man diese Aufhaltung durch allerhand willkührliche Passagien, Läufe, Ziehungen, Sprünge, kurz, was nur für Figuren der Stimme auszuführen möglich sind, auszuschmücken. Diese sind nun noch heutiges Tages üblich: und werden itzo Vorzugsweise

Das VIII. Hauptstück.

Cadenzen genennet. Sie sollen zwischen den Jahren 1710 und 1716 ihren Ursprung genommen haben. Ich werde in der Folge dieses Hauptstücks, um nicht undeutlich zu werden, die eigentlichen Cadenzen durch Schlüsse übersetzen; die Auszierungen aber, die darüber anzubringen Mode ist, sollen schlechtweg Cadenzen heissen.

Jede Arie hat wenigstens drey Schlüsse, welche alle drey endigend sind. Die Bemühung der heutigen Sänger, (überhaupt davon zu reden) geht dahin, am Schlusse des ersten Theils ein Lauffeuer von willkührlichen Passagien loszubrennen; und das Orchester muß es abwarten. Beym Schlusse des zweyten Theils verdoppelt man die Ladung der Gurgel; und dem Orchester wird die Zeit darüber lang. Wenn endlich die Aufhaltung beym dritten Schlusse kömmt; so wird die ganze, mit so vieler Mühe gestopfete Mine der Passagien gesprenget: und das Orchester möchte für Ungeduld darüber zu fluchen anfangen. Aber warum will man denn die Welt mit so vielen Passagien betäuben? Ich bitte die Herren nach der neuen Mode mir zu verzeihen, wenn ich allzu frey bin, zum Besten der Musik zu sagen: daß der gute Geschmack nicht in der fortdauernden Geschwindigkeit, einer ohne Führer und Absicht herum irrenden Stimme liegt; sondern daß er sich im singenden Wesen, im angenehmen Tragen der Stimme, in den Vorschlägen, in künstlichen und regelmäßigen willkührlichen Auszierungen, äußert; wenn man nämlich von einer Note zur andern, durch sonderbare und unerwartete Gänge, mit Verziehungen der Geltung der Noten (rubamento di Tempo) **welche aber der Bewegung des Basses genau angemessen seyn müssen,** zu kommen suchet. Dieses sind die vornehmsten und allerwesentlichen Eigenschaften des guten Gesanges; welche aber kein menschlicher Verstand in den ausschweifenden Cadenzen der neuern Sänger finden wird. Ich sage noch dieses: In den alleraltesten Zeiten war, (wie mir der, welcher mich solfeggiren lehrete, erzählet hat) ein gewisser Gebrauch der Sänger unerträglich, vermöge dessen sie, bey den Schlüssen, auch eine Menge von Passagien anbrachten, welche niemals aufhöreten, so wie itzo; und welche immer

Von den Cadenzen.

mer wieder eben die vorigen waren, just so wie die zu unsern Zeiten auch. Endlich wurden diese Läufe so verhaßt, daß sie, als Verstörer der Ruhe des Gehörs, schon eher ins Elend verwiesen waren, ehe man an ihrer Verbesserung arbeiten konnte. Denen zu unsern Zeiten wird es auch so gehen, so bald nur ein in Ansehen stehender Sänger, welcher sich nicht durch das eitle Lob des Pöbels verführen läßt, das erste Beyspiel dazu giebt. Aus der gedachten Verbesserung machten sich die berühmten Nachfolger ein Gesetz, welches vielleicht nicht wieder würde aufgehoben worden seyn, wenn sie noch im Stande wären sich hören zu lassen. Aber der Ueberfluß mit seinen Folgen, die Flüsse, das Alter, der Tod, haben unsere itzigen Zeiten dessen beraubet, was am Gesange am meisten zu bewundern war. Itzo lachen die Sänger öffentlich sowohl über die Abschaffung, als über die Abschaffer der Passagien in den Cadenzen. Sie haben sie vielmehr aus der Verweisung zurück gerufen, und mit einigen übertriebenen Zusätzen mehr, auf der Bühne wieder erscheinen lassen; damit sie in den Gedanken der Einfältigen für rare Erfindungen gehalten werden möchten. Sie gewinnen große Summen damit; im übrigen liegt ihnen nichts dran, ob sie funfzig oder sechzig Jahre lang, oder seit tausend Jahren, sind verabscheuet worden. Wer kann sie nun deswegen tadeln? Weder der Neid noch die Thorheit haben das Herz es zu thun. Doch wenn die Vernunft, welche weder neidisch noch thörigt ist, sie im Vertrauen zu sich riefe, und ihnen ins Ohr sagte: Mit was für einem ungerechten Vorwandte könnt ihr doch den Namen der Neumodischen fodern, da ihr ja nach der alleraltesten Weise singet? Glaubt ihr etwan, daß eure Reichthümer und Lobeserhebungen von eurer geläufigen Gurgel herkommen? Verlaßet diesen Irthum, und danket es der überhäufeten Menge der Theater, dem Mangel an rechtschaffen guten Sängern, und der Unwissenheit derer welche euch zuhören. Was würden sie wohl hierauf antworten? Das weis ich nicht. Doch wir wollen noch näher zusammen kommen.

Meine Herren nach der neuesten Mode, könnt ihr wohl sagen, daß ihr euch nicht selbst betrüget, wenn ihr, in den Cadenzen, zu euern langgereckten Paßagien eure Zuflucht nehmet, um von der blinden Unwissenheit den Beyfall zu erbetteln? Ihr bettelt wirklich, indem ihr gleichsam, aus Barmherzigkeit, um dieses Vivat Ansuchung thut, welches ihr, wie ihr wohl einsehet, aus Gerechtigkeit nicht verdienet. Dagegen machet ihr eure Gönner lächerlich, wenn sie nicht Hände, Füße noch Stimmen genug haben, um euch zu loben (f). Wo ist die gute Ordnung, wo die Dankbarkeit? Wenn sie nun etwan einmal darhinter kämen? Meine lieben Freunde, wenn die Misbräuche eurer Cadenzen euch nützlich sind, so sind sie eurer Profession desto schädlicher; und sind die allergrößten die ihr begehen könnet, weil sie mit kaltem Blute, und indem euch bewußt ist, daß ihr Unrecht thut, begangen werden. Ueberzeuget, zu euerm eigenen Vortheile, die Welt eines beßern, und wendet die herrlichen Gaben, welche GOtt euch gegeben hat, auf etwas an, das eurer würdig ist. Ich kehre indessen noch mit mehrerer Herzhaftigkeit zu meinen Meynungen zurück.

(f) Dieses bezieht sich auf das Bravo und Eviva-Schreyen, auf das Händeklatschen und Geräusch, so sich in den italiänischen Schauplätzen erhebet, wenn ein Sänger irgend etwas vorgebracht hat, das des Beyfalls würdig scheint.

Ich möchte gern wissen, mit was für Gründen einige im Rufe stehende Neuern von großen Namen, in den Schlüssen von oben, immer den Triller auf der Terze über der Endigungsnote machen; da doch der Triller, welcher in diesem Falle resolviren muß, wegen eben dieser Terze, es nicht kann; als welche, da sie die Sexte über dem Baße ist, ihn daran verhindert, und die Schlüße folglich ohne Auflösung bleiben (g). Wenn sie auch ja glaubten, daß die besten Lehren von der Mode herkommen: so dünkt mich doch, daß sie bisweilen das Gehör zu Rathe ziehen sollten, ob es mit einem Triller der mit der Septime und Sexte über dem zum Schluße eilenden Baße geschlagen wird, zufrieden seyn könne. Ich bin überzeuget,

es

Von den Cadenzen.

es würde mit Nein antworten. Aus den Regeln der Alten lernet man, daß der Triller in den Schlüssen, durch die Sexte über dem Basse vorbereitet wird, damit er sich nachgehends auf der Quinte über demselben hören lassen könne: denn dieses ist sein eigentlicher Sitz.

(g) Siehe oben S. 112 und 113.

Verschiedene andere Sänger vom ersten Range machen die gedachten Schlüsse nach Art der Bässe, das ist, durch eine herab springende Quinte, mit einer Passagie von stufenweise absteigenden geschwinden Noten; und bilden sich dabey Wunder ein, wie schön sie sängen, und wie geschickt sie die Octaven vermieden: doch diese, ob sie gleich bemäntelt werden, lassen sich doch hören, und jene betrügen sich in ihren Gedanken (h).

(h) Wenn ein bassirender Schluß vorgeschrieben ist, so soll man die Octaven, welche hier wie Einklänge angesehen werden, ausdrücklich hören: und alsdenn würde es ein Fehler seyn, die Ernsthaftigkeit dieses Sprunges, durch einen dazwischen gesetzten Lauf, der ihn ausfüllete, zu verhindern. Wenn man aber anstatt einer vorgeschriebenen tenorisirenden Cadenz eine bassirende setzet: so fehlet es so weit, daß man die Octaven durch den Lauf bemänteln sollte, daß man vielmehr den offenbahren, hier verbotenen, noch eine ausgefüllete verdeckte zusetzet.

Bey jeder Cadenz ist es eine ausgemachte Wahrheit, daß gute Sänger auf der vorletzten Sylbe solcher Wöter, als diese: confondero͞, amero͞, u. s. w. weder Triller noch Passagien anbringen dürfen. Denn auf kurze Sylben, wie diese sind, schicken sich dergleichen Zierrathen nicht: wohl aber auf die dritte Sylbe von hinten (i).

(i) Auf einer langen mit einem bequemen Selbstlauter versehenen Sylbe, muß die willkührliche Cadenz gemachet werden: niemals aber auf einer kurzen Sylbe. Eine solche bequeme Sylbe nun, kann bisweilen noch weiter zurück stehen, als die dritte vom Ende. Z. E. *lasciami dubitar.*

die

die Pſalmen eurer Pracht. Der Sänger aber muß nicht unterlaſſen, in ſolchen Fällen, nach geendigter Cadenz, noch die rückſtändigen Sylben deutlich auszuſprechen, und mit der Cadenz zu verbinden. Wie lächerlich würde es ſeyn, wenn er dieſe Sylben vergeſſen, und in den angeführeten Beyſpielen laaaaaa--ar, oder die Pſaaaaaa=acht ſingen wollte! Viele italiäniſche Sänger fehlen häufig hierwider. Manchmal erſchnappen ſie wohl gar ein *a* zur Cadenz gleichſam aus der Luft, es mag herkommen wo es her wolle. Man leſe hierbey oben S. 142 und 143, auch 110 wieder nach.

Viele Sänger aus der zweyten Claſſe endigen die ſopraniſirenden Schlüſſe, nach Art der Franzoſen, ohne Triller; entweder weil ſie keinen ſchlagen können, oder weil dieſe Manier leicht nachzumachen iſt, oder um etwas zu finden das neumodiſch ſcheinen möchte. Sie irren ſich aber hierinn. Denn die Franzoſen laſſen bey den gedachten Schlüſſen den Triller nicht weg, auſſer nur in langſamen und zärtlichen Arien: und unſere Italiäner, welche gewohnt ſind alle Moden zu übertreiben, ſchließen ihn von allen aus, ob er ſchon in die Allegro nothwendig gehöret. Ich weis, daß ein guter Sänger ſich deſſen auch in gefälligen und ſchmeichelnden Arien mit Recht enthalten kann; nur muß es nicht zu oft geſchehen. Denn wenn gleich hie und da einer von dieſen Schlüſſen, ohne die gedachte ſchöne Zierde des Trillers, erträglich iſt: ſo iſt es doch nicht möglich, daß man endlich, bey ſo vielen Cadenzen welche eines plötzlichen Todes ſterben, nicht verdrüßlich werden ſollte (k).

(k) Die Manier, welche man bey der hier erlaubten Gelegenheit brauchet, iſt der prallende Doppelſchlag. Siehe S. 120.

Ich höre, daß faſt alle Neuern, ſie mögen Feinde oder Freunde des Trillers ſeyn, bey den oftgemeldeten Schlüſſen von unten, vor der Endigungsnote, einen Vorſchlag mit der vorletzten Sylbe des Worts machen. Dieſes ſcheint mir auch ein Fehler zu ſeyn; denn mich dünket, daß der Vorſchlag bey dieſer Gelegenheit
auf

Von den Cadenzen.

auf keiner andern als auf der letzten Sylbe schmackhaft sey: nach Art der Alten, oder derer welche das Singen verstehen (1).

(1) Daß auf allen Vorschlägen die zur folgenden Hauptnote gehörige Sylbe ausgesprochen werden müsse: wird aus dem Hauptstücke von den Vorschlägen schon bekannt seyn. Siehe S. 60.

Wenn bey eben diesen Schlüssen von unten, die besten heutigen Sänger nicht zu irren glauben, wenn sie die Endigungsnote eher angeben, als der Baß eintritt; so haben sie destomehr Unrecht. Es ist dieses ein Fehler, welcher beydes das Gehör und die Regeln beleidiget. Gedoppelt ist dieser Fehler, wenn sie, wie öfters geschieht, in eben diese zu früh angeschlagene Schlußnote noch dazu mit einem Vorschlage gehen. Denn wenn der Vorschlag, er mag auf= oder absteigen, nicht mit dem Basse zugleich eintritt; und hernach erst die Hauptnote; so thut er immer üble Wirkung (m).

(m) Dieses wird aus dem Hauptstücke von den Vorschlägen schon bekannt seyn; wo es eigentlich hingehörete.

Ist es aber nicht schlimmer als alle Fehler, wenn man die Zuhörer mit tausend Cadenzen plaget, die alle auf eine und eben dieselbe Art gemachet werden? Woher kömmt doch diese trockene Unfruchtbarkeit? Es ist ja einem jeden Sänger bekannt, daß es kein besser Mittel giebt, sich mit dem Singen Hochachtung zu erwerben, als die Fruchtbarkeit an verschiedenen Einfällen und Wendungen.

Wenn unter allen Schlüssen der Arien, der letzte davon einem Sänger einige Freyheit läßt, etwas von willkührlichen Verzierungen anzubringen, damit man doch hören könne daß das Ende derselben da ist; so ist dieser kleine Misbrauch noch erträglich. Er wird aber unerträglich, wenn ein Sänger fest auf dem eigensinnigen Vorsatze beharret, mit seinem langweiligen Gurgeln den Kennern zum Ekel zu werden; welche desto mehr dabey leiden, je mehr sie wissen, daß die Componisten, ordentlicher Weise, bey jedem Hauptschlusse eine Note frey lassen, welche zu einem bescheidenen Zierrathe Ge-

Das VIII. Hauptstück.

legenheit giebt; ohne daß man ihn deswegen ausserhalb der richtigen Tactbewegung, ohne Geschmack, ohne Kunst, und ohne Verstand zu suchen nöthig habe (n).

(n) Hieraus erhellet deutlich, daß unser Verfasser sich für die Art der Cadenzen erkläret, bey welcher der Baß ohne Aufhalten fortgeht, wie ich oben unter der Anmerkung (e) angeführet habe.

Noch mehr erstaune ich, wenn ich bedenke, daß die neumodische Schreibart, nachdem sie alle Schlüsse der theatralischen Arien der Marter eines beständigen Laufens bloß gestellet hat, auch so grausam ist, die Arien der Cantaten, zu gleicher Strafe zu verdammen, ja dieselbe nicht einmal den Recitativ=Schlüssen in den Cantaten zu erlassen. Suchen die Sänger, welche zwischen der Singart in der Kammer und dem unmäßigen Gequirl auf der Bühne keinen Unterscheid machen, in Zimmern vornehmer Standespersonen etwan auch das Beyfallsgeschrey des Pöbels zu erbetteln? Ihr armen Noten! Ihr seyd nicht mehr die Zeichen der Musik. Denn wenn ihr das noch wäret, so würde man eurer Vorschrift genauer folgen.

Ein wohlgearteter Anfänger der Singkunst fliehe solche böse Beyspiele, und mit den Beyspielen auch die Misbräuche, die Fehler, und alles das was niedrig und gemein ist, sowohl in den Cadenzen, als anderwärts.

Da die Erfindung besonderer Cadenzen, ohne Aufhaltung der Tactbewegung, eine der würdigen Beschäftigungen der Alten gewesen ist; so suche sie ein Studierender wieder einzuführen, und bemühe sich, ihnen die Geschicklichkeit, ein wenig Zeit zur Auszierung über dem Schlusse gleichsam voraus wegzustehlen, abzulernen (o). Er erwäge, daß die Kenner der Kunst die Schönheit derselben eben nicht bey einem gänzlichen Stillschweigen aller Bässe zu finden vermeynen.

(o) Diese Art, die Schlüsse der Arien, ohne Zurückhaltung der Bewegung des Basses und der andern begleitenden Instrumente, mit einigen willkührlichen Auszierungen zu versehen, wird heut zu Tage bisweilen

Von den Cadenzen.

weilen bey dem Ende des ersten Theils einer Arie, absonderlich wenn sie ein Adagio ist, auch wohl wenn sonst noch etwan ein Schluß in derselben vorkömmt, der zur Endigungscadenz vorbereitet, von einigen Sängern, welche Fertigkeit genug dazu besitzen, nicht ohne gute Wirkung angebracht. Sie läßt sich aber leichter durch aufmerksames Zuhören, als aus vorgeschriebenen Noten erlernen.

Man höret bey den Cadenzen noch sehr viele andere Fehler, welche alt waren, und wieder neu geworden sind. Sie waren lächerlich, und sind es noch. Wenn man also bedenket, daß wer etwas ändert es deswegen nicht allemal besser machet; so kann man wahrscheinlich schlüßen, daß das Unrechte durch Fleiß, nicht aber durch die Mode verbessert werden könne (p).

(p) Herr Tosi ist also ein Feind unserer heut zu Tage noch üblichen willkührlichen Cadenzen. Soll ich etwan, den Liebhabern und Bewunderern der Cadenzen zu Gefallen, ihm widersprechen, und mich zu ihrem Vertheidiger aufwerfen? Es ist wahr, es gehen viele Misbräuche dabey vor, deren einige unser Verfasser mit gutem Rechte getadelt hat. Es ist wahr, daß man oft lieber gar keine, als eine so schlechte und so oft durchgepeitschete Cadenz zu hören wünschet. Mancher Sänger verderbt durch ein ungereimtes Ende bisweilen alles, was er in der Arie etwan noch Gutes vorgebracht hatte. Manchem, der an Erfindungen nicht reich ist, gereicht es wirklich zur Last, wenn er oft Cadenzen machen, und doch nicht immer eben dasselbe wieder sagen will. Es ist aber dagegen auch wieder wahr, daß ein feuriger Kopf dadurch seine Zuhörer unvermuthet überraschen, und der Leidenschaft, deren Erregung die Absicht der Arie gewesen, gleichsam noch einen neuen Grad der Stärke zusetzen kann. Er kann gewisse Töne, deren Anbringung ihm in der Arie nicht allemal erlaubt gewesen, in eine geschickte Cadenz eingekleidet, den Zuhörern zu Ohren bringen, und diese also mit dem ganzen Umfange seiner Stimme bekannt machen. Das Wunderbare kann ja sowohl als das Wahrscheinliche auch in der Musik seinen Platz finden. So lange also, als noch Gründe für die Cadenzen zu finden sind, welche von den gegenseitigen nicht ganz und gar überwogen werden; so lange ist es auch einem Sänger nicht zu verargen, wenn er diese Gelegenheit, einem glücklichen eigenen Einfalle freyen Lauf zu lassen, nicht aus den Händen gehen läßt. Nur muß er folgende Vorsichtigkeiten dabey wohl in Acht nehmen. 1) Die Cadenzen müssen nicht zu oft vorkommen, und nicht zu lang seyn. 2) sie müssen sich allemal auf den in der Arie liegenden Hauptaffect beziehen. Erstrecket sich diese Aehnlichkeit, wenn es möglich ist, sogar auf einige der schönsten einzelnen Stellen und Clauseln derselben; so ist es desto besser: und zugleich ein Mittel, immer gute Einfälle im Vorrathe zu haben. 3) Einerley Figuren dürfen nicht zu oft wiederholet oder transponiret werden; sondern man muß verschiedene Figuren zu verbinden und geschickt mit einander abzuwechseln suchen. Doch muß die Cadenz nicht eine förmliche ariose Melodie, sondern vielmehr nur eine geschickte Zusammenfügung einiger nicht ausgeführeter abgebrochener Sätze seyn. Deswegen darf auch 4) gar keine Tactart darinn beobachtet werden. Es muß scheinen als wäre der Sänger von der Leidenschaft so durchdrungen, daß er darüber nicht mehr auf eine eingeschränkte Tactbewegung denken könnte. 5) Ungeachtet man gar wohl einige der Tonleiter fremde Töne berühren kann; so muß man doch nicht zuweit in entlegene Tonarten ausschweifen: und die fremden Töne, welche bey einem ordentlichen mit dem Baße versehenen Gesange Dissonanzen seyn würden, müssen ihre richtige Auflösung bekommen. 6) Die Cadenz einer lebhaften und feurigen Arie kann aus weitläuftigen Sprüngen, Trillern, Triolen, Läufen, u. s. f. bestehen: die von einer traurigen und pathetischen Arie aber liebet mehr das gezogene und geschleifete Wesen, mit einigen dissonirenden Intervallen vermischet. 7) Je mehr Unerwartetes in eine Cadenz gebracht werden kann; je schöner ist sie. 8) Man darf in einer Cadenz die ein Sänger allein macht, nicht Athem holen: also muß sie nicht länger unternommen werden, als man in einem Athem ausdauern kann, wovon noch etwas zu einem scharfen Triller übrig bleiben muß.

Die doppelten Cadenzen insbesondere, welche entweder von zwo Singstimmen, oder von einer Stimme und einem concertirenden Instrumente ausgeführet werden, müssen zwar alles was von den Cadenzen überhaupt bisher gesaget worden, beobachten, doch sind sie 1) mehr an die Gesetze der Harmonie und der richtigen Imitationen gebunden. Sie dürfen 2) nicht immer aus bloßen Terzen und Sertengängen bestehen; denn derer wird man gar zu bald müde: sondern sie müssen richtig gebundene und aufgelösete Gänge, und absonderlich geschickte Nachahmungen enthalten, da einer das nachmacht was der andere vorgesungen hat, welches aber in verschiedenen Intervallen geschehen kann. Wer also dergleichen doppelte Cadenzen erfinden will, muß die Regeln der Bindung und Auflösung der Dissonanzen, und der Nachahmungen,

wohl

Von den Cadenzen.

wohl verstehen. Sie sind zwar 3) auch an keine gewisse Tactart gebunden: doch versteht sich von sich selbst, daß eine Tactart so lange beybehalten werden muß, als man die Figuren nachsingt welche der andere vorgetragen hat. 4) Die zum Nachahmen vorgetragenen Gänge müssen so beschaffen seyn, daß sie der andere auch, sowohl mit seiner Stimme, als mit seinem Instrumente, sowohl in Ansehung seiner Fertigkeit, als in Ansehung der Höhe und Tiefe, nachahmen könne. Folglich ist nöthig, daß ein Sänger dem andern nachgebe, und sich seinem Vermögen bequeme: daß auch besonders ein Instrumentist nichts vortrage, was der Singstimme nicht möglich ist; eben so wenig ein Sänger etwas, was auf manchem Instrumente nicht angeht. 5) Das Athemholen ist in den doppelten Cadenzen erlaubt; weil sie schwerlich so kurz gefasset werden können, daß man in einem Athem ausdauern könne; und weil auch, indem einer fortsingt, das Athemholen des andern nicht so leicht bemerket werden kann. Es muß also nur nicht von beyden zu gleicher Zeit geschehen. 6) Doppelte Cadenzen, ohne Verabredung, aus dem Stegreife zu erfinden, gelingt selten; weil selten zwo Personen gleiche Einsicht in die Harmonie, gleiche Fertigkeit des Witzes, und gleiche Gelassenheit und Gefälligkeit besitzen. In Wälschland sind öfters über diesen Punct viele ungereimte Streitigkeiten entstanden. Deswegen ist es besser, daß man sich entweder vorher gütlich darüber mit einander verstehe, oder, wenn auch dies nicht angehen will, die Erfindung der Cadenz dem Componisten überlaße; dessen Vorschrift denn jeder genau folgen muß. Er wird sie schon so einzurichten wissen, daß es doch nicht ein jeder Zuhörer merken könne, daß sie auswendig gelernet worden sey.

Wer das bisher gesagete genau überleget, wird einsehen, daß es nicht wohl möglich ist allgemeine gute Cadenzen vorzuschreiben; so wenig als es möglich ist, jemanden witzige Einfälle vorher auswendig zu lehren. Denn eins und das andere wird durch die Umstände und die Gelegenheit theils hervor gebracht, theils bestimmt. Durch fleißiges Lesen und Beobachten der witzigen Einfälle anderer aber, kann einer seinen eigenen Witz erwecken, schärfen, und verbessern; so wie er ihn durch die Vorschriften der Vernunft in Ordnung halten kann. Auf gleiche Art kann ein Sänger, seinen musikalischen Witz, durch fleißige Anhörung der witzigen Einfälle anderer guter Sänger auch bilden. Man hat nichts weiter nöthig, als ihm die Abwege zu zeigen die er zu vermeiden hat, und ihm die Vorschriften des guten und vernünfti-

gen

gen Geschmackes dabey zum Leitfaden anzuweisen. Wer also die allgemeinen Beobachtungen, welche wir hier über die willkührlichen Cadenzen überhaupt mitgetheilet haben, sich wohl bekannt machet, und dabey gute Sänger und Instrumentisten fleißig und aufmerksam höret, dabey auch selbst eine fruchtbare Erfindungskraft besitzet; der wird in kurzer Zeit an guten Cadenzen eher Ueberfluß als Mangel haben: sollte er auch gleich keine einzige in Noten aufgeschriebene besitzen. Wer aber, insonderheit was die Doppelcadenzen betrifft, eine ganz ausführliche Beschreibung der zur Nachahmung geschickten Gänge und Sätze, und ihrer verschiedenen Arten und Wendungen verlangt, der findet sie, so wie auch eine weitläuftigere Ausführung dessen was die Erfindung der einfachen Cadenzen im Zaume halten soll, nebst verschiedenen Grundrissen zu guten und vernünftigen Cadenzen, in Herr Quanzens Versuche über die Flöte trav: im XV. Hauptstücke, als worauf ich mich, weil ich es hier wieder abdrucken zu lassen nicht für erlaubt halte, hiermit beziehe.

Die zuhörenden Liebhaber der Musik werden indessen, aus dem, was ich bisher gesaget habe, wenn sie es durchzulesen anders der Mühe werth achten, ohngefähr den Werth der meisten Cadenzen vieler unserer wälschen Sänger, welche aufzusammeln manche von ihnen so begierig sind, bestimmen können.

Bisweilen kommen mitten in einem Stücke sogenannte Fermaten vor, bey denen man sich, wie ihr Name schon zu verstehen giebt, etwas aufhalten muß. Sie sind durch das gewöhnliche Aufhaltungszeichen ⌢ angedeutet. Die letzte Note derselben im Basse, nach welcher ein kleines Stillschweigen erfolget, ist allezeit die Quinte der Haupttonart. Manchmal wird auf der vorletzten Note des Basses, welche alsdenn eine Septime und darauf folgende Serte über sich hat (α); bisweilen auf der letzten Note des Basses, die entweder den Sert- und Quarten und darauf folgenden reinen Accord (β), oder nur den reinen Accord allein über sich hat (γ) (δ) (ε), aufgehalten. Zuweilen kömmt eine solche Fermate gleich im Anfange einer Arie auf dem reinen Accorde der Endigungsnote der Tonart vor (ζ). Nach allen diesen Fermaten folgt immer eine Pause, auf welcher man sich von neuem aufzuhalten pflegt.

o caro

Von den Cadenzen. 207

Hier wird nun, nach Belieben, auf der anschlagenden Note, eine, der Hauptleidenschaft des Stücks gemäße willkührliche Auszierung gemacht, welche sich an den Tact nicht bindet. Sie muß sich aber allemal auf die anschlagende Harmonie der Baßnote gründen, über welcher sie angebracht wird, und keinen andern Accord berühren. Z. E. bey (α) wird der Accord der Septime, bey (β) der Accord der Serte und Quarte, und bey (γ) (δ) und (ε) der reine Accord willkührlich ausgefüllet und durch zugesetzete Noten verändert. Geht die darauf folgende Note nur einen Ton unter sich, wie bey (α) (β); so suchet man am Ende der Auszierung wieder geschickt in die Anfangsnote derselben zu
kommen

208 Das VIII. Hauptſtück.

kommen, und bey (α) mit einem langen Triller auf dem cis, und bey (β) mit einem dergleichen auf dem e ſelbſt, oder auf eben dieſem Tone, anſtatt des Trillers, mit einem prallenden Doppelſchlage, dem ein langſamer Nachſchlag angehänget wird, ſ. S. 120 zu ſchließen. Ueber die Fermate (β) ſchicket ſich auch die S. 113 angeführte Verzierung. Macht aber, abſonderlich bey der Fermate über dem reinen Accorde, die letzte Note einen Quinten- oder Octavenſprung wie bey (γ) und (ε), oder einen ausgefüllten Terzenſprung wie bey (δ) unter ſich: ſo wird die willführliche Auszierung darüber, mit einem langen oder verdoppelten Triller, der in der Terze über dem Baſſe geſchlagen wird, beſchloſſen, und dieſem nicht der gewöhnliche Nachſchlag, ſondern eine gewiſſe andere Art eines mattem Nachſchlags, die aber nur bey dieſer einzigen Gelegenheit gebräuchlich iſt, noch angehänget. Z. E.

Iſt die Fermate über einer accentuireten letzten Sylbe, oder über einem dergleichen einſylbigen Worte, als vedrà, mar, u. ſ. f. und dieſes Wort ſteht folglich auf der letzten anſchlagenden Note vor der Fermate: ſo endiget man blos mit dem Triller, aber ohne einigen Nachſchlag. ſ. S. 109 und 110.

Von den Cadenzen.

Wer die Beyspiele (γ) und (ε) nicht auszieren will; der kann die erste Note lange und schwellend halten, und den S. 114 beschriebenen langsamen Mordenten daran schleifen.

Aber laßt uns doch einmal, auf einige Augenblicke die Meynungen der berühmten Alten, und der vermeynten Neuern bey Seite setzen: um bemerken zu können, was unser Anfänger in der Singkunst, weil er doch nun wohl begierig seyn wird sich hören zu lassen, gelernet habe. Wir wollen ihn hören; doch aber dabey nicht unterlassen, ihn noch mit dem allerwichtigsten Unterrichte zu versehen: damit er zum wenigsten den Namen eines guten Sängers mit Recht verdienen möge; wenn er ja das Glück nicht haben sollte einen noch größern zu erlangen.

Das IX. Hauptstück.
Anmerkungen zum Gebrauche des wirklichen Sängers.

Nunmehr erscheint unser Sänger, nachdem er die bisherigen Lectionen vermittelst seines Fleißes glücklich zurück geleget, in öffentlicher Versammlung. Aber was hilft es, sich nur da sehen zu lassen? Wer auf der großen Schaubühne der Welt nicht eine würdige Rolle spielet, der macht keine andere Figur als eine geringe stumme Person.

Aus der kalten Gleichgültigkeit, welche man an vielen Sängern gegen ihr Hauptwerk bemerket, sollte man schlüßen, daß sie nur darauf warteten, ob nicht die Musik mit demüthigen Geberden fußfällig gekrochen kommen, und um das Glück, von Dero Großmuth als eine unterthänigste und gehorsamste Dienerinn in Gnaden angenommen zu werden, flehentlich Ansuchung thun werde.

Wenn eine große Menge von Sängern nicht bey sich überzeugt zu seyn glaubten, daß sie schon genug gelernet hätten: so würde die Anzahl der recht guten nicht so gar gering, und hingegen der Haufen der schlechten nicht so ungeheuer groß seyn. Diese, wenn sie vier Kyrie auswendig singen können, denken schon, daß sie das: Non plus ultra erlanget haben. Ueberreichet man ihnen aber etwan nur eine ganz leichte Cantate, die auch sauber und deutlich abgeschrieben ist: so werden sie, anstatt ihrer Schuldigkeit eine Gnüge zu thun, mit unverschämter Dreustigkeit gleich sagen: Daß die großen Geister nicht verbunden sind in ihrer Muttersprache aus dem Stegreife zu singen. Wer kann sich wohl hieben des Lachens enthalten? Ein Sänger, welcher weis, daß die Worte, sie mögen lateinisch oder italiänisch seyn, doch die Gestalt der Noten nicht ändern, vermuthet gleich, daß die

fertige

fertige Ausflucht dieses großen Geistes daher rühret, daß er nicht Noten treffen, oder nicht lesen kann; und er erräth es.

Viele andere giebt es, welche nach dem Augenblicke seufzen, in welchen sie der Beschwerlichkeiten des Lernens der ersten Anfangsgründe los werden möchten, um in den Schwarm der Mittelmäßigen einzutreten. Finden sie hernach, durch die Gnade der Vorsehung, mit ihrem wenigen Wissen, jemanden, der ihnen Brod giebt: so machen sie gleich der Musik ein tiefes Abschiedscompliment; und bekümmern sich nicht darum, ob die Welt weis daß sie sich unter den Lebenden aufhalten oder nicht. Diese glauben nicht, daß die Mittelmäßigkeit an einem Sänger Unwissenheit bedeutet.

Es sind noch andere, welche nichts anders studieren als Fehler. Sie sind dabey mit einer bewundernswürdigen Leichtigkeit sie alle zu lernen, und mit einem trefflichen Gedächtnisse, sie alle zu behalten, begabet. Ihre natürliche Neigung treibt sie so zum Bösen, daß, wenn sie vielleicht von der Natur mit einer schönen Stimme beschenket worden, sie ganz untröstlich sind, wenn sie den Kunstgriff nicht ausfindig machen können, sie in eine der schlechtesten zu verwandeln.

Wer aber bessere Gesinnungen heget, der wird sich eine edlere, ob wohl nicht so zahlreiche, Gesellschaft suchen. Er wird die Nothwendigkeit einsehen, noch andere Einsichten, andere Lehren, und andere Meister zu haben. Von diesen wird er, nebst der Kunst gut zu singen, auch die Wissenschaft gut zu leben, und sich in der bürgerlichen Gesellschaft anständig aufzuführen, zu erlernen suchen. Wenn er diese Wissenschaft mit den Verdiensten, so er sich in der Singkunst erworben, verbinden wird; so kann er sich auf die Gnade großer Herren, und auf eine allgemeine Hochachtung Hoffnung machen.

Wenn er sich in den Credit eines artigen und verständigen Jünglings setzen will; so sey er weder niederträchtig, noch frech.

Das IX. Hauptstück.

Er fliehe verächtliche und in üblem Rufe stehende Personen; vor allen Dingen aber entferne er sich von denen, die sich ärgerlichen Freyheiten überlassen.

Den Umgang mit solchen Sängern muß man meiden, welche, und sollten sie auch die berühmtesten seyn, pöbelhafte und verwerfliche Sitten an sich haben; welchen es gleich viel ist, wofern sie nur ihr Glück machen, es auch auf die unanständigste Art zu thun.

Der Umgang mit Personen von vornehmen Stande ist eine gute Schule artiger und wohlanständiger Sitten. Wie aber keine Regel ohne Ausnahme ist, so rathe ich dem Sänger, sich von Orten, wo er nicht hingehöret, ohne sichs Leid seyn zu lassen, zu entfernen. Sein Weggehen oder Außenbleiben wird hinlänglich für ihn reden.

Würde er von Großen nicht belohnet; so beklage er sich niemals darüber. Denn anstatt ein Weniges zu gewinnen, kann man dagegen viel darüber verlieren: die Beyspiele davon sind so gar selten nicht. Der beste Entschluß hierbey ist dieser, ihnen desto aufmerksamer zu dienen. Vielleicht kömmt doch einmal eine Zeit da sie es erkennen.

Die vortheilhaften Zeiten für die Musik würden schon gar aus seyn, wenn die Schwäne nicht ihren Aufenthalt noch auf einigen wenigen Schaubühnen von Italien, oder an den Ufern der Königlichen Themse genommen hätten. O angenehmes London! An den andern Flüssen besingen sie itzt nicht mehr, wie sie sonst pflegten, mit rührender Süßigkeit, ihren eigenen Tod: sie beweinen vielmehr bitterlich das Absterben großer und anbetenswürdiger Fürsten, von denen sie zärtlich geliebet und geachtet worden (a). Dieß ist der gewöhnliche Lauf des Unbestandes menschlicher Dinge; und man sieht täglich, daß nach den Schlüssen der göttlichen Regierung alles in dieser Welt in Bewegung ist; und wenn es auf seinen höchsten Gipfel gestiegen, nothwendig wieder abnehmen muß. Laßt uns die Thränen unserm Herzen überlassen, und wieder vom Sänger sprechen.

(a) Dieses

Anmerkungen zum Gebrauche des wirklichen Sängers.

(a) Dieses schrieb der Verfasser im Jahre 1723. und ich weis eigentlich nicht, auf welches großen Fürsten eben damals erfolgten Tod er eigentlich zielet. Wie viele Veränderungen die Musik aber seit dieser Zeit erfahren, an wie vielen Orten sie fast ganz eingegangen, und wo sie dagegen wieder ihre höchsten und gnädigsten Kenner und Beschützer gefunden: ist dem ganzen Europa so bekannt, daß ich mich nicht unterstehen darf, es hier nochmals durch mein zu schwaches Lob auszubreiten.

Wenn ein Sänger Verstand besitzet; so wird er niemals, ohne gegründete Ursache, die höchstabgeschmackten und gezwungenen Worte, welche jedermann zuwider, und doch so sehr im Gebrauch sind, aus seinem Munde gehen lassen: Heute kann ich nicht singen, ich bin bis zum Sterben heisch; und indem man sagt: ich bitte mich zu entschuldigen, hustet man ein wenig. Ich könnte selbst bezeugen, daß ich in meinem ganzen ziemlich langen Leben, niemals von irgend einem Sänger diese erfreuliche Wahrheit habe hören können: Heute befinde ich mich wohl; obgleich die Aufrichtigkeit dieses Geständniß von ihm erfodert hätte. Sie versparen vielmehr diese ungelegene Offenherzigkeit auf den folgenden Tag, an welchem sie hernach sich kein Bedenken machen, zu sagen: Ich bin mein Lebetage niemals mit meiner Stimme so wohl dran gewesen, als gestern. Es ist wahr, daß bey gewissen Gelegenheiten dieser Vorwand nicht allein zu entschuldigen, sondern auch nothwendig wird. Denn die Sparsamkeit einiger Liebhaber, die gerne Musik hören, wenn es ihnen nichts weiter als einen Dank kostet, geht so weit, daß sie glauben ein Musikus sey den Augenblick schuldig, ihnen ohne alle Vergeltung aufzuwarten und eine abschlägige Antwort sey eine so empfindliche Beleidigung, daß sie nichts als Haß und Rache verdienet. Allein, da es ein menschliches und göttliches Gesetz ist, daß ein jeder von seinem ehrlichen Verdienste leben soll; welche unbarmherzige Anordnung hat denn die Musik verdammet, daß sie jedem umsonst zu Dienste stehen soll? Das heißt zu viel verlangt. Diese Sparsamkeit ist übertrieben.

Ein Sänger der die Welt kennet, unterscheidet die Befehle, und auch die Arten zu befehlen. Er weis mit Verbindlichkeit abzuschlagen, sich aber auch einen Ruhm daraus zu machen, zu gehorchen: indem ihm nicht unbekannt ist, daß auch der feineste Eigennützige bisweilen ohne Belohnung zu dienen suchet.

Wer aus Verlangen sich Ehre zu machen singt; der singt schon gut, und wird mit der Zeit noch besser singen. Wer aber an nichts denket als nur an den Gewinn, der lernet die beste Lection um ein armer Unwissender zu bleiben.

Wer sollte wohl glauben, wenn es die Erfahrung nicht lehrete, daß die schönste Tugend einem Sänger nachtheilig seyn könnte? Und doch, wo Ehrgeiz und Hochmuth die Oberhand behalten, da wird die verehrungswürdige Demuth um so viel mehr niedergeschlagen, je größer sie an sich selbst ist.

Beym ersten Anblicke scheint mirs, daß der Hochmuth durch seine Kühnheit sich den Platz der Wissenschaft und Einsicht zueignet. Wenn ichs aber genauer ansehe, befinde ich, daß weiter nichts als die mit einer Larve verdeckte Unwissenheit an demselben Orte sitzt.

Der Hochmuth ist nichts anders als eine künstliche Uebung in gewissen Wendungen des Leibes, den man geschicklich aufzublasen weis, um die Schwachheiten des Verstandes damit zu verbergen. Hier ist ein Beyspiel davon: Gewisse Sänger würden bey dem Unglücke, das sie haben, nicht vier Noten aus dem Stegreife singen zu können, nicht so ohne Sorge und unerschrocken zu seyn scheinen, wenn sie nicht, vermöge ihrer immer mehr aufschwellenden Bosheit, den Zuhörern durch Achselzucken, durch Verkehrung der Augen, und durch heimtückisches Kopfschütteln weiß zu machen wüßten, daß man die groben Fehler, welche sie doch selbst begehen, dem Clavierspieler oder dem Orchester zuschreiben müßte.

Um den Hochmuth zu demüthigen, darf man vor ihm nur den Rauch der Schmeicheley vertreiben.

Wer würde besser singen als ein Hochmüthiger, wenn er sich nur nicht schämete zu studieren?

Wer gleich bey dem ersten Beyfalle stolz wird, ohne zu bedenken, ob dieser Beyfall nicht vielleicht von einem blinden Ohngefähr kömmt,

Anmerkungen zum Gebrauche des wirklichen Sängers. 215

kömmt, oder etwan gar aus Schmeicheley herrühret; der ist ein Narr: und wenn er einen solchen Beyfall gar zu verdienen glaubt; so ist vollends gar alle Hoffnung an ihm verlohren.

Wer seine Stimme nicht nach dem Orte wo er singt einzurichten und zu mäßigen weis, der muß auf Besserung denken: denn es ist eine große Einfalt, ein groß Theater nicht von einem engen Cabinette unterscheiden zu können.

Noch mehr ist es zu tadeln, wenn einer, der unter zweyen, dreyen oder vieren zu singen hat, die Stimmen derer die mit ihm zugleich singen, durch allzugroße Stärke übertäubet: denn wenn dieses ja nicht aus Unwissenheit geschieht; so hat es gewiß eine noch schlimmere Ursach zum Grunde.

Alle Stücke mit mehrern Singstimmen müssen so gesungen werden wie sie stehen, und verlangen keine andere Kunst als eine edle Einfalt. Ich erinnere mich, oder hat michs geträumet, ein berühmtes Duett gehöret zu haben, welches von zween großen Sängern, welche die Eifersucht angefeuert hatte, einander immer etwas neues vor- und wieder nach zu machen, und einander wechselsweise zu antworten, in so kleine Stückchen zerhacket wurde, daß sich dieser Wettstreit endlich mit nichts anders als damit endigte: wer die meisten Narrenspossen vorbringen könnte (b).

(b) Vernünftig gewählete, und wohl mit einander abgeredete Veränderungen sind deswegen doch in einem Duette nicht verbothen. Man beobachte aber dabey die Regel, so oben von den doppelten Cadenzen gegeben worden. Siehe S. 204.

Aus den Verbesserungen erfahrener und in Ansehen stehender Freunde, kann man vieles lernen. Noch mehr Nutzen aber zieht man aus dem giftigen Tadel der Misgünstigen. Denn ie aufmerksamer die Bosheit ist, die Fehler anderer Leute zu entdecken: ie grösser ist die Wohlthat, so man dadurch genießt; ohne daß man einmal Dank dafür zu sagen schuldig sey.

Ein jeder Sänger halte dieses für eine ausgemachte Wahrheit, daß die Fehler, welche durch Feinde verbessert worden, gemeiniglich so rein ausgefeget sind; daß auch nicht einmal eine Spur davon übrig bleibt. Sie verschwinden bald aus den Augen und aus dem Gedächtnisse. Diejenigen aber, welche man nur aus eigenem Antriebe verbessern will, werden entweder ganz unheilbar; oder sie lassen doch unauslöschliche Narben übrig, welche alle Augenblicke wieder aufzubrechen drohen.

Wer mit Beyfalle an einem einzigen Orte singt, der bilde sich noch nicht viel auf sein Wissen ein. Er ändere aber mehrmals den Ort seines Aufenthalts: und alsdenn erst wird er mit reiferer Erfahrung bemerken können, wie weit sein Talent reichet.

Um an allen Orten zu gefallen, giebt die Vernunft den Rath, daß man an allen Orten gut singen müsse. Wenn aber die Vernunft schweigt, so ermahnet uns unser eigener Vortheil sehr nachdrücklich, uns dem Geschmacke der Nation, welche uns höret und bezahlet, zu bequemen; wofern anders dieser Geschmack nicht verdorben ist.

Wenn auch gleich einer, der gut singt, den Neid in etwas aufwiegelt; so beschämet er ihn dagegen doch wieder damit, wenn er noch besser zu singen sich Mühe giebt.

Ich weis nicht, ob ein vollkommener Sänger auch zugleich ein vollkommener Acteur seyn könne. Denn das Gemüth, welches zu eben derselben Zeit auf zwo sehr verschiedene Handlungen gerichtet seyn muß, neiget sich wahrscheinlicher Weise mehr auf die eine als auf die andere Seite. Da es aber ungleich schwerer ist gut zu singen, als gut zu recitiren: so ist das Verdienst des erstern größer als des letztern. Wie glücklich wäre der, welcher in beyden vollkommen wäre (c)!

(c) Wer sich mit der Kunst gut zu agiren näher bekannt machen will, der lese darüber die Schauspielkunst des Hrn. Riccoboni des jüngern, wovon im vierten Stücke der Beyträge zur Historie und Aufnahme des Theaters eine schöne deutsche Uebersetzung befindlich ist; ingleichen den Tractat des ältern Riccoboni von der Declamation, und sein italienisches Gedicht von der Kunst zu agiren, von welchen beyden eine Uebersetzung versprochen worden. Wer über dieses noch den Schauspieler des Hrn. Remond von Sainte Albine,

nicht

Anmerkungen zum Gebrauche des wirklichen Sängers. 217

nicht im Französischen lesen kann; der findet davon einen sehr unterrichtenden Auszug, im ersten Stücke der theatralischen Bibliothek, des Hrn. M. Leßing. Nebst der Lesung dieser überaus schönen Schriften, muß man nicht unterlaßen, die Action guter, insonderheit tragischer Schauspieler fleißig und genau zu bemerken. Senesino soll sich, Zeit seines Aufenthalts in Dresden in den Jahren 1718 und 1719, in der Action noch sehr gebessert haben, nachdem er die Vorstellungen des damals in Dresden befindlichen unvergleichlichen Trupps französischer Schauspieler öfters gesehen hatte.

Da ich gesaget habe, ein zur Reife gekommener Sänger müsse nun nicht mehr andere copiren; so wiederhole ich dasselbe hier noch einmal, und füge zugleich die Ursach davon bey: Das Copiren gehöret für den Scholaren; einem Meister aber kömmt nur das Selbsterfinden zu.

Die müßige Faulheit suchet zu copiren; und nichts copiret man übler, als das, was von der Unwissenheit herrühret.

Ehe Einsicht und Erfahrung, durch Fleiß, einen einzigen guten Sänger machen: so hat die Unwissenheit durch Copiren schon tausend schlechte hervorgebracht. Und doch will keiner unter ihnen die Unwissenheit für seine Lehrerinn erkennen.

Wenn so viele Sängerinnen, (unter welchen ich doch diejenigen gebührend hoch achte die es verdienen,) einsähen, daß aus Begierde eine einzige andere gute Sängerinn zu copiren, sie alle mit einander sehr schlecht worden sind; so würden sie sich nicht selbst, auf den Theatern, wegen ihrer Thorheit, daß sie die Arien der guten Sängerinn, mit eben denselben Veränderungen so jene machet, nachsingen wollen, einem so beissenden Hohngelächter aussetzen. Sie verfehlen ihres Zweckes so weit, (wo es nicht etwan gar ihre Meister sind die sie betrügen,) daß sie vielmehr dem Instincte der Schafe und Kraniche mehr als der Vernunft folgen: denn diese lehret uns, daß man durch verschiedene Wege dem Beyfalle zueilen kann; und läßt uns nicht nur durch Beyspiele aus der vorigen Zeit, sondern auch diese itzige Stunde noch hören, daß zwo gewisse Sängerinnen nicht beyde gleich groß seyn würden, wenn eine die andere copirete.

Das IX. Hauptstück.

Wenn die Ehrerbietung welche man dem schönen Geschlechte schuldig ist, ihm doch den Misbrauch des Copirens, sobald er der Singkunst zum Schaden gereichet, nicht zu gute hält: was soll man denn von der Schwachheit derer Sänger männliches Geschlechts sagen, welche, anstatt selbst zu erfinden, nicht allein ganze Arien der Mannspersonen, sondern auch sogar der Frauenzimmer copiren? O große Blindheit, welche den guten Geschmack alles Lichts beraubet! Wir wollen einmal was unmögliches voraussetzen, und uns einbilden, daß es einem Sänger glücken könnte, so natürlich zu copiren, daß man das Original nicht mehr davon unterscheiden könnte. Glaubt dieser Sänger denn etwan, daß er sich deswegen eines Verdienstes anmaßen könnte, welches nicht sein eigen ist; und daß er mit den Kleidern eines andern Gala machen dürfe, ohne zu befürchten nackend ausgezogen zu werden?

Wer in der Musik das rechte Copiren versteht, der machet sich nichts weiter als den Plan zu Nutz. Denn alle Auszierungen, welche man auch mit Verwunderung höret wenn sie dem Sänger natürlich sind, verlieren augenblicklich ihre Schönheit, wenn man wahrnimmt, daß er sie nur nachkünstelt.

Der besten Kunst eines Sängers muß man zwar nachahmen, nicht aber dieselbe copiren: doch auch jenes noch mit der Bedingung, daß nicht die geringste Gleichheit mit dem Urbilde dabey übrig bleibe: sonst kömmt anstatt einer schönen Nachahmung, nur eine häßliche Nachschmiererey zum Vorscheine.

Ich weiß nicht ob derjenige mehrerer Verachtung würdig ist, welcher einem der gut singt nicht nachahmen kann, ohne ins Uebertriebene zu fallen; oder der, welcher Niemanden gut nachahmet, als nur dem der schlecht singt.

Wenn viele Sänger wüßten, daß die üble Nachahmung eine ansteckende Seuche ist, welche aber einen der fleißig studieret nicht angreift; so würde die Welt nicht das Misvergnügen haben, niemals mehr als aufs höchste ein Theater in einem Carneval zu sehen, das mit guten Subjecten besetzet ist: und noch dazu ohne Hoffnung, daß

Anmerkungen zum Gebrauche des wirklichen Sängers. 219

daß es in diesem Stücke bald besser werden möchte (d). Doch es ist der Welt eigene Schuld. Sie lerne das Verdienst loben, nicht aber das was in der That scheltenswerth ist, (daß ich mich noch eines bescheidenen Ausdrucks bediene,) verzuckern.

Wer im Singen nicht die Noten zu verziehen (rubare il Tempo) weis der kann ganz gewiß weder componiren, noch sich accompagniren; und bleibt des besten Geschmacks und der schönsten Einsicht beraubet (e).

(e) Die Noten verziehen, (rubare il tempo) heißt eigentlich einer vorgeschriebenen Note etwas von ihrer Geltung abnehmen, um es einer andern zuzulegen, und umgekehrt. Z. E.

Das IX. Hauptstück.

und dieses kann auf verschiedene Art, bey verschiedenen Arten von Noten, Figuren und Tacten angebracht werden.

Das Verziehen der Noten ist absonderlich im Pathetischen ein ruhmwürdiger Raub, welcher noch dazu hilft, daß einer besser singt als andere: wenn nur seine Einsicht und Witz das geraubte geschickt wieder zu ersetzen weis (f).

(f) Man muß sich hüten, daß man die Noten, anstatt ihre Geltung zu verziehen, nicht gar verzerre oder verrenke, und dadurch den Gesang undeutlich und unverständlich mache. Am besten kann der gute und erlaubte Zeitraub guten und verständigen Ausführern abgelernet werden.

Eine eben so nothwendige Uebung ist die angenehme Beschäftigung mit dem Tragen der Stimme (g), ohne welches aller anderer Fleiß mangelhaft ist. Wer sich darinn fest setzen will, der höre mehr die Vorschriften des Herzens, als die Gesetze der Kunst.

(g) Die Stimme tragen (portar la voce) heißt, mit beständigem, an Stärke zu- und abnehmenden Aushalten, ohne Aufhören und Absetzen, eine Note an die andere schleifen. s. S. 50 und 126.

Was für ein großer Meister ist doch das Herz! Saget es selbst, geliebteste Sänger, und saget es aus schuldiger Dankbarkeit, daß ihr nicht die vornehmsten in eurer Wissenschaft geworden seyn würdet, wenn ihr nicht seine Schüler wäret. Saget, daß es in wenig Lectionen, euch den schönsten Ausdruck, den feinsten Geschmack, die edelste Action, und die sinnreicheste Kunst gelehret hat. Saget, (wenn es auch gleich nicht glaublich scheinen sollte,) daß es die Fehler der Natur verbessert, indem es die rauhe Stimme angenehmer, die mittelmäßige besser, und die gute vollkommen machet. Saget, daß wenn das Herz selbst singet, ihr euch unmöglich verstellen könnet, und daß die Wahrheit niemals größere Ueberredungskraft besitzet, als zu der Zeit. Machet endlich bekannt, (weil ich selbst es nicht sagen kann,) daß von ihm allein ihr die gewisse nicht zu beschreibende Anmuth gelernet habt, welche sanft durch alle Adern schleicht, und endlich den Sitz der Seele erreichet.

Anmerkungen zum Gebrauche des wirklichen Sängers.

Obgleich der Weg zur Rührung des Herzens lang, beschwerlich, und wenigen bekannt ist; so sind doch nichts desto weniger die Schwierigkeiten, welche sich uns auf demselben entgegen stellen, für denjenigen nicht unüberwindlich, der nicht müde wird zu studieren.

Der erste Sänger von der Welt muß doch noch immer studieren: und zwar eben so viel um seinen Ruhm zu erhalten, als er that, um dazu zu gelangen.

Um diesen rühmlichen Entzweck zu erreichen, ist, wie ein jeder weis, kein ander Mittel, als das Studieren. Dieses allein ist aber doch noch nicht genug. Man muß auch wissen wie, und von wem man studieren soll.

Heut zu Tage giebt es so viele Meister, als es überhaupt Leute giebt die von der Musik Profession machen. Ein jeder will lehren: nicht etwan die ersten Anfangsgründe; Behüte der Himmel! dieses würde den Ehrgeiz aufs allerempfindlichste beleidigen. Doch ich setze dies bey Seite, und will nur von denen sprechen, welche sich die Freyheit nehmen, in der feinsten Kunst des Singens eine Art von kleinen Gesetzgebern vorzustellen. Und wir wundern uns noch, wenn der gute Geschmack verlohren, und die ganze Singkunst zu Grunde geht? Eine solche schädliche Verwegenheit herrschet sowohl bey denen, welche, wenn sie nur den Mund aufthun, schon gut zu singen sich einbilden, als bey den geringsten unter den Instrumentisten. Diese, ob sie gleich ihr Lebetage nicht gesungen, noch singen gekonnt haben, so wollen sie doch, nicht etwan nur im Singen unterrichten, sondern im Singen zur Vollkommenheit führen: sie finden auch wirklich Einfältige genug, die sich ihnen anvertrauen. Angesehenere Instrumentisten ferner glauben, daß die schönsten Veränderungen, welche sie mit ihren Fingern ausführen können, mit der Stimme eben dieselbe Wirkung thun müßten; da sie doch gar nicht mehr eben dieselbigen bleiben. Ich würde vielleicht der erste seyn, der die Freyheit zu kritisiren, die ich mir heraus nehme, als gar zu verwegen verwerfen würde; wenn sie auf die Beleidigung derjenigen Sänger und würdigsten Instrumentisten abgesehen wäre, welche

Das IX. Hauptstück.

nicht nur singen, sondern auch darinn unterrichten können. Doch ich lasse dieser Freyheit den Zügel, weil ihre Absicht gerade nur dahin zielt, den Muthwillen derer, so die nöthige Fähigkeit nicht haben, mit diesen wenigen Worten zu bestrafen: Age quod agis. Diese Worte sagen einem der nicht lateinisch versteht: Du, lerne erst Noten singen; und Du, dein Instrument spielen (h).

(h) Einige unserer deutschen Herren Sangmeister, werden hierbey gütigst belieben ihr Gewissen zu prüfen.

Wenn sich's ja bisweilen zuträgt, daß ein schlechter Meister einen guten Scholaren zieht; so haben unstreitig die Naturgaben des Schülers das Unvermögen des Lehrers überwunden. Man darf sich hierüber nicht gar zu sehr verwundern. Denn wenn nicht von Zeit zu Zeit zuweilen auch die besten Meister übertroffen würden: so würden die schönsten Künste schon lange in der Asche liegen.

Viele werden glauben, daß ein jeder vollkommener Sänger deswegen auch zum Unterweisen in der Singkunst vollkommen geschickt seyn müßte. Es verhält sich aber in der That nicht so. Denn alle seine Einsicht, sie mag auch noch so groß seyn, ist doch zu diesem Unternehmen nicht hinlänglich, wenn er dabey sich nicht leicht verstehen machen kann; wenn er seine Lehrart nicht nach der Geschicklichkeit des Lehrbegierigen einrichtet; wenn er nicht einige Kenntniß der Composition besitzet; wenn er nicht solche Gelassenheit hat, bey welcher der Untergebene kaum einmal in der Schule zu seyn glaubt; wenn er endlich nicht aufmerksam, sinnreich und erfahren genug ist, um die Stärke des Sängers hervor zu ziehen, und seine Schwäche zu bedecken. Dieses ist das vornehmste und nöthigste bey einer guten Unterweisung.

Welcher Meister die itzt erzähleten Eigenschaften besitzet, der kann unterrichten. Hiermit machet er daß man begierig wird sich seiner Unterweisung zu bedienen. Durch Gründe verbessert er die Fehler; und durch Beyspiele erwecket er die Lust ihm nachzufolgen.

Er

Anmerkungen zum wirklichen Gebrauche des Sängers. 223

Er weis, daß die Unfruchtbarkeit an Auszierungen eben so sehr mißfällt, als der Ueberfluß. Es ist ihm nicht unbekannt, daß ein Sänger mit allzuwenigen Zierrathen Sehnsucht, und mit allzuvielen Ekel erwecket. Doch wird ihm, unter diesen beyden Fehlern, mehr der erstere verhaßt seyn, ob er gleich weniger beleidiget: da der zweyte viel leichter zu verbessern ist.

Diejenigen welche nichts bessers ausführen können, als etwan einen Lauf von einer in Stufen fortgehenden Octave, wird er nicht sonderlich achten: er wird vielmehr sagen, daß solche Auszierungen, welche man, durch eine geschickte Vergleichung **Raketen** zu nennen pflegt (i) sich am besten für Anfänger schicken.

(i) So wie in allen Theilen der Musik Veränderung seyn muß; so fodert man dieselbe auch in den Passagien. Wer nur eine einzige Art davon ausführen kann, ist freylich unglücklich. Einen Lauf durch zwo Octaven und drüber, rein, in gleicher Stärke, rund, abgestoßen, deutlich, ꝛc. aus der Tiefe in die Höhe, und von der Höhe in die Tiefe auszuführen, ist so leicht nicht, als manche aus des Verfassers Worten hier schlüßen möchten. Ein jeder kann seine Kräfte hieran versuchen, und sehen wie es ihm gelingt. Sänger, deren Stimme keinen weiten Umfang hat, oder nicht egal ist, sind diesen Raketen besonders aufsätzig. Bey vielen nehmen dieselben auch wirklich einen sehr krummen Gang, und pflegen schon auf der Hälfte des Weges zu crepiren.

Ein gleiches wird er von denen Sängern denken, welche glauben, daß die Zuhörer für Rührung in Ohnmacht fallen werden, wenn sie, auf eine matte Art, nach ihrer eigenen Erfindung, aus der größern Terze über dem Baße in die kleinere gehen.

Er wird sagen, daß derjenige Sänger marode ist, welcher alle Abende auf dem Theater dran arbeitet, daß die Zuhörer seine Arien auswendig lernen; dieses kann auch, wenn man sie immer auf einerley Art, ohne die geringste Veränderung höret, sehr leicht geschehen.

Er wird über die freche Kühnheit dessen erstaunen, welcher mit weniger Uebung, und noch weniger Kenntniß der musikalischen Seegelkunst, sich aufs Noten-Meer waget. Denn wenn der Himmel
trübe

trübe wird, verliert er den Weg; und, obgleich noch weit vom Hafen entfernt, schreyt er um Hülfe; indem er wirklich in großer Gefahr steht Schiffbruch zu leiden, wenn man ihn nicht zu retten suchet.

Er wird den nicht loben welcher immer zwey Drittheile einer Oper für sein Theil allein zu singen haben will; und sich fest einbildet, daß man seiner niemals werde überdrüßig werden: gleich als wenn ihm in dieser Zeitlichkeit das göttliche Vorrecht zugestanden worden wäre, daß er immer gefallen müßte. Ein solcher Sänger weis nicht einmal die ersten Anfangsgründe der musikalischen Politik. Die Zeit wird sie ihn aber wohl lehren. Wer wenig und gut singt, der singt am besten.

Ueber denjenigen wird er lachen, der sich einbildet, den Zuhörern durch die Pracht seines Kleides eine Gnüge zu leisten: denn ein herrlicher Aufzug macht sowohl das Verdienst als die Unwissenheit größer. Die Sänger welche nichts anders als nur das äußerliche Ansehen haben, die bezahlen den Augen die Schuld, welche sie bey den Ohren aufgeborget haben.

Er wird den erfundenen ekelmachenden Styl derjenigen nicht ohne Widerwillen hören, welche Meereswellen im Singen vorstellen, und die unschuldigen Noten mit häßlichen groben Stößen der Stimme heraus treiben. Dieses ist ein widerwärtiger und unartiger Gebrauch. Doch da er auch aus Frankreich zu uns gekommen ist; so passiret er für eine neumodische Rarität.

Er wird über das gleichsam bezauberte Jahrhundert erstaunen, in welchen viele Sänger und Sängerinnen sich gut bezahlen lassen, um übel zu singen. Wenn die Mode ein gut Gedächtniß hätte, so würde ihr vielleicht nicht ohne Widerwillen einfallen, daß wer vor zwanzig Jahren nur mittelmäßig sang, auf den Theatern vom zweyten Range eine gar schlechte Person vorstellete. Und heut zu Tage sammlen Leute, die sich alles müssen einkauen lassen wie die Papageyen, auf den ersten Theatern Schätze.

Die

Anmerkungen zum Gebrauche des wirklichen Sängers.

Die Unwissenheit wird er an den Mannspersonen am meisten tadeln: denn sie sind schuldig mehr zu studieren als das Frauenzimmer.

Denjenigen wird er nicht ausstehen können, welcher dem Zeitmaaße zum Tort, gewissen Personen nachzuahmen suchet, um sich den Titel eines Neumodischen zu erwerben.

Ueber den Sänger wird er sich wundern, welcher, ungeachtet er eine richtige Einsicht in die Tactbewegung hat, sich derselben doch hernach nicht zu bedienen weis; weil er sich niemals auf die Kenntniß der Composition und des Accompagnierens geleget hat. Seine falsche Einbildung macht ihn glauben, daß es, um ein großer Sänger zu heissen, genug sey, wenn man nur was vom Blatte treffen kann. Er merkt aber nicht, daß die größte Schwierigkeit und Schönheit der Singkunst just in dem besteht, was ihm noch fehlet. Es fehlet ihm diejenige Kunst, welche lehret Zeit zu gewinnen, um sie wieder verlieren zu können. Sie ist eine Frucht der Compositionswissenschaft; aber nicht so schmackhaft als die, vermittelst deren man Zeit zu verlieren weis, um sie wieder gewinnen zu können. Diese ist eine sinnreiche Erfindung derer, so die Tonsetzkunst verstehen, und den besten Geschmack besitzen (k).

(k) Diese ziemlich räthselhaften Worte des Verfassers zielen alle auf das sogenannte Tempo rubato: aus welchem man, zu seinen Zeiten, fast zu viel Wunder machete.

Der Unverstand derer wird ihm misfallen, welche unter die schlüpfrigsten theatralischen Arien geistliche Texte legen lassen; um eben dieselbe Musik mit Beyfall in der Kirche singen zu können: gleich als wenn zwischen der einen und der andern Schreibart gar kein Unterschied zu befinden wäre; und als wenn die Ueberbleibsel der Schaubühne für den Gottesdienst gut genug wären.

Was wird er nicht von dem sagen, welcher das erstaunliche Kunststück erfunden hat, wie die Grillen zu singen! Wer hätte sich wohl, ehe es Mode worden, iemals träumen lassen, daß man zehn oder zwölf auf einander folgende Achttheile, eins nach dem andern, durch ein gewisses Zittern der Stimme in kleine Stückchen zerbrechen könnte? Und doch wird dieses, in kurzer Zeit, für ganz neumodische Mordenten paßiren.

Aus noch stärkern Gründen aber, wird er die Erfindung verabscheuen, daß man singend lachet, oder so singt wie die Hüner wenn sie ein Ey geleget haben. Giebt es nicht etwan noch andere Thiere, welche würdig sind nachgeahmet zu werden, um die Singkunst immer lächerlicher zu machen? (1)

<small>(1) O ja. Indessen aber, bis man sich darüber wird verglichen haben, will ich, zur Abwechselung, ein hübsches Instrument zur Nachahmung vorschlagen: das Posthorn.</small>

Er wird die Bosheit manches in Credit stehenden Sängers misbilligen, wenn derselbe auf dem Theater mit seinen Gefährten plaudert, oder lachet, um das Publicum glauben zu machen, daß ein Gewisser oder eine Gewisse seiner Aufmerksamkeit nicht würdig sey, welche anfangen sich hervor zu thun, und eben itzt ihre erste Arie singen; deren bevorstehenden Beyfall er aber fürchtet oder beneidet.

Er wird die Eitelkeit des Sängers nicht ertragen können, welcher um des wenigen willen was er etwan gelernet hat, von sich selbst eingenommen, sich selbst gern höret: und zwar mit solchem Vergnügen, als wenn er in Entzückung geriethe. Er betet sich selbst an, er ist willens das ganze menschliche Geschlecht zu tyrannisiren, und gebietet voritzo nichts geringers als dieses: **Stillschweigen und Bewunderung.** Die erste Note welche er vorbringt, soll gleichsam der ganzen Versamlung sagen: **Höre, und stirb.** Die Versamlung aber, welche lieber leben will, und welcher nichts dran gelegen ist ihm zuzuhören, redet stark, und vielleicht nicht gar zu gut von ihm. Bey der zweyten Arie wird der Lärm größer; und wenn das Geräusch bey der dritten noch mehr zugenommen hat, so nimmt es der Virtuos für eine offenbare Beleidigung an: und, anstatt sein übel angebrachtes Großthun vielmehr durch größern Fleiß zu bestrafen, verwünscht er den verdorbenen Geschmack dieser Nation, welche ihn nicht achtet. Er drohet, niemals wieder an den Ort zu kommen; und damit tröstet sich der hochmüthige Narr.

Ein rechtschaffener Meister wird diejenigen auslachen, welche nicht recitiren wollen, wenn sie nicht das Opernbuch und den Componisten nach ihrem Gefallen ausgesuchet haben; auch wohl noch dazu mit der Bedingung, nicht in Gesellschaft mit diesem Sänger aber auch nicht ohne jene Sängerinn zu singen.

Mit gleicher Verachtung wird er gewisse andere ansehen, welche, mit einer angenommenen Demuth, die schlimmer als der Hochmuth selber ist, von Loge zu Loge gehen, und, unter dem Vorwande ihren unterthänigen Respect zu bezeigen, die Lobeserhebungen der Vornehmsten einsammeln. Diese sind denn den folgenden Abend schon jedermannen noch bekannter gemacht worden, als die Briefe des Cicero. Demuth und Bescheidenheit sind die schönsten Tugenden der Seele: wenn sie aber nicht mit ein wenig von gutem Anstande begleitet werden; so lassen sie sich leicht mit der heuchlerischen Scheinheiligkeit verwechseln.

Von einem der niemals mit seiner Rolle zufrieden ist, und sie doch niemals recht gelernet hat; von einem der nicht singen will, ohne in alle Opern eine Arie einschalten zu können welche er immer in der Tasche bey sich trägt; von einem der den Componisten besticht, um eine Arie zu haben, welche einem andern bestimmet war; von einem der eine Menge unnützer Dinge lernet, und die wichtigsten darüber versäumet; von einem der vermittelst einer Menge von ungerechten Empfehlungen sich jemands Schutze gleichsam aufzwingt, um hernach sowohl sich selbst, als auch seinem Beförderer Schande zu machen; von einem der aus Haß gegen das Pathetische die Stimme nicht heraus zieht; von einem der immer galoppiren will, um der Mode zu folgen; kurz von allen schlechten Sängern, (denn das sind eben die welche der Mode Cour machen, um dieser ihre Schwäche abzulernen, da sie ihre Stärke nicht kennen): von allen diesen, sage ich, wird sich ein guter Meister keinen gar zu vortheilhaften Begriff machen.

Kurz, er wird überhaupt von keinem Sänger sagen, daß er Verdienste besitze, als von demjenigen regelmäßigen Sänger, welcher, mit einem Ueberflusse von besondern Wendungen, das was ihm die Einsicht eingiebt, so gleich aus seiner eigenen Empfindung vorträgt; indem er wohl weis, daß der größte Sänger eine Arie, wenn er auch gleich wollte, niemals mit eben denselben Veränderungen wieder singen kann. Wer vorher überlegte Auszierungen macht, der hat seine Lection schon zu Hause studieret.

Nachdem nun ein solcher Meister noch verschiedene andere Mißbräuche und Fehler zum Besten des Sängers ausgerottet haben wird, so wird er diesen mit noch bündigern Beweisgründen von Neuem zu überreden suchen, seine Zuflucht zu den Grundregeln der Musik zu nehmen, damit ihn diese lehren können, über dem Basse zu arbeiten, und mit sichern und wohlabgemessenen Schritten von einem Intervalle zum andern, ohne Furcht zu fallen, fortzugehen. Wenn aber der Sänger etwan hierauf antwortete: Mein Herr, ihr bemüht euch vergebens. Die Kenntniß der Irthümer ist für mich nicht hinreichend. Ich brauche noch andere Lehren als Worte; und ich weis nicht von wem ich sie erhalten soll; da mir die guten Meister in Italien dünne gesäet zu seyn scheinen. Alsdenn wird der Meister die Achseln zucken, und mehr durch Seufzen als durch Worte ihm antworten: daß, wenn nicht etwan die Sänger ins künftige die Singkunst mit der Muttermilch einsaugen, oder wie Reiser würden eingepfropfet werden können, er die noch weiter verlangten Lehren immer den besten Sängern abzulernen suchen müßte. Insbesondere möchte er fleißig zwo Frauenzimmer beobachten, deren Verdienste nicht genug gelobet werden können, und welche auch, in itzigen Zeiten, mit vereinigter Kraft, obwol mit ganz verschiedener Singart, die wankende Kunst aufrecht erhalten helfen; so daß dieselbe, nach der Abnahme die sie schon erlitten, doch noch nicht sobald vollends dem gänzlichen Untergange nahe zu seyn scheint. Eine von diesen Sängerinnen ist unnachahmlich in ihrer ausserordentlichen Gabe zu singen; und bezaubert die Welt, mit einer

bewun=

Anmerkungen zum Gebrauche des wirklichen Sängers. 229

bewundernswürdigen Fertigkeit im Ausführen, und mit einem sonderbaren, schmackhaften und brillanten Wesen, welches, es komme nun von der Natur oder von der Kunst her, über die maaßen gefällt. Das edle schmeichelhafte und zärtliche Wesen der andern, welches mit der Süßigkeit einer ungemein schönen Stimme, mit einer vollkommen reinen Intonation, mit genauer Beobachtung des Tacts, und mit sonderbaren und reizenden Erfindungen ihres fruchtbaren Witzes, genau verbunden ist; alles dieses, sage ich, sind Gaben, die so rar als schwer nachzuahmen sind. Das Pathetische von dieser, und das Allegro von jener, sind die bewundernswürdigsten Eigenschaften in beyden. Was für eine schöne Mischung würde es abgeben, wenn man das beste dieser beyden englischen Geschöpfe in einer Person vereinigen könnte (m)!

(m) Wer die beyden vortrefflichen Sängerinnen, Madame Faustina Hasse, und Mad. Francesca Cuzzoni Santoni entweder selbst gehöret, oder wenigstens die ausführlichen und ungemein vortheilhaften Schilderungen ihrer musikalischen Charaktere gelesen hat, welche Herr Quanz, der sie beyde, zu verschiedenen Zeiten, und sehr oft, in ihrer größten Stärke gehöret, entworfen hat (α); der wird nicht lange herum rathen dürfen, von wem unser Tosi hier wohl rede.

(α) s. Herr Quanzens Lebenslauf, im IIIten Stücke des Isten Bandes der Marpurgischen historisch-kritischen Beyträge zur Aufnahme der Musik, S. 240. Man wird zugleich auch daselbst die Schilderungen verschiedener anderer berühmter Sänger lesen können.

Aber laßt uns hierüber unsern Meister nicht ganz und gar aus dem Gesicht verliehren. Er wird indessen seinen Eifer nicht fahren laßen. Er wird durch untrügliche Beweisgründe darzuthun suchen, daß die Kunst eines Sängers niemals zu bequemerer Zeit angebracht wird, als wenn sie die Zuhörer durch angenehm und unerwartete Neuigkeiten überraschet. Er wird also dem Sänger rathen, zu einer angenommenen unschuldigen Mine seine Zuflucht zu nehmen, damit die Leute glauben mögen, daß sein ganzer Fleiß in dieser ehrlichen Einfalt bestehe.

Das IX. Hauptstück.

Wenn aber darauf die Zuhörer nichts mehr zu hören zu bekommen glauben, und so zu sagen einschlafen wollen: in dem Augenblicke muß man sie durch eine geschickt angebrachte Veränderung wieder zu ermuntern suchen.

Sind die Zuhörer wieder aufgewacht; so muß man zur vorigen Einfalt wieder zurück kehren: ob es gleich scheinen möchte, daß man nicht mehr vermögend sey den Zuhörer noch einmal zu hintergehen; weil dieser mit neugieriger Ungeduld schon den zweyten Betrug, und nach und nach noch mehrere erwartet.

Ein erfahrner Meister wird endlich dem Sänger es nicht an einer Beschreibung der Länge und der erforderlichen Beschaffenheit willkührlicher Auszierungen fehlen laßen: damit er über alles, zu seinem Nutzen, gehöriges Licht und Regeln bekomme.

Hier könnte ich, doch noch nicht so viel als billig wäre, auf die Untreue meines Gedächtnisses losziehen, welches mir nicht, so wie es sollte, alle die kostbaren Vortheile aufbehalten hat, die ein gewisser braver Mann mir über die willkuhrlichen Auszierungen einsmals entdeckte. Dieses mein undankbares Gedächtniß erlaubet mir, zu meinem großen Leidwesen, und vielleicht zum Schaden anderer, weiter nichts, als nur diese wenigen, (welch ein elender Rest!) die mir noch hangen geblieben sind, bekannt zu machen. Und das soll im folgenden Hauptstücke geschehen.

Das X. Hauptstück.
Von den willkührlichen Veränderungen des Gesanges.

Da die sogenannten willkührlichen Veränderungen (a) das schönste sind, was einer der das Singen versteht hervor bringen, und das Angenehmste, was ein Kenner hören kann; so ist nöthig, daß ein Sänger mit allem Ernst darauf denke, wie er die Kunst, sie geschickt zu erfinden, lernen möge.

(a) Eine willkührliche Auszierung oder Veränderung nennen die Italiener un Passo.

Er soll also wissen, daß es fünf wesentliche Eigenschaften giebt, welche, wenn sie mit einander vereiniget werden, der willkührlichen Veränderung eine wunderbare Vollkommenheit geben. Diese sind: **Kenntniß der Harmonie, Erfindung, Beobachtung des Zeitmaaßes, Beurtheilung,** und **Geschmack.**

Es giebt auch fünf zufällige Schönheiten, welche immer bereit sind die willkührliche Veränderung noch mehr auszuzieren. Diese sind: der Vorschlag, die verschiedenen wesentlichen Manieren, das Tragen der Stimme, das Schleifen und das Ziehen.

Die wesentlichen Eigenschaften lehren:

Daß man keine Veränderung anders erfinden könne, als nach Anleitung einer gründlichen Kenntniß der Harmonie.

Daß eine glückliche Erfindungskraft seltene und besondere, doch dabey schöne Gedanken dazu darreiche; indem sie sich von dem entfernet, was bekannt und gemein ist.

Daß diese Veränderungen, da sie durch die zwar strengen, doch würdigen Gesetze des Zeitmaaßes beherrschet werden, niemals aus den gemessenen Schranken derselben ausgehen können; ohne ihre eigene Achtung zu verlieren.

Daß

Daß diese willkührlichen Auszierungen, da sie von der feinsten Beurtheilung angeführet werden, nur jede auf ihrer eigenen Stelle über dem Baße, nicht aber auf einer andern, ihren Platz finden. Hier spielen sie mit Vergnügen, und ergätzen unerwartet.

Daß nur der auserlesenste Geschmack die Freyheit hat, sie, zu unserm großen Vergnügen, zu rechter Zeit mit dem angenehmen Tragen der Stimme zu begleiten, welches uns entzücket.

Von den zufälligen Eigenschaften lernet man:

Daß eine willkührliche Veränderung dem Ansehen nach leicht seyn müsse, damit sie jedermann gefallen könne.

Daß sie ihrem Wesen nach doch schwer seyn müsse; damit man die Einsicht des Erfinders bewundern möge.

Daß sowohl die Ausführungskunst als der Ausdruck der Worte dabey beobachtet werden müssen.

Daß sie im Pathetischen geschleifet und gezogen werden müsse: denn dieses thut hier bessere Wirkung als das Stoßen.

Daß man ihr das Studierte nicht ansehen dürfe, wenn man anders nicht will daß sie unbemerket vorbey gelassen werden solle.

Daß sie bisweilen im Pathetischen durchs Piano gelinder und sanfter gemacht werde. Sie wird desto gefälliger seyn.

Daß sie im Allegro bisweilen stark, bisweilen aber auch sachte vorgetragen werden müsse; welches denn eine Art von Licht und Schatten giebt.

Daß sie sich lieber in wenige nahe an einander liegende, als in viele weit ausschweifende Noten, einschränken müsse.

Daß, wenn das Zeitmaaß Raum dazu läßt, und der Baß es erlaubet, sie auch in mehrere Figuren ausgedehnet werden könne.

Daß man sie an einer schicklichen Stelle anbringe; denn ausser ihrem rechten Orte würde sie misfallen.

Daß sie vielmehr von andern Veränderungen entfernt, als nahe bey denselben stehen solle; wo sie anders besonders bemerket werden will.

Daß

Von den willkührlichen Veränderungen des Gesanges.

Daß mehr die Empfindung als die Stimme sie vorbringen müsse: um unser Innerstes desto leichter zu rühren.

Daß sie nicht auf einem dunkeln e oder o, vielweniger auf einem i oder u angebracht werde.

Daß sie nicht von andern abgestohlen sey; wenn sie nicht ungestalt seyn will.

Daß sie zuweilen auch aus verzogenen Noten bestehe.

Daß sie niemals an eben der Stelle noch einmal wiederholet werde, vornehmlich in den pathetischen Arien: denn auf diese geben die Kenner am meisten Achtung.

Vor allen Dingen, daß sie die vorgeschriebenen Gedanken des Componisten stets besser, aber ja nicht schlimmer mache.

Viele Sänger sind der Meynung, daß man bey willkührlichen Veränderungen die gestoßenen Läufe nicht wohl anbringen könne: es müßte denn in Gesellschaft einiger der obenangeführten wesentlichen Manieren seyn, oder alsdenn geschehen, wenn sie von einer Synkopation, oder anderer gefälligen Zufälligkeit unterbrochen werden (b).

(b) Da sich nicht allein die Erfindung, sondern auch der Vortrag willkührlicher Veränderungen nach der herschenden Leidenschaft richten müssen: so kann über das Schleifen oder Stoßen keine festgesetzte Regel gegeben werden. Zärtlichkeit liebet die geschleifeten, Munterkeit und Lebhaftigkeit aber die gestoßenen Noten mehr. In einem Allegro kann man aber ebenfalls willkührliche Veränderungen anbringen. Hierinn würden viele geschleifete Noten eine eben so übele Parade machen, als in einem Adagio viele gestoßene.

Aber nun möchte es wohl einmal Zeit seyn von der Schönheit des **Ziehens der Stimme** (Strascino) zu reden: damit, wenn ja etwan einmal das Pathetische wieder in der Welt Mode würde, einem Sänger doch auch dieses nicht unbekannt seyn möchte. Es würde leichter durch Noten begreiflich zu machen seyn, als durch Worte; wenn es dem Buchdrucker nicht schwer würde einige wenige Noten zu drucken (c). Nichts desto weniger, will ich, so gut als es möglich ist, mich verständlich zu machen suchen.

(c) Jtzo

Das X. Hauptstück.

(c) Itzo hätten wir nun die beste Gelegenheit, uns, so viel wir wollen, durch Noten begreiflich zu machen. Aber zum Unglücke fehlet uns nun das, was Tosi in Noten aufgeschrieben gehabt haben mag.

Wenn ein Sänger, über einem langsam fortgehenden aus lauter gleichen Achttheilen bestehenden Basse, erstlich auf einem hohen Tone eine verstärkete Aushaltung der Stimme macht, und dieselbe gelinde, mit abwechselndem Forte und Piano, fast immer stufenweise, aus der Höhe in die Tiefe gleichsam herab schleppet; doch mit ungleicher Bewegung, das ist, indem er sich auf einigen mitlern Tönen länger aufhält, als auf denen, welche das Ziehen anfangen oder endigen: so hält es ein jeder geschickter Tonkünstler für eine ausgemachte Wahrheit, daß unter den schönsten Künsten des Gesanges keine Erfindung noch Bemühung das Herz zu rühren geschickter sey, als diese, wenn sie nur mit gehöriger Einsicht, nach Maasgebung des Tacts und des Basses, am rechten Orte angebracht wird. Wer einen weiten Umfang der Stimme besitzet, hat hierinn mehr Vortheile. Denn diese angenehme Auszierung ist um so viel schöner, je tiefer sie herab fällt. Im Munde eines geschickten Sopranisten, welcher sich ihrer selten bedienet, wird sie bey nahe zum Wunder. Aber da sie im Absteigen so sehr gefällt: so würde sie im Aufsteigen desto mehr misfallen (d).

(d) Ich würde die Beschreibung des Tosi hier gern durch Noten deutlicher machen, wenn ich nur seinen eigentlichen Sinn vollkommen errathen könnte. Inzwischen werden sich meine Leser dabey den an Stärke zu- und abnehmenden, ohne Absetzen an einander geschliffeten Vortrag vieler absteigenden langsamen Noten vorstellen. Diese muß entweder der Componist vorgeschrieben haben, oder man muß aus einem Gange, dessen Hauptnoten immer stufenweise, und zwar vornehmlich durch halbe Töne, absteigen, nur diese Hauptnoten heraus nehmen, und auf die verlangte Weise vortragen; die durchgehenden aber weglassen. Es unterscheidet sich das sogenannte Ziehen vom Schleifen nur durch die Langsamkeit.

Die Ursache, warum in einem Stücke willkührliche Veränderungen oder Auszierungen angebracht werden ist nicht nöthig weitläuftig zu erklären; sie liegt in dem Begriffe der Benennung selbst. Den Stoff dazu findet man darinn, daß man, nach den Regeln der Harmonie,

Von den willkührlichen Veränderungen des Gesanges. 235

monie, entweder wenigen Noten einige mehrere zusetzet; oder mehrere in wenigere verwandelt; oder eine gewisse Anzahl Noten, mit eben so viel andern vertauschet. Daß dieses das Zeitmaaß überhaupt nicht verrücken oder verändern dürfe, versteht sich ohne mein Erinnern. Sie füllen entweder den leeren Raum zwischen Sprüngen aus; oder sie machen aus stufenweise gehenden Noten Sprünge. Die Figuren, wodurch beydes geschehen kann, sind unzählig. Die wesentlichen Manieren aber finden bey den willkührlichen Veränderungen sowohl statt, als bey vorgeschriebenen Melodieen.

Weil ich voraussetze, daß niemand sich mit Anbringung dieser Veränderungen einlassen wird, als der schon viel Musik gehöret hat, und dadurch selbst geschickt worden ist, einige Noten aus seinem eigenen Kopfe zusammen zu setzen; der im übrigen durch die Grundsätze der Harmonie gelernet hat, aus was für Tönen jede Zusammenstimmung, über welche die Veränderung gemacht werden soll, besteht: da über dieses auch vieles von gewissen Mode-Figuren und Passagien abhängt, welche sich nach einigen Jahren immer wieder ändern: so trage ich Bedenken hier in Noten einen kleinen Veränderungsschatz, wie wohl etwan einer und der andere meiner Leser gewünschet haben möcht, zu liefern. Und dieses um so vielmehr, da schon Herr Quanz in seinem Versuche über die Flöte trav: S. 118. u. f. nicht nur eine Menge von Veränderungen über alle einzelne Intervalle gezeiget, und zum Gebrauche davon Anleitung gegeben, sondern auch aus denselben die Veränderungen über ein ganz Adagio ausgezogen hat. Hieraus kann sich auch ein Sänger einen hinlänglichen Begriff machen, wie man die Veränderungen zu erfinden und klüglich anzuwenden habe. Wie aber einer, der an Erfindungen schon reich ist, dieselben in Ordnung bringen und erhalten könne: dazu kann eine, mit Herr Quanzens Lehren verbundene aufmerksame Betrachtung der vom Tosi in diesem Hauptstücke gesammelten und bekannt gemachten Grundsätze, wovon auch andere noch hie und da im Hauptstücke von den Arien mit eingestreuet sind, nebst fleißiger Anhörung guter Sänger, vortreffliche Dienste thun.

Ein richtiger, reinlicher und ausdrückender Vortrag des von dem Componisten vorgeschriebenen Gesanges, bey welchem aber die wesentlichen kleinen Manieren nicht ausgeschlossen seyn dürfen, ist allemal besser, als ausschweifende und übertriebene Veränderungen.

Viele Sänger sind mit der Veränderungssucht stark geplaget. Sie treiben dieselbe manchesmal bis zum Ekel. Nichts ist aber unerträglicher,

cher, als wenn sie den simpeln vorgeschriebenen Gesang gar nicht, sondern lieber einerley, vielleicht auswendig gelernete, Veränderungen zweymal sungen. Sie heben hierdurch just den eigentlichen Entzweck der Veränderungen, nämlich die Mannigfaltigkeit, und die Abwechselung des einfachern mit dem mehr zusammen gesetzten, auf.

✱ ✲ ✱

Habt ihr mich nun wohl verstanden, geliebteste Sänger, die ihr noch Lust zu studieren habt? Dieß lehrete sonst ungefähr die Schule derer, welche, von Unverständigen, Altväterische genennet werden. Beobachtet ihre Vorschriften genau, untersuchet ihre Gesetze streng; so werdet ihr, wenn euch das Vorurtheil nicht blendet, sehen, daß dieselbe lehrete rein zu intoniren, die Stimme heraus zu ziehen, die Worte verstehen zu machen, ausdrückend zu singen und zu recitiren, sich an den Tact zu binden, geschickte Veränderungen anzubringen, sich in den Grundsätzen der Harmonie zu üben, und das Pathetische zu studieren, als worinn Geschmack und Einsicht sich in ihrem größten Licht zeigen können. Vergleichet diese Schule mit der eurigen: und wenn ja die Lehrsätze der oben gedachten noch nicht hinreichend wären euch vollkommen zu machen; so lernet von der neuern Schule das Uebrige.

Wenn aber meine, aus einem gerechten Eifer entsprungene, Ermahnungen etwan aus der Ursache keinen Eindruck bey euch machten, weil man geringerer Leute Rath nicht anzuhören pflegt; so bedenket, daß einer, welcher das Vermögen zu denken hat, doch wohl in sechzig Jahren auch einmal was kluges werde haben denken können. Bildet ihr euch etwan ein, daß meine Lehren, zum Vortheile der vergangenen Zeiten gar zu partheyisch wären; so wollte ich euch zu überreden suchen, daß ihr, wenn euch nur die Hand nicht zitterte, mit gerechter Wage, eure berühmtesten Sänger, (welche ihr für neumodisch haltet, und die es doch weiter nirgends sind als nur in den Cadenzen,) abwägen möchtet. Ihr würdet dadurch aus euerm Irthume kommen, und würdet anstatt der Affectationen Misbräuche und Fehler, sehen, daß diese berühmtesten Sänger,

nach

Von den willkührlichen Veränderungen des Gesanges.

nach denen bündigen Grundsätzen singen, die das Innerste des Gemüths mit Vergnügen erfüllen, und deren mein Herz niemals vergessen wird. Fraget sie um Rath, so wie ich gethan habe. Sie werden euch offenherzig bekennen, daß sie ihre Kostbarkeiten da verkaufen wo sie erkannt werden; daß man unter Leuten von Verdiensten auf keine Mode sieht; und daß man heut zu Tage an vielen Orten schlecht singt.

Wir haben auch itzo einige wenige, aber sehr würdige Sänger, welche, wenn nur die Hitze ihrer Jugend erst verrauchet ist, hoffentlich Unterricht geben werden; und zwar aus der Verbindlichkeit so sie zu haben glauben, die Musik in ihrem Glanze zu erhalten; und um den Nachkommen ein immerwährendes und rühmliches Denkmal ihrer Bemühungen zu hinterlassen. Ich bin im Stande sie euch mit dem Finger zu zeigen, damit es euch, wenn ihr irgendwo irret, weder an Mitteln euch zu bessern, noch an dem Glücke fehlen möge in jeder Lection gründliche Aussprüche und Entscheidungen zu hören. Ich habe daher gerechte Ursache zu hoffen, daß der wahre gute Geschmack im Singen nicht eher aufhören werde, als die Welt.

Wer das, was ihm in diesen und vielen andern Anmerkungen gezeiget worden, recht fasset, der hat weiter keines andern Antriebs zu studieren mehr nöthig. Von seiner eigenen Sehnsucht getrieben, läuft er zu seinem geliebten Instrumente: dabey wird er durch fleißige Aufmerksamkeit gewahr, daß er doch noch nicht Ursache hat, mit dem was er schon gelernet, zufrieden zu seyn. Er machet neue Entdeckungen, und erfindet Veränderungen, unter welchen er, nach reifen und wohl überlegten Vergleichungen, die besten wählet; mit welchen er auch so lange zufrieden bleibt, als er sie für die besten erkennet. Er bemühet sich aber, so lange immer weiter nachzuforschen, bis er immer wieder verschiedene andere findet, die seiner Neigung und Achtung noch immer würdiger werden. Er gelanget endlich zu einer fast unendlichen Anzahl von Veränderungen und Wendungen, vermittelst deren er seine Einsicht so aufschließt, daß die verborgensten Schätze der Kunst, und welche von seiner Einbildungskraft die entferntesten waren, sich ihm so freywillig anbieten, daß er, wenn ihn der Hochmuth nicht verblendet, wenn ihn das Studieren nicht verdrüßlich macht, und das Gedächtniß ihm nicht untreu wird, auf eine Art die sein eigen ist, die Auszierung des Gesanges immer vermehren, und sich gleichsam einen eigenen Geschmack bilden wird. Dieses ist die vornehmste Absicht derer, welche nach dem größten Beyfalle streben.

Höret mich endlich, zu eurem Vortheile, ihr jungen Sänger. Die Mißbräuche, die Mängel, die Fehler, die in diesen Anmerkungen von mir bekannt gemacht, und dem neumodischen Style vielleicht zur Ungebühr aufgebürdet worden, hatte ich fast alle selbst an mir; und weil sie mein waren, so konnte ich sie in denenjenigen blühenden Jugendjahren nicht so leicht erkennen, in welchen meine blinde Eigenliebe, mit tyrannischer Gewalt, mich überredete, daß ich ein vortrefflicher Mann sey. In einem reifern Alter aber, kömmt man immer zu spät aus dem Irthume. Ich weis, daß ich schlecht gesungen habe: und wollte der Himmel! daß ich nicht noch schlechter geschrieben hätte. Aber da nun einmal meine anfängliche Unwissenheit mir zum Schaden und zur Strafe gereichet; so diene sie zum wenigsten zu einem Beyspiele der Besserung für den, der gut zu singen wünschet. Ein Studierender ahme der sinnreichen Biene nach, welche aus den angenehmsten Blumen ihren Honig sauget. Unter den berühmten Alten sowohl, als unter den vermeynten Neuern, (ich habe es schon gesaget,) giebt es noch Leute, von denen man lernen kann. Man muß nur die Blume aufsuchen, und sie recht zu distilliren wissen, damit man hernach die Essenz daraus bekomme.

Die aufrichtigsten, und nicht weniger nützlichen Rathschläge die ich euch noch geben kann, sind diese:

Laßt euch niemals an nur mittelmäßigen Verdiensten begnügen. Sie werden oft verdunkelt; große Verdienste aber haben ein dauerhafteres Licht.

Verab=

Verabscheuet die Beyspiele derer, so die Bestrafung hassen. Bestrafung ist ein Blitz für einen der im Dunkeln wandelt: er erschrecket zwar, aber er leuchtet doch.

Studieret in anderer Leute Fehlern. Welch eine große Lection! Sie kostet wenig, sie lehret viel; man lernet von allen, und der Allerunwissendste ist der größte Meister.

Die Wahrheiten und die Rosen haben ihre Dornen; wer sie aber bey der Blüthe abzubrechen weis, der sticht sich nicht daran.

E N D E.

Music and Books published by Travis & Emery Music Bookshop:
Anon.: Hymnarium Sarisburiense, cum Rubricis et Notis Musicis.
Anon.: Säcularfeier des Geburtstages von Ludwig van Beethoven
Agricola, Johann Friedrich from Tosi: Anleitung zur Singkunst.
Bach, C.P.E.: edited W. Emery: Nekrolog or Obituary Notice of J.S. Bach.
Bateson, Naomi Judith: Alcock of Salisbury
Bathe, William: A Briefe Introduction to the Skill of Song
Bax, Arnold: Symphony #5, Arranged for Piano Four Hands by Walter Emery
Burney, Charles: The Present State of Music in France and Italy
Burney, Charles: The Present State of Music in Germany, The Netherlands …
Burney, Charles: An Account of the Musical Performances ... Handel
Burney, Karl: Nachricht von Georg Friedrich Handel's Lebensumstanden.
Burns, Robert: The Caledonian Musical Museum ..The Best Scotch Songs. (1810)
Cobbett, W.W.: Cobbett's Cyclopedic Survey of Chamber Music. (2 vols.)
Corrette, Michel: Le Maitre de Clavecin
Crimp, Bryan: Dear Mr. Rosenthal … Dear Mr. Gaisberg …
Crimp, Bryan: Solo: The Biography of Solomon
Crotch, William: Substance of Several Courses of Lectures on Music
d'Indy, Vincent: Beethoven: Biographie Critique
d'Indy, Vincent: Beethoven: A Critical Biography
d'Indy, Vincent: César Franck (in French)
Fischhof, Joseph: Versuch einer Geschichte des Clavierbaues. (Faksimile 1853).
Frescobaldi, Girolamo: D'Arie Musicali per Cantarsi. Primo & Secondo Libro.
Geminiani, Francesco: The Art of Playing the Violin.
Handel; Purcell; Boyce; Geene et al: Calliope or English Harmony: Volume First.
Häuser: Musikalisches Lexikon. 2 vols in one.
Hawkins, John: A General History of the Science and Practice of Music (5 vols.)
Herbert-Caesari, Edgar: The Science and Sensations of Vocal Tone
Herbert-Caesari, Edgar: Vocal Truth
Hopkins and Rimboult: The Organ. Its History and Construction.
Hunt, John: - see separate list of discographies at the end of these titles
Isaacs, Lewis: Hänsel and Gretel. A Guide to Humperdinck's Opera.
Isaacs, Lewis: Königskinder (Royal Children) A Guide to Humperdinck's Opera.
Kastner: Manuel Général de Musique Militaire
Lacassagne, M. l'Abbé Joseph : Traité Général des élémens du Chant.
Lascelles (née Catley), Anne: The Life of Miss Anne Catley.
Mainwaring, John: Memoirs of the Life of the Late George Frederic Handel
Malcolm, Alexander: A Treaty of Music: Speculative, Practical and Historical
Marx, Adolph Bernhard: Die Kunst des Gesanges, Theoretisch-Practisch
May, Florence: The Life of Brahms
May, Florence: The Girlhood Of Clara Schumann: Clara Wieck And Her Time.
Mellers, Wilfrid: Angels of the Night: Popular Female Singers of Our Time
Mellers, Wilfrid: Bach and the Dance of God
Mellers, Wilfrid: Beethoven and the Voice of God
Mellers, Wilfrid: Caliban Reborn - Renewal in Twentieth Century Music
Mellers, Wilfrid: Darker Shade of Pale, A Backdrop to Bob Dylan

Music and Books published by Travis & Emery Music Bookshop:
Mellers, Wilfrid: François Couperin and the French Classical Tradition
Mellers, Wilfrid: Harmonious Meeting
Mellers, Wilfrid: Le Jardin Retrouvé, The Music of Frederic Mompou
Mellers, Wilfrid: Music and Society, England and the European Tradition
Mellers, Wilfrid: Music in a New Found Land: … … American Music
Mellers, Wilfrid: Romanticism and the Twentieth Century (from 1800)
Mellers, Wilfrid: The Masks of Orpheus: …… the Story of European Music.
Mellers, Wilfrid: The Sonata Principle (from c. 1750)
Mellers, Wilfrid: Vaughan Williams and the Vision of Albion
Panchianio, Cattuffio: Rutzvanscad Il Giovine
Pearce, Charles: Sims Reeves, Fifty Years of Music in England.
Playford, John: An Introduction to the Skill of Musick.
Purcell, Henry et al: Harmonia Sacra … The First Book, (1726)
Purcell, Henry et al: Harmonia Sacra … Book II (1726)
Quantz, Johann: Versuch einer Anweisung die Flöte trave rsiere zu spielen.
Rameau, Jean-Philippe: Code de Musique Pratique, ou Methodes.
Rameau, Jean-Philippe: Erreurs sur La Musique dans l'Encyclopédie
Rastall, Richard: The Notation of Western Music.
Rimbault, Edward: The Pianoforte, Its Origins, Progress, and Construction.
Rousseau, Jean Jacques: Dictionnaire de Musique
Rubinstein, Anton : Guide to the proper use of the Pianoforte Pedals.
Sainsbury, John S.: Dictionary of Musicians. (1825). 2 vols.
Serré de Rieux, Jean de : Les dons des Enfans de Latone
Simpson, Christopher: A Compendium of Practical Musick in Five Parts
Spohr, Louis: Autobiography
Spohr, Louis: Grand Violin School
Tans'ur, William: A New Musical Grammar; or The Harmonical Spectator
Terry, Charles Sanford: Bach's Chorals – Parts 1, 2 and 3.
Terry, Charles Sanford: John Christian Bach
Terry, Charles Sanford: J.S. Bach's Original Hymn-Tunes for Congregational Use.
Terry, Charles Sanford: Four-Part Chorals of J.S. Bach. (German & English)
Terry, Charles Sanford: Joh. Seb. Bach, Cantata Texts, Sacred and Secular.
Terry, Charles Sanford: The Origins of the Family of Bach Musicians.
Tosi, Pierfrancesco: Opinioni de' Cantori Antichi, e Moderni
Tosi, Pierfrancesco: Observations on the Florid Song.
Van der Straeten, Edmund: History of the Violoncello, The Viol da Gamba …
Van der Straeten, Edmund: History of the Violin, Its Ancestors… (2 vols.)
Walther, J. G. [Waltern]: Musicalisches Lexikon [Musikalisches Lexikon]
Wagner, Richard: Beethoven (Leipzig 1870)
Wagner, Richard: Lebens-Bericht (Leipzig 1884)
Wagner, Richard: The Musaic of the Future (Translated by E. Dannreuther).
Zwirn, Gerald: Stranded Stories From The Operas

Travis & Emery Music Bookshop
17 Cecil Court, London, WC2N 4EZ, United Kingdom.
Tel. (+44) 20 7240 2129

© Travis & Emery 2010

Discographies by Travis & Emery:
Discographies by John Hunt.

1987: 978-1-906857-14-1: From Adam to Webern: the Recordings of von Karajan.
1991: 978-0-951026-83-0: 3 Italian Conductors and 7 Viennese Sopranos: 10 Discographies: Arturo Toscanini, Guido Cantelli, Carlo Maria Giulini, Elisabeth Schwarzkopf, Irmgard Seefried, Elisabeth Gruemmer, Sena Jurinac, Hilde Gueden, Lisa Della Casa, Rita Streich.
1992: 978-0-951026-85-4: Mid-Century Conductors and More Viennese Singers: 10 Discographies: Karl Boehm, Victor De Sabata, Hans Knappertsbusch, Tullio Serafin, Clemens Krauss, Anton Dermota, Leonie Rysanek, Eberhard Waechter, Maria Reining, Erich Kunz.
1993: 978-0-951026-87-8: More 20th Century Conductors: 7 Discographies: Eugen Jochum, Ferenc Fricsay, Carl Schuricht, Felix Weingartner, Josef Krips, Otto Klemperer, Erich Kleiber.
1994: 978-0-951026-88-5: Giants of the Keyboard: 6 Discographies: Wilhelm Kempff, Walter Gieseking, Edwin Fischer, Clara Haskil, Wilhelm Backhaus, Artur Schnabel.
1994: 978-0-951026-89-2: Six Wagnerian Sopranos: 6 Discographies: Frieda Leider, Kirsten Flagstad, Astrid Varnay, Martha Moedl, Birgit Nilsson, Gwyneth Jones.
1995: 978-0-952582-70-0: Musical Knights: 6 Discographies: Henry Wood, Thomas Beecham, Adrian Boult, John Barbirolli, Reginald Goodall, Malcolm Sargent.
1995: 978-0-952582-71-7: A Notable Quartet: 4 Discographies: Gundula Janowitz, Christa Ludwig, Nicolai Gedda, Dietrich Fischer-Dieskau.
1996: 978-0-952582-75-5: Leopold Stokowski (1882-1977): Discography and Concert Register
1996: 978-0-952582-76-2: Makers of the Philharmonia: 11 Discographies: Alceo Galliera, Walter Susskind, Paul Kletzki, Nicolai Malko, Issay Dobrowen, Lovro Von Matacic, Efrem Kurtz, Otto Ackermann, Anatole Fistoulari, George Weldon, Robert Irving.
1996: 978-0-952582-72-4: The Post-War German Tradition: 5 Discographies: Rudolf Kempe, Joseph Keilberth, Wolfgang Sawallisch, Rafael Kubelik, Andre Cluytens.
1996: 978-0-952582-73-1: Teachers and Pupils: 7 Discographies: Elisabeth Schwarzkopf, Maria Ivoguen, Maria Cebotari, Meta Seinemeyer, Ljuba Welitsch, Rita Streich, Erna Berger.
1996: 978-0-952582-75-5: Leopold Stokowski: Discography and Concert Listing.
1996: 978-0-952582-76-2: Makers of the Philharmonia: 11 Discographies Alceo Galliera, Walter Susskind, Paul Kletzki, Nicolai Malko, Issay Dobrowen, Lovro Von Matacic, Efrem Kurtz, Otto Ackermann, Anatole Fistoulari, George Weldon, Robert Irving.
1996: 978-0-952582-77-9: Tenors in a Lyric Tradition: 3 Discographies: Peter Anders, Walther Ludwig, Fritz Wunderlich.
1997: 978-0-952582-78-6: The Lyric Baritone: 5 Discographies: Hans Reinmar, Gerhard Huesch, Josef Metternich, Hermann Uhde, Eberhard Waechter.
1997: 978-0-952582-79-3: Hungarians in Exile: 3 Discographies: Fritz Reiner, Antal Dorati, George Szell.
1997: 978-1-901395-00-6: The Art of the Diva: 3 Discographies: Claudia Muzio, Maria Callas, Magda Olivero.
1997: 978-1-901395-01-3: Metropolitan Sopranos: 4 Discographies: Rosa Ponselle, Eleanor Steber, Zinka Milanov, Leontyne Price.
1997: 978-1-901395-02-0: Back From The Shadows: 4 Discographies: Willem Mengelberg, Dimitri Mitropoulos, Hermann Abendroth, Eduard Van Beinum.
1997: 978-1-901395-03-7: More Musical Knights: 4 Discographies: Hamilton Harty, Charles Mackerras, Simon Rattle, John Pritchard.
1998: 978-1-901395-95-2: More Giants of the Keyboard: 5 Discographies: Claudio Arrau, Gyorgy Cziffra, Vladimir Horowitz, Dinu Lipatti, Artur Rubinstein.

1998: 978-1-901395-94-5: Conductors On The Yellow Label: 8 Discographies: Fritz Lehmann, Ferdinand Leitner, Ferenc Fricsay, Eugen Jochum, Leopold Ludwig, Artur Rother, Franz Konwitschny, Igor Markevitch.
1998: 978-1-901395-96-9: Mezzo and Contraltos: 5 Discographies: Janet Baker, Margarete Klose, Kathleen Ferrier, Giulietta Simionato, Elisabeth Hoengen.
1999: 978-1-901395-97-6: The Furtwaengler Sound Sixth Edition: Discography and Concert Listing.
1999: 978-1-901395-98-3: The Great Dictators: 3 Discographies: Evgeny Mravinsky, Artur Rodzinski, Sergiu Celibidache.
1999: 978-1-901395-99-0: Sviatoslav Richter: Pianist of the Century: Discography.
2000: 978-1-901395-04-4: Philharmonic Autocrat 1: Discography of: Herbert Von Karajan [Third Edition].
2000: 978-1-901395-05-1: Wiener Philharmoniker 1 - Vienna Philharmonic and Vienna State Opera Orchestras: Discography Part 1 1905-1954.
2000: 978-1-901395-06-8: Wiener Philharmoniker 2 - Vienna Philharmonic and Vienna State Opera Orchestras: Discography Part 2 1954-1989.
2001: 978-1-901395-07-5: Gramophone Stalwarts: 3 Separate Discographies: Bruno Walter, Erich Leinsdorf, Georg Solti.
2001: 978-1-901395-08-2: Singers of the Third Reich: 5 Discographies: Helge Roswaenge, Tiana Lemnitz, Franz Voelker, Maria Mueller, Max Lorenz.
2001: 978-1-901395-09-9: Philharmonic Autocrat 2: Concert Register of Herbert Von Karajan Second Edition.
2002: 978-1-901395-10-5: Sächsische Staatskapelle Dresden: Complete Discography.
2002: 978-1-901395-11-2: Carlo Maria Giulini: Discography and Concert Register.
2002: 978-1-901395-12-9: Pianists For The Connoisseur: 6 Discographies: Arturo Benedetti Michelangeli, Alfred Cortot, Alexis Weissenberg, Clifford Curzon, Solomon, Elly Ney.
2003: 978-1-901395-14-3: Singers on the Yellow Label: 7 Discographies: Maria Stader, Elfriede Troetschel, Annelies Kupper, Wolfgang Windgassen, Ernst Haefliger, Josef Greindl, Kim Borg.
2003: 978-1-901395-15-0: A Gallic Trio: 3 Discographies: Charles Muench, Paul Paray, Pierre Monteux.
2004: 978-1-901395-16-7: Antal Dorati 1906-1988: Discography and Concert Register.
2004: 978-1-901395-17-4: Columbia 33CX Label Discography.
2004: 978-1-901395-18-1: Great Violinists: 3 Discographies: David Oistrakh, Wolfgang Schneiderhan, Arthur Grumiaux.
2006: 978-1-901395-19-8: Leopold Stokowski: Second Edition of the Discography.
2006: 978-1-901395-20-4: Wagner Im Festspielhaus: Discography of the Bayreuth Festival.
2006: 978-1-901395-21-1: Her Master's Voice: Concert Register and Discography of Dame Elisabeth Schwarzkopf [Third Edition].
2007: 978-1-901395-22-8: Hans Knappertsbusch: Kna: Concert Register and Discography of Hans Knappertsbusch, 1888-1965. Second Edition.
2008: 978-1-901395-23-5: Philips Minigroove: Second Extended Version of the European Discography.
2009: 978-1-901395-24-2: American Classics: The Discographies of Leonard Bernstein and Eugene Ormandy.
2010: 978-1-901395-25-9: Dirigenten der DDR: Conductors of the German Democratic Republic

Discography by Stephen J. Pettitt, edited by John Hunt:
1987: 978-1-906857-16-5: Philharmonia Orchestra: Complete Discography 1945-1987

Available from: Travis & Emery at 17 Cecil Court, London, UK. (+44) 20 7 240 2129. email on sales@travis-and-emery.com .

© Travis & Emery 2010

www.ingramcontent.com/pod-product-compliance
Lightning Source LLC
LaVergne TN
LVHW050624090426
835512LV00007B/656